無序雜錄

無序雜錄

류목기 저

대양미디어

◇ 머리말

'근약독륜' 謹約篤倫은
나의 스승이요, 정신적 자산

"인간의 눈은 왜 앞만 보게 얼굴에 붙어있으며, 머리는 왜 하늘에 가깝게 몸통 꼭대기에 붙어 있느냐? 아는 사람?" 이 말은 내가 대학에 다닐 때 한 철학교수가 강의시간에 학생들에게 던진 질문이었습니다. 인간은 앞을 향해 나아가면서 미래, 진보, 성장, 성취와 같은 것을 획득해 갑니다. 그래서 눈이 앞에 달리게 된 것입니다. 또 인간은 영원, 희망, 신, 이상, 천국과 같은 것을 꿈꾸고 소망하기 때문에 머리는 자연히 하늘을 향해 꼭대기에 붙을 수밖에 없습니다. 다른 포유류는 다릅니다. 눈은 지평선을, 머리는 지면과 평행선을 유지하면서 삽니다. 그것은 오직 두 가지 기능 때문입니다. 한 가지는 먹이를 찾기 위한 것이고 다른 한 가지는 적으로부터 자기를 방어하기 위한 것입니다. 그들에게는 미래도 없으며, 영원을 갈망하는 성정도 있을 턱이 없습니다.

나는 그동안 머리에는 고매하고 아름다운 이상을 간직하고, 눈은 앞만 바라보고 살아 왔습니다. 그러다가 나이 팔순을 넘기니까 앞으로 더 바라다 볼 수 있는 미래의 시간이 짧다는 것을 새삼 발견하고, 자연스럽게 그 몇 배나 긴 세월이었던 지난 날을 뒤돌아 보게 됩니다. 발을 헛디뎌 실족할까봐 발 아래도 살피면서 더욱 조심조심 걷게 되었습니다. 이제야 주변을 살피고 뒤도 돌아보면서 여생을 어떻게 보람 있게 살아가야 할지를 고민하게도 되었습니다. 철이 늦게 들어서였을 것입니다.

내가 오랜 세월 동안 삶의 현장에서 느끼고 생각한 바를 간간히 신문이나 잡지에 게재했던 글들, 그리고 방송에서 다루었던 내용들을 모아 삶의 발자취로 남기고 싶어졌습니다. 나이 탓이겠지요. 변변치 않은 글을 새삼 내 보이려니 부끄럽고 송구스러울 따름입니다.

누구에게나 세상에 태어나 긴 세월을 살아오면서 오래 기억되는 스승이 있게 마련입니다. 나에게도 그런 스승이 있었다면 그것은 '가난'이 아니었을까 하고 생각하게 됩니다. 가난은 나에게 강인한 의지력과 정신력을 길러 주었습니다. 각박한 현실에도 적응하고, 목표를 향해서 줄곧 나아가게 하는 에너지의 원천이 되어 주었습니다.

50여 년간 조직에 몸담아 일 하는 동안 아주 다양한 경험을 쌓을 수가 있어서 나로서는 그것이 정신적으로, 지적으로, 사회적으로 큰 자산이 되었습니다. 공직에서 출발해서 교단에도 서 보았고, 병원에서 행정을 맡아서 일도 해 보았고, 관광업을 통해서 글로벌한 차원에서 문화, 경제, 인적 네트웍의 흐름도 공부했습니다. 금융업과 대기업의 제조업에도 관여하였습니다. 이런 다양한 분야에서의 경험이 오늘날 나를 만들어 주었다고 생각합니다.

공직에 있을 때에는 과잉투자 문제, 중복투자 문제, 그리고 불공정한 행정에 대해서 반기를 들고 투쟁도 했습니다. 교육 현장에서 일할 때에는 교권 확립을 위해서 소리쳤고, 병원에서 일할 때에는 원칙 없는 행정적 관행을 부수고 정상화하는데 앞장 섰으며, 의료보험 제도의 도입에도 일조를 하였습니다. 금융업에 종사할 때에는 강성 노조의 투쟁 관행을 경영을 투명하게 혁신함으로써 극복했습니다. 경영자는 오만하지 않고, 인색하지 않는 것이 회사의 품격을 높이고 종업원을 행복하게 한다는 진리도 깨쳤습니다.

삼국지를 보면, 蜀(중국의 지금의 四川省)나라를 세운 劉備가 죽자 승상이었던 諸葛孔明이 실권을 쥐고 영내 남방의 異民族 정벌에 나서자 馬謖이라는 참모가 "用兵之道, 攻心爲上, 攻城爲下"라고 알려주었습니다. 즉 "군사력이나 경제력 같은 힘으로 상대를 굴복시킨다 해도 진정한 해결의 길은 아니다. 상대방의 마음을 사야 한다. 즉 心服케 해야 한다"라는 뜻입니다. 나는 지금까지 많은 조직에서 일하고, 겪어야 했던 문제도 많았지만 결국 사람의 마음을 사야 원만한 해결에 이른다는 것을 현장에서 배웠습니다. 이때 원칙을 지키는 것을 잊지 않았습니다.

　일상생활에서는 나의 5대조가 내려주신 가훈인 근약독륜謹約篤倫을 지키려고 노력해 왔습니다. 즉 매사에 삼가고, 검소하며, 인륜을 돈독히 하라는 뜻입니다. 이것이 나의 생활의 교본이요, 최고의 가치로서 내 삶의 지표가 되어왔습니다. 우리 집안의 이 가훈은 실상 내 삶의 지표요, 정신적 자산입니다. 노년기란 상실의 시대라고 하지 않습니까? 지금 나이 탓으로 많은 것을 상실해 가고 있지만 정도를 가고 원칙을 지키는 일만은 양보할 수 없는, 변함없는 소중한 자산으로 간직하려고 합니다.

　이 책을 내게 된 계기를 마련해 주신 김재은 선배, 김종상 후배, 그리고 이 책을 내기로 흔쾌히 응낙해 주신 〈대양미디어〉의 서영애 대표와 편집부 직원의 노고에 감사를 드립니다. 특히 아름다운 책의 題字를 써 주신 황재국 교수께도 감사하다는 말을 전하고 싶습니다. 아무튼 후배들이나 자라나는 2세들에게 이 책이 뭔가 도움이 되었으면 크게 만족할 것입니다.

松山 류목기 識

CONTENTS

◇ 머리말
'근약독륜'謹約篤倫은 나의 스승이요, 정신적 자산　　　005

Chapter 01 교육관련 칼럼

'펠리칸' 정신　　　017
법, 그리고 시민정신　　　019
망국풍조인가?　　　026
'투명 경영'이 노동 개혁 이끈다　　　030
충의공원에서 조상의 충절 체험하길　　　032
저금의 뉘앙스　　　034
교육자를 장송葬送할 셈인가　　　037
과외와 학교 차 없애기　　　041
농촌성인교육의 맹점　　　045
교련과 교직자 처우문제　　　050
교육의 민주화　　　054

학원정화는 교사들만의 힘으로 이루어질 수 없다	059
'의무교육' 그 밑바닥의 병리 진단한다	064

Chapter 02 병원관련 칼럼

병원인은 직업인이 아니라 봉사자로서의 사명을 다하는 '펠리칸이즘'의 심볼이어야	099
환자중심의 신뢰받는 병원을	102
간호행정자의 역할과 기능	104
50년 역사 무색한 의보 점수제 진통	109

Chapter 03 관광관련 칼럼

정부 관광산업 적극 육성해야 한다	115
관광산업에 대한 인식의 일대전환이 필요한 때	118
관광이 소비성 업종일 순 없어	127
관광산업 '친절'로 되살리자	130
해외여행, 생산적 교육투자 의식돼야	133
구·미시장 개척에 주력할 터	136
관광산업에 대한 인식전환 시급	138
왜곡된 '여행의 목적' 바로 잡아야	142

Chapter 04 경력 관계

소통	147
격변의 시대 인정받는 CEO	150

직장생활 장수비결 사심 버리고 즐겁게 일하라 156
자신의 일에 즐겁게 도전하자 160
방산수출 10억불 달성과 향후 과제 163
40년째 동합금분야 선두… 제2창업선포 166
국토건설사업은 성공할 것인가? 168
2001년 한솔은행 전환 목표 172
그룹지원 든든 성장률 1위 174
공무원, 교육자, 연구원, 기업가 등 다양한 경력 가진
실력가 176
고향사람 만나면 항상 즐겁지요 181

Chapter 05 대담·좌담

가난을 스승으로, 운명을 넘어섰다 185
사심 없는 원칙경영, 세계 일류기업으로 가는
키워드로 고수할 것 204
적극적인 해외 마케팅으로 시장 다변화 성공 210
여기 움트는 미래지향의 갈구 214
醫療保險실시 5년… 어디까지 와 있나 224
이 호소에 귀 기울이라 242

Chapter 06 고향 안동

'근약독륜' 謹約篤倫 조상의 뜻 가훈삼아
'무실독행' 務實篤行한 안동인 255

안동정신의 '일신우일신' 日新又日新을	266
인간이 태어나서 하고 싶어 하는 것 다 하며 살 수는 없다	284
나의 고향 '안동'	292
安東鄕友會 20年史	295

Chapter 07 삶의 자서

'예'와 '아니오'의 철학	319
더 늦기 전에 우리분수를 찾자	324
경영자로서 '군자'의 자세	328
P그룹 R회장	331
헌신·솔선수범, 큰 빛 발發하다	334
훈병 생활	338
단식투병기	341

Chapter 08 축사·격려사

나의 보금자리 '풍산' 그룹	353
'기양지' 岐陽誌를 꾸미면서	358
'관연회' 제 2집을 내면서	362
'수류회지' 편집을 마치면서	365
'영가회' 회장을 맡으며	368
(주)풍산 임시 주주총회	371
Openning Speech	375

'충의사' 건립에 감사	377
탄약관련 Seminar	381
2009년 새해를 맞이하여	384
노사협력선언 9주년 기념 및 무재해결의대회	393
'안동향우회장' 임기를 마치며	397
신동伸銅 발전 선도할 알찬 신문으로 발전하길	400
'온계종택'溫溪宗宅 복원 준공식	402
기업이념 재정립 WORK SHOP 격려사	404
사랑하는 내 고향 안동시민 여러분	408

Chapter 09 기 타

UN참전국 전사자 명비	413
민송民松과 나	414
아우님의 영전에	419
'송산호기'松山號記	424
跋文	427

1장
교육관련 칼럼

- '펠리칸' 정신
- 법, 그리고 시민정신
- 망국풍조인가?
- '투명 경영'이 노동 개혁 이끈다
- 충의공원에서 조상의 충절 체험하길
- 저금의 뉘앙스
- 교육자를 장송葬送할 셈인가
- 과외와 학교 차 없애기
- 농촌성인교육의 맹점
- 교련과 교직자 처우문제
- 교육의 민주화
- 학원정화는 교사들만의 힘으로 이루어질 수 없다
- 의무교육 그 밑바닥의 병리 진단한다

'펠리칸' 정신

'펠리칸'이란 새가 있다. 이 새에 대해서는 참으로 아름다운 전설이 하나 있다. 자식들이 굶주리고 있으면 이 '펠리칸'이란 새는 자기 내장을 토하여 그들에게 먹여준다는 이야기다.

자기 내장이 끊기는 그 고통, 그 끝없는 자기희생, 그리하여 사람들은 '펠리칸'을 '타애(他愛)의 상징'으로 삼고 있다.

'페스탈로치'는 교육자를 이 '펠리칸'에 비유한 일이 있다.

교육자가 교육을 한다는 것은 자기 내장을 도려내는 '펠리칸'의 그것과 같다는 생각이다. 피교육자에게 교육자는 스스로 자기의 뜨거운 생명과 자기의 생생한 살점의 일부를 준다. 그것이 곧 참교육이며 교육자의 정신이다. 그러므로 '펠리칸'의 고통과 사랑 속에서만 타인에게 감화를 줄 수 있는 교육이 이루어진다는 것이 '페스탈로치'의 생각일 게다.

비단 교육자뿐이랴? 밀림의 성자 '슈바이처'도 역시 '펠리칸'의 이야기를 하고 있다 한다. 입으로만 남을 사랑하고 마음으로만 타인을 동정하는 것이 아니라 '슈바이처'는 직접 자기 내장을 토해 주는 것과 같은 행동을 통해서 그 괴로움을 통해서 불쌍한 이웃 사람들을 도왔던 것이다.

이렇게 자기 땀으로 남을 즐겁게 하고, 자기 피로 남을 기름지게 하는 모든 자기희생의 애타주의愛他主義를 사람들은 '펠리칸이즘'이란 말로 부르고 있다. 그러나 우리 자신은 '펠리칸'이 아니라 무엇이든지 물어다가 자기 둥우리에 저축해 둔다는 그 '도둑새'의 생리에 보다 가깝지 않는가. 나라 꼴이야 어떻게 되든 나만 잘 살아야 했고 나만의 명성을 중히 여겨왔다.

꼬리를 물고 늘어나는 부패공무원… 이렇게 병든 이기주의 속에서 살아왔고 이렇게들 자기만족의 향락만을 생의 유일한 목표로 삼아왔다. 그러니까 자기 살을 도려내기는커녕 남의 생살을 뜯어 먹으려들던 잔학殘虐한 '에고이즘'이 이때까지의 우리의 생활태도였다. 그러나 우리에겐 남을 돕고 남을 위해 스스로 희생하는 '펠리칸'을 닮아야 할 때가 온 것이다.

부패를 일소하고 저축을 장려하고 내핍생활을 여행勵行하는 것만으로는 완전한 정신혁명이 이루어지는 것도 아닐 것이다. 보다 근본적으로 병든 '에고이즘'을 '펠리칸이즘'으로 바꾸어 놓은 것, 이것이야말로 모든 분야에 희망과 결실을 보장하는 원동력이 될 것이 아니겠는가?

(1965. 5. 15. 영남일보)

법, 그리고 시민정신

지금 서울의 인구가 1천2백만이라고 한다.

산업화라는 거센 물결 속에 도시에의 인구 집중은 한국 인구의 4분의 1이 서울에 살고 있다는 것이다.

이처럼 급속하게 비대해진 도시는 노인과 아이들이 살아갈 수 있는 생활공간으로서는 점점 생활하기가 어려워지고 있다는 것을 우리는 아침저녁으로 보고 또한 겪고 있다.

이러한 현상은 비단 우리에게 한하고 있는 것은 아니지만 도시라고 하는 생활공간 속에서 시민이 편리함은 크게 기대할 수 없다고 하더라도 삶의 안전이 당면의 문제가 되고 있다는 사실이다.

환경오염에서부터 교통 문제, 수돗물 문제, 주택 문제에 이르기까지 들어볼 것이 허다하다.

이번 시장 선거에 출마한 소위 빅3도 환경, 교통, 수돗물에 대한 비슷한 처방을 제시했지만 그 가운데서도 증가 일로에 있는 범죄와 당장의 시민 안전이 더 큰 문제다.

법원은 강도, 강간을 저지른 범죄인에게 그 수법의 악랄함을 들어 사형을 선고하기도 한다.

또 근래에 와서는 부모를 살해하고 외박한 부인을 구타하여 숨지게 하고 탈영병이 총기를 난사하고 거기에다 금융 사고는 꼬리를 물고 있다.

각종 범죄에 대해 예방하고 제재를 책임지고 있는 당국으로서도 그 고충은 이만저만이 아니라는 것은 짐작하고도 남음이 있다.

여기서 나는 현대 법이 두 가지의 양극단의 갈림길에서 입법정책이나 법 집행에 있어 딜레마에 빠지고 있는 것이 아닌가 하는 생각을 해 본다.

법은 통제와 함께 보장적 기능이 있기 때문에 그 두 가지가 조화를 이루어 나가는 것을 목표로 하고 있는 것으로 안다.

법의 질서라고 하는 틀 속에서 각자의 권익과 안전을 지켜주는 것이기 때문에 인도人道 또는 인권을 존중함을 기본으로 삼고 있는 것으로 안다. 그것은 범죄인에게도 마찬가지라고 생각된다. 법이 정한 만큼만 벌을 주어야 한다고 말하는 것이 바로 그것일 게다.

거기서 한걸음 나아가 사형폐지론이 나오고 사형을 폐지하는 나라가 늘고 있다고 한다.

그런데 현대의 범죄의 테러리즘적 수법과 악성적 횡포화는 현장 처형이라고 하는 제도를 점차 정착시켜 가고 있다고 한다.

인질극을 벌여서 제3의 피해자를 대량으로 나오게 하는 경우 독일이나 미국에서는 범행 현장에서 그 범인의 생명을 단절시키는 조치를 취한다고 한다.

10여 년 전 일본에서도 총기와 화약을 지니고 유람선을 탈취하여 인질난동 을 하던 범인을 일본 경찰의 특등사수가 망원조정으로 사살해 버린 사건이 있었다.

바로 현장처형의 한 예이다. 형사법에 현장처형이라고 하는 제도는 성문화 되어 있는 것은 아니라고 알고 있지만 경찰관의 무기사용의 요건이나 정당방위의 법리 등으로 그것이 아주 잘못된 것은 아니라고 본다.

그러나 이런 것에 대하여는 불가피론도 있지만 한편으로는 신중론을 펼치는 측도 있다.

비행기를 타더라도 위급 시에 안전을 지시받는 사항 가운데는 테러 공중 납치범을 맞닥뜨렸을 때 어떻게 처신해야 하는가 하는 것의 지시를 받게끔 외국 항공기에서는 안내를 하는 지경이 되었으니 참으로 긴장을 풀고 살기 어려운 피곤한 세상이 되었다.

법이 질서와 안전을 지켜주는 기능이 으뜸가는 것 가운데 하나이므로 그러한 범죄에 어떻게 내처하느냐 하는 것은 입법정책이나 법기술적으로 여러 가지 방도를 강구하게 되는 것이 마땅하다고 본다.

그런데 법이란 우리가 다들 알고 있는 것처럼 특정한 시대, 사회라는 풍토에 뿌리를 박고 있는 것이다.

우리 사회만 보아도 사회의 변동이 급격하다 보니 그에 적응하고 제도에 익숙해지며 사회 분위기를 사람 존중과 공중도덕의 습성화가 이루어지도록까지 미치지 못해서 그렇게 문제를 불러일으키고 있다고 할 수 있다.

도시화된 생활공간 속에서 하루하루를 살아남기 위한 경쟁을 하고 끊임없는 욕망의 자극 속에서 좌절을 겪으면서 살아가는 사람에게는 자제력이 느슨해지며 사나와져서 자기욕망 분출에의 욕구나 지위상승 욕구가 벽에 부닥치면 자기 이외의 사람을 인격적으로서가 아니라 개체화된 물체로 바라보게 되어서 자칫하면 엄청난 일을 저지르게 된다.

그러한 엄청난 일에 대해 어떻게 대처해야 하는가?

물론 법적으로 강경한 대응도 있어야 할 것이다. 그런데 그것만으로 그쳐서는 안 될 것이다.

살인죄를 사형으로 벌한다고 반드시 살인죄가 덜 저질러지거나 없어지게 되는 것만이 아니라고 하는 일면도 보아야 할 것 같다.

현대 도시생활의 구조는 시민의 안전을 경찰력에만 맡기고 있기에는 너무나 복잡하고 미묘하게 되어 있다.

여기서 우리는 영국이 산업혁명 당시인 18세기에 치안문제를 어떻게 처리했는가 하는 점을 생각해 보자.

런던의 인구 50여만 가운데 10만에 이르는 매춘부와 부랑 걸식배가 거리를 누볐다고 한다.

당시에 절도죄만 해도 그 정도에 따라 사형이 가해졌다. 그런데 정작 잡히는 범인들은 소년이나 부녀자들이 대부분이었다.

왜냐하면 당시 자치제는 주민부담으로 치안을 담당하는 경찰을 뽑았으므로 보수가 보잘 것 없어서 노인이나 허약자가 경찰이 되었기 때문이라고 한다.

그런데도 점차 질서를 되찾고 안전을 누리는 분위기가 된 것은 주민의 협조였다고 한다.

자기 스스로가 살아남고 안전하게 살아나게 하기 위해서는 반사회적인 요소를 주변에서부터 뿌리 뽑아 씻어내어야 한다. 또한 경찰을 법의 상징으로 대접해서 그렇게 행세할 수 있도록 사회분위기를 꾸준히 조성했기 때문이다.

이에, 경찰도 자기 직책에 최선을 다해 시민, 곧 주민의 공복으로 점차 성장해 갔기 때문으로 생각된다.

지금도 영국의 제복경찰은 법의 상징인 경찰봉 이외에 무기를 휴대하지 않는 걸로 안다. 이 점을 영국인은 스스로 자랑해도 크게 잘못은 아닐 것이다.

그러한 사례를 통해서 우리도 사회 분위기나 시민의 생활 속에서 스스로가 좀 더 공공사항에 관심과 협조를 하는 면으로 힘을 기울여야 하겠다고 생각 된다.

지금까지 치안상 크게 위해를 끼치는 중범이나 위험인물을 대개 주민의 신고나 제보에 의해서 색출 체포하여 온 것이 사실이지만 현대 도시의 생활구조는 여러 가지 위험요소를 내포하고 있다. 자동차도 잘못 쓰면 달리는 흉기가 된다.

아파트 단지처럼 주민이 집단으로 무리를 이루어 사는 곳에서는 공중도덕이나 규칙을 서로 지키지 아니하면 아파트 단지 자체가 위험지대가 되기 십상이다.

나만 안전하게 살겠다고 개인적으로 아무리 안전조치를 해도 그것만으로는 안전 조건의 전부를 충족시킬 수 없다. 그렇기 때문에 법 이전에 사회적 분위기 일신의 계기를 잡아야 한다고 하는 것을 말하고 싶다.

법이라고 하는 것은 두 가지 면을 함께 지니고 있다고 본다. 법의 극치는 무법無法이 될 수 있고 법의 부재도 무법으로 통한다고 본다.

법을 잘못 쓰면 무고한 사람이 피해를 보고 법을 아니 써도 애꿎은 사람이 해를 입는다.

법이 통제나 제재나 처벌을 예비하고 있는 것은 사람들의 안전을 지켜주고자 하는 뜻에 있다고 본다.

질서는 위로부터 타율적 법적 강제로만 세워지는 것이 아니라 우리 삶 속에서 우리가 올바르게 살아가는 터전으로 세워지는 것이어야 한다고 생각된다.

이 산업사회의 법률제도가 바로 그런 의미에서 꾸며져 있다고 본다. 그렇기 때문에 방관이나 무관심보다 시민생활의 안전기반을 무너뜨리는 것이 없다고 해도 지나치지 않으리라.

여기서 우리가 간과할 수 없는 것은 오늘날의 법이 그러하기 때문에 법이 시민의 자유와 권리를 지켜준다고 하는 사실이 수긍되지 아니하면 법에 대한 불신과 기피가 만연한다고 본다.

귀에 걸면 귀걸이 코에 걸면 코걸이 식의 법 운영이 있으면 법 불신의 싹이 자라고 주먹은 가깝고 법은 멀다고 하는 무법의 현실이 고개를 들 것이다.

  오늘날의 법은 두 개의 얼굴을 하고 현대사회의 문제와 씨름하고 있는 것 같다.

  여기서 이를 우리는 남의 일로 보아 넘기지 말고 사태를 바로 보는 양식을 지니는 것이 오늘의 어려움을 이겨나가는데 도움이 크게 되리라고 기대한다.

망국풍조인가?
학생의 현실참여

'학업에 열중해야 할 학생들이 어찌하여 자기네들의 본분을 떠나서 학문을 경시하고, 이를테면 집단적인 실력행사로 헌정질서를 문란케 하느냐? 이는 일종의 망국풍조亡國風潮가 아니냐?'고 보는 견해를 한번 검토해보려고 한다.

첫째는 '학문의 객관성'과 학원의 중립성이라는 점으로 보아 학생들이 어떤 특정 '이데올로기'를 신봉하고 곧장 실천무대에 나서든가, 또는 학원의 중립성을 손상시키는 것과 같은 정치운동에 뛰어드는 것은 못마땅하다고 보는 생각이 든다. 두말할 것도 없이 학문은 그 순수한 진리를 탐구해 나가기 위해서는 ('막스 웨버'가 지적한 바와 같이) 어디까지나 객관적이어야 할 뿐 아니라 또한 정치적 중립성을 유지해 나가도록 해야 한다.

부당한 정치세력의 간섭과 왜곡된 당파적인 이해를 배격하고 오로지 순수한 학문만을 연구해 나가는데 비로소 학문의 자유는 보장될 수 있을 것이기 때문에 학원 내에서 어떤 특정한 정치활동이 금지되어야 함은 물론이다.

만일 학생들과 교수들이 현실정치의 움직임과 너무나 밀접한 관련을 가지게 되면 진리의 전수장이 되어야 할 신성한 학원이 어떤 정당의 선전장화 할 위험성도 없지 않다.

사실 학생들의 정치활동이 스스로의 수업 포기와 수업 방해로써 평화로운 학원의 질서를 문란케 하는 일은 비극이며 불행한 일이다. 왜냐하면 대학이란 투쟁을 일삼는 정치의 장소가 아니라 진리의 탐구와 지성의 계발을 위한 학문의 전당이기 때문이다.

하지만 이와 같은 원칙은 무엇보다도 먼저 학문의 자유와 학원의 자치가 사실상 확보되어 있을 것을 불가결의 조건으로 한다. 즉 학생들의 정치발언 또는 행동이 필요치 않은 평온한 분위기가 조성되어 학문과 사상이 어떤 전제적인 압력으로부터 자유롭게 되는 것을 전제로 해야 한다는 말이다. 그런데 우리의 주변은 과연 어떠한가? 우리의 사상도 생활도 모두 어두운 불안과 공포 속에서 떨고 있으며 오직 특정 정당의 권력만이 비대해 가는 사회가 아닌가?

'막스 웨버'는 1920년대의 자기의 조국을 "빙설氷雪로 뒤덮인 암흑과 혹한의 극지의 한밤중과도 같다"라고 표현했지만 우리의 생활 상태는 과연 어떠한가? 날을 거듭해감에 따라 더욱 심해가는 정치부재 분위기는 학원의 자유와 중립성을 여지없이 짓밟고 있지 않는가?

민주주의의 기반이 송두리째 붕괴되어 가는 정치상황 속에서 일으켜진 학생 '데모'와 같은 학생운동은—바로 이러한 학문과 사상에 대한 침해에 항거하고자 하는 한에 있어서—결코 '일부의 과격분자들의 부질없는 행동'이라 할 것이 아니라 오히려 학문과 학원의 자유를 요구하는 정당적인 감각과 왜곡되지 않는 지성의 표현이라고 볼 수 있지 않을까?

둘째는 오로지 학업에만 전심전력을 다해야 할 학생의 신분적 지위로 보아 학생운동에 가담하게 되는 것은 그 자체가 부당한 이탈행위라고 보는 생각이다. 아직도 미숙한 학생의 신분으로서 정치에 간섭한다는 것은 부당하다고 보는 신분질서적인 생각에는 확실히 일리가 있다.

하지만 이와 같은 신분질서적인 생각은 학생운동에 대한 공정한 판단을 보다 이상으로 그르치게 되는 경우가 없지 아니하다.

정의감이 왕성한 순진한 젊은 학생들을 오직 학생이라는 신분에만 얽매어 놓고 일체 조국의 운명에는—즉, 조국의 정치적 위기에는—전연 '터치' 말라고 금지하기 전에 그들로 하여금 '데모'의 대열 속에 가담하지 않을 수 없게 한 사회현실을 정치가와 문화인들은 한번 엄숙히 반성해볼 필요가 있지 아니할까? 제 아무리 혈기가 왕성한 학생들이라 할지라도 학칙위반으로부터 오는 처벌과 경찰서의 유치장을 자진해서 택할 리는 없다.

더욱이 오늘과 같은 격렬한 취직전선에서 한번 당국의 '블랙리스트'에 '체크'되면 일생동안 그 그림자로 인해 신세를 망치게 될지도 모른다는 것쯤은 모를 리가 없다.

부정과 불의를 보고도 눈을 감고 도피하여 아무런 처벌도 받지 않고 무사히 보낼 수도 있다. 그럼에도 불구하고 갖은 위험을 무릅쓰고 집단운동에까지 나서는 까닭은? 물론 자극을 좋아하는 청년심리와 앞뒤를 돌보지 않는 영웅주의가 작용되고 있을 것이지만 본질적으로는 결코 그러한 동기에만 사로잡힌 것만이 아닌 보다 더 중요한 이유가 있을 것이 아닐까? 그렇다면 그 이유는 무엇일까?

일언이폐지하여 그것은 현대정치의 일반적인 위기에 대하여 자유와 평등을 희구하는 양심의 충동이오, 또한 왜곡된 정치사회의 부정과 억압에 대한 일종의 항의가 아닐까 한다. 이렇게 볼 때 자유와 진리를 사랑하는 젊은이들이 국가의 운명이 위기의 절정에 다다른 것을 보고도 홀로 '평화로운 학원'을 구가할 수 있다면 이것이야말로 오히려 변태적인 일이 아닐까? 그러나 순진한 학생들이 정치에 대한 관심이 지나친 나머지 어떤 특수 정파政派와 이익단체의 이용물이 되어서는 안 될 것이다.

끝으로 '토마스 만'의 말을 반추하여 본다. '정치를 경멸하는 인간은 결국 경멸을 받아 마땅할 정치밖에 갖지 못한다.'

(1965. 9. 1. 매일신문)

'투명 경영'이 노동 개혁 이끈다
풍산그룹 상임고문 류목기

노동 개혁이 우리 사회 초미의 현안으로 대두해 있다. 김대환 노사정위원장은 "노동계와 정부가 승부를 보려고 해서는 안 된다. 목숨 걸고 싸울 일이 아니라 대화를 통해 노동시장 실정에 맞는 정책 조합을 찾아야 한다"고 한 인터뷰에서 밝혔다. 이는 적절한 지적이다. 노사정 협상을 주도해 온 경험에서 나온 중요한 원칙이라고 생각한다. 그러나 적지 않은 노사 분쟁 현장이 사용자와 근로자 간 적대감과 극한 대립에 이골이 나 있다.

노사 분쟁의 중심에는 예외 없이 사용자가 자리하고 있다. 강자가 약자를 이기려 하면 답이 없다. 노사 쌍방이 생각을 바꾸지 않으면 또한 길이 없다. 노사가 상호 불신을 해소하지 않으면 달리 방법이 없다.

노동 개혁의 출발은 사용자가 투명 경영과 경영책임으로 근로자의 신뢰를 회복하는 데 있다. 정부는 어떤 대가를 치르더라도 법과 원칙에 충실해야 한다. 어떤 경우도 자기희생 없이 성과를 기대하는 것은 공염불에 불과하다.

풍산 안강 공장은 1989년 1월 '공권력 투입 제1호'로 기록돼 있을 만큼 강성 노조가 이끌었다. 하지만 그 시기 큰 홍역을 치른 이후 우수 노사 협력 모범 사업장으로 여러 차례 표창을 받았다. 노사가 무無쟁의 무파업 노사 협력 결의대회를 열고, 기업주는 투명 경영과 책임 경영에 힘쓰면서 근로자의 신뢰를 얻은 결과다. 방위산업에서 얻은 이익은 군을 위해 장학금이나 시설 투자로 환원했고, 연평도 포격 때 부상한 병사를 전원 채용하고 다문화 가족을 지원하는 등 사회에 환원하는 모습을 보임으로써 얻은 수확이다.

울산 신동 공장의 경우도 노사가 협력을 통해 위기를 극복했던 또 다른 예다. 당시 IMF 금융 위기를 맞아 공장 가동률이 50%대로 떨어지는 등 창사 이래 가장 심각한 위기를 맞고 있었다. 처방은 비용 절감이었다. 교육·홍보·연구개발(R&D)·접대비를 줄이는 것은 상대적으로 쉽지만, 가장 비중이 높은 인건비 절감과 인원 감축은 노조합의 없이는 불가능한 일이었다. 당시 사측 대표가 연봉 반납을 선언하면서 노조위원장에게 호소했다. 노조위원장도 노조원들과 협의 후 임금 동결과 인력 감축 동의로써 화답했다. 그해 연말 회사는 흑자를 냈다. 이런 경험들을 통해 교훈이자 확신을 얻었다. 기업은 투명 경영을 통해 노사 간 신뢰를 쌓을 수 있고 자기희생을 통해 위기를 극복한다는 사실이다.

(2015. 8. 31. 조선일보)

충의공원에서 조상의 충절 체험하길

우리나라는 광복을 기준으로 내년(2015년)이면 고희가 되는데도 아직 철이 들지 못한 걸까? 산업화와 민주화에는 성공해 놓고, 왜 진정한 선진화는 이루지 못한 걸까?

슬픔과 절망에 빠진 지금 우리가 할 일은 '잘 산다'는 것의 의미를 재정립하는 것이다. '잘 살아보자'라는, 먹고사는 문제는 해결했지만, "남보다 잘 먹고 잘 입고 잘 논다"는 생각에 매몰돼 인간의 도리를 소홀히 하는 지경에 이른 듯하다.

'명문가의 자녀 교육'에 대해 다시 생각해 봤으면 한다. 우리 선조들은 '매 끝에 효자 난다'면서 인간답지 못한 행동은 고통을 주어 통제했다. 그것이 바로 회초리다. 회초리를 맞고 자란 자녀가 인간답게 자란다는 말이다. "아이들은 어른의 등을 보고 배운다"고도 했다. 어른이 모범을 보여야 한다는 산교육의 표상이었다. 우리 선조는 밥상머리 교육을 즐겨했는데, 조손이 겸상을 하고 대화와 소통을 하며 인성 교육을 했다. 이는 정말 슬기롭고 지혜로운 것이다.

가정교육, 사회교육, 학교교육 모두가 실종 위기에 처해 있는 것이 우리 현실이다. 가정에서 부모는 아이들의 종이 돼 있고, 사회적으로 어른은 아이들의 바르지 못한 행동을 외면하고 있으며, 지식과 기술의 전수가 교육의 전부라고 믿고 체벌을 추방한 학교에서는 인성 교육을 포기한 채 입시 준비에만 몰입한다. 우리 사회 모든 병리 현상은 인성 교육을 외면한 데서 뿌리를 찾을 수 있다.

우리나라에는 수많은 씨족 중심의 종회가 있다. 종회마다 공통되는 것은 선조의 학덕과 위국충절을 기리는 것이다. 이는 후손들이 마땅히 해야 할 책무다. 중요한 것은 후손들이 선조를 닮아가도록 하는 교육인데 별로 신경 쓰지 않으니 안타깝다.

선조의 나라, 부모사랑, 인간사랑 정신을 선양하고 자라나는 세대의 산 교육장으로 활용하기 위해 문중 차원의 '충의 체험 공원'을 조성하고 있다. 이곳은 모든 방문객을 위한 체험공원으로 활용할 계획이다. 선조의 위대함을 후손에게 잇는 가교가 돼 선조와 후손이 호흡을 같이하고 후손다운 후손으로 이끌 것을 다짐한다.

세월호 사대로 국민은 절망하고 있다. 문제가 있는 곳에 희망이 있고 희망이 있는 곳에 미래가 있다고 했다. 이 시기를 전화위복의 기회로 삼아 모두가 선진화의 디딤돌을 놓는데 힘을 모았으면 한다.

(2014. 5. 28. 조선일보)

저금의 뉘앙스

"(전략) 저의 집 아이가 저금을 하지 않으면 선생님께 꾸중을 듣는다고 학교에 가지 않으려고 하니, 어떻게 합니까? 못난 어미라 요사이는 때도 먹는 둥 마는 둥 합니다. 어떻게 좀 기다려주세요."

이 애절한 호소에는 모정이, 생활고의 단면이, 교사의 인간상이 서려 어디로 향한 고발인 것 같기도 하다.

보다 눈물겨운 교실 안의 점사占寫…

"오늘 선생님 말씀이 뭐지?"

"매일 말씀하시는 저금 이야기지 뭐냐? 점심도 못 먹는데 무슨 저금이냐!"

동심에 담겨진 저금이 일종의 취렴의 인상을 주고 생계의 위협물로 등장했다면 간과해 버릴 성질의 것일까?

이런 정상情狀을 외면하는 듯 상급기관에서는 저축의 불가피성을 강조하고 전진할 한국 미래상의 청사진을 제시하면서 허리띠를 졸라매어 가면서라도 저축목표액 달성을 위한 교육(?)을 하라는 엄명이 내려지고… 더욱 유출유괴愈出愈怪한 것은 불도저식 일방통행으로 압력을 가하고 있는 사실이다.

그런대로 교과서를 든 교사는 교단에서 소비성향의 일소一掃와 저축심의 앙양昻揚을 외치고 이런 소비 '패턴'의 기조基調는 견지堅持되어야 한다고 역설한다.

또한, 저금은 수익률, 가치 보전保全, 안전성 등 제諸요인을 움직여서 저축주체인 개인의 성향에 의하여 결정지을 수 있는 것이라는 것도 함께 가르친다. 한국 경제의 특수성을 교육적으로 가미加味하면서…

그러나 오늘날의 경제 질서로서는 납득이 갈 여건이 갖추어 있지 않으니 우이독경牛耳讀經임이 당연할 게 아닌가?

이런 상황 하에서 저축을 강요한다면 이율배반 교육의 '모델 케이스'가 아닐 수 없으며 1인 2역의 괴물을 강요당하는 교사의 처지가 딱하기만 하다.

교과서를 쥔 손은 교육자의 손이요, 저금통장을 든 손은 조세징수의 세리稅吏 손을 닮아야 하니 말이다. 여기에서 교육자의 신념과 의식이 저울질 될 것만 같다. 물론 도로도 닦아야 하고 주택도 지어야 하며 경제개발계획으로 공업화도 추진해야 하시만 근본적인 문제로 교육을 제일 우선적으로 생각하지 않는 한 나라의 부흥을 기할 수 없을 게다.

다시 말하면 저축을 교육에 끌어들여 교육의 일각一角이나마 파괴시킬 수 없다는 말이다. 더욱이 물을 주고 피를 요구할 순 없을게 아닌가?

보다 우수한 '머리'와 집행하는 유능한 '손'을 통하여 비교육적인 요소들을 제거하고 내자內資의 효율적 동원動員이라는 거대한 과제를 '스무스'하게 이끌어 갈 순 없을까?

(1965. 7. 2. 매일신문)

교육자를 장송葬送할 셈인가
교사의 위치에서 본 영화 '저 하늘에도…'

요즘 '저 하늘에도 슬픔이'란 이윤복李潤福군의 수기가 대중의 호기심과 잠재적인 욕망을 만족시키려는 기업인의 상업적 수단으로 실존인물을 상품으로 분장시켜 '이 땅의 슬픔'으로 관객을 어두운 영화관으로 끌어들이고 있다.

윤복군의 수기는 동심의 세계에서 출발하여 사회의 뒷골목까지의 생태를 묘사한 발랄한 생명의 생동과정인 만큼 여기에 담긴 주인공의 생활신조가 상품으로서 기업가의 제물祭物이 되었음은 이 또한 슬픈 일이다.

수기는 가상세계가 아니요, 어디까지나 사실의 기술이며 추호의 과장이나 왜곡이 허용될 수 없다는 데서 가치의 일면을 찾을 수 있다는 것은 상식의 ABC에 속하는 것이다.

더더구나 이 수기를 교육영화로 제작하였다면, 난마亂麻같이 헝클어진 혼탁한 우리사회의 명목의 담당자인 어린이에게 무기력과 회의 속에 방황하게 하고 향락과 유흥 속에서 사회부패를 조장하는 무리들을 전시展示할 필요가 어디 있겠는가?

필자는 이 영화에서 수기와 거리가 먼 곳을 발견하고, 제작자의 양식을 의심했으며, 그렇게도 비교육적이고 허구와 비리에 충만한 데 실소를 금치 못했다. 그 방증傍證으로 화면에 나타난 몇 장면을 소개하여 제작자의 맹성猛省과 관객의 현명한 판단을 기대한다.

첫째, 윤복군이 지각하여 벌로 혼자서 청소하는 장면, 교육계의 일각에는 무의식이든 고의든 그 이상의 학대와 천대가 가능할는지 모르지만, 윤복군의 담임이었던 여교사는 역경에서 생을 개척하는 나약한 윤복군의 투지를 길러온 숨은 은인으로 알려져 있는데, 특정인을 선전하기 위해서는 대조적인 인물로 등장시킨 실존인물은 인격의 모독도 감내해야 한단 말인가? 좀 더 순후한 묘사가 아쉽다.

둘째, '바'에서 벌어진 수표거래로 담임교사가 급장을 시켜준다는 장면, 교사가 어린이를 상품으로 취급한다면 이는 비극이요, 내일의 국가운명에 대한 조종弔鐘이다. 그러나 교사라고 하여 사회풍조가 퇴폐하고, 도의가 땅에 떨어지고, 사회 사람들의 대부분이 경제적 궁핍에 허덕이고 있는데 유독 교사에게만 성인군자와 같은 고매高邁한 인격을 가지고 청빈淸貧한 생활을 요구할 수는 없을 게다. 그렇다고 오늘의 사회의 썩은 풍조를 정신면이든 신체면이든 간에 추종하는 것을 능사로 삼아서는 안 될 것이다.

여기서 제작자는 수기를 침소봉대針小棒大하여 교육계의 부패를 과장 노출시켜 동심에 호소하는 졸렬한 수법이 무엇을 보장한다는 말인가? 교사를 불신하는 기풍이 조성되어 교육내용면을 파괴하는 것 외에 남을 것이 무엇이 있겠나?

사회정화의 첨병尖兵인 교육자의 이 장송곡葬送曲의 구슬픈 여운이 제작자나 사이비 교육자의 귀에는 복락福樂의 축가로 들릴 만큼 감성이 마비되고 양심이 결핍되었을까? 모두들 환상에서 깨어나고 외도에서 도피구를 찾아야겠다.

셋째, 김동식金東植 교사의 표창문제로 학교 측이 '이니시아티브'를 잡아야겠다는 여론교육을 하려는 신념 없는 교장을 그린 장면이다.

이러한 표현이야말로 교육무용론을 짙게 하는 것 외에 무슨 소득이 있겠나?

이 영화 제작의 의도가 교사의 신분이야 시궁창에서 짓밟히든, 교육내용이야 어떻든, 상업 수단으로서 관객의 흥취에 영합시키는데 있었다면 이보다 더 잔인한 '에고이즘'이 어디 있으며 이보다 더한 교육의 암을 어디서 찾겠나?

제작자는 일말의 양심이라도 있다면 교육의 정상발전을 희구하는 일념에서 위에 지적한 장면을 '커트' 하든지 그렇지 않으면 상영중지를 시켜 영화인의 긍지를 살려 사회정화의 일익을 담당하여 주었으면 하는 생각이 간절하다.

이렇듯 비교육적인 영화의 상영을 인정하는 문교부나 시사회서

통과시킨 공보부는 교육을 포기하겠다는 말인가? 아니면 내용분석에 소홀했는가 묻고 싶다.

장학을 주관하는 도교위道敎委나 교권옹호를 부르짖는 교육회는 이렇게도 교권이 무참히 짓밟혀 통곡을 해도 피안의 화재를 구경하듯 수수방관袖手傍觀할 작정인가?

일선학교에서는 이런 영화를 학생을 동원시켜 관람시킴으로써 순결무구한 동심에 수표手票거래교사, 잔인한 교사, 신념 없는 교장을 아로새겨 줄 작정인가?

(1965. 5. 17. 每日新聞)

과외와 학교 차 없애기
지상캠페인 / 교육여론의 사회화

입시제도의 근본적인 정책 변혁이 이루어지지 않는 한, 과외수업 등으로 인한 비정상적인 학교교육의 정상화란 기대하기 어렵다. 문교당국의 용단만이 유일한 해결책이 아닐까?

학교 밖의 교육악
교문 밖에서 이뤄지는 전문 교육

중학입시를 위한 과외수업의 고질화한 이상풍조는 급기야 교육을 교문 밖으로 몰고 나갔다. 자보나 어린이들도 학교공부보다 학교 밖의 공부를 우선으로 생각하는 교육의 망각지대를 이루고 있는 것이다. 이의 폐단에 대해서는 이미 논란이 있은 지 오래지만 과외공부길의 살해사건을 계기로 문제는 더욱 절박성을 띠게 되었다.

이럴 때마다 당국자들은 과외수업을 엄금한다고 공언하였고 이를 하는 교사는 파면하겠노라고 장담하여 왔다.

여기에 덧붙여 요즘은 시경이 교위의 의뢰를 받아 사설강습소법을 적용 적발 처벌한답시고 단속비리라는 부패목록만을 추가시키고 있다는 말은 들었지만 과외수업이 완화 근절되어 가고 있다는 소식은 듣지 못하고 있다.

이렇게 과외공부의 근절을 행정조치나 법제만으로 해결하려는 당국이기에 과외수업의 광풍이 좀체로 사라지지 않는 것이다.

더욱 유출유괴한 사건을 보아 과외수업 근절이 곧 교육의 정상화라는 위험한 생각이다. 문교부는 과외공부 근절 후의 교육양상에 대해서 어느 정도의 연구계획을 하고 있는지 지극히 염려가 되지 않을 수 없다. 요즘 과외수업 근절에 대한 몇 가지 안을 보면

첫째, 문교부는 20여일 후로 박도迫到하고 있는 올해 중학입시는 국정교과서 내에서 한 자도 틀리지 않게 출제해야 한다는 당면 방침이다.

이는 곧 실시될 12월의 중학입시에 대비하여 지금과 같은 백가쟁명이 가져 올 입시준비 아동과 학부형들의 정신적 혼란을 막기 위하여 '금년에 한하여'라는 전제가 붙는 한 최선책이 될 수 없을 뿐 아니라, 아동들을 득점에만 민감한 정밀기계에서 해방시키기는커녕 오히려 장려하는 결과를 빚어 아동들의 사고력, 응용력, 추리력을 거부하는 교각살우矯角殺牛의 방침임에 틀림없다.

동등위同等位의 학교를 세우자
금력 제일의 사회악을 먼저

문교부안과는 달리 지난 11월 6일, 15일 양차에 걸쳐 서울 시내 국민학교장 1백 50여명이 회합하여 공동으로 제기한 안은 무시험 추첨제로 하되 교육위원회는 국민학교의 성적순에 따라 중학교의 수용능력 한도 내에서 추첨권을 발급하여 추첨권 소지자는 성적 여하에 구애됨이 없이 동등한 권리를 가질 것이며 전후기별을 두지 않고 일제히 추첨을 한다는 내용이다.

이 안은 많은 타당성을 포함하고 있다. 시험을 전폐하고 국민학교 성적에 구애됨이 없이 동등한 권리를 갖게 하는 것은 중학교 의무교육제로 일보 전진한 것이며, 입시의 질곡에서 어린이를 완전 해방하여 자유로운 발육을 기할 수 있고 과외공부에서 해방시키는 이점은 있다. 그러나 이 경우 현존한 소위 일류교에는 지금보다 몇 십 배 집중하여 일대 혼란을 빚을 것이며 삼류교에는 전연 응모자가 없는 현상이 나타날 것이 분명하다.

성적에 의하지 않고 추첨이라는 요행만을 무기로 삼는 만큼 그런 현상은 불가피하고 일류교의 선발이 끝난 후 삼류교 정원을 채우기까지에는 상당한 시일을 두고 혼란과 말썽이 따르게 마련이다.

이와는 달리 교육연구소안은 입시는 선폐하되 국민학교의 내신서와 체능검사만으로 전형하라는 것이다. 이 안도 일리는 있지만 문제를 근본적으로 해결하는 길은 아니다.

오늘날의 이상풍조의 근본원인은 일류니 이·삼류니 하는 격심한 학교차에 있다. 누구나 일류교에 자녀를 보내려는 데서 광적이라고 할 만큼 어린이들을 들볶게 된 것이다.

국민학교의 내신서를 기준으로 한다면 상위의 아동들이 일류교에 모일 것이 분명하여 학교간의 격차는 여전할 뿐더러 국민학교도 차가 있어 내신서만으로는 공정한 전형이 어렵고 내신서 작성에 따른 불미스러운 잡음도 면키 어렵다.

그래서 문제는 입시제도의 변혁은 과외공부를 완화시키는 하나의 방법은 될지라도 근본책이 될 수는 없다는 것이다.

학교차를 없애야 한다.

학교차를 없애자고 하는 것은 일류교에 집중되고 있는 사회의 관심과 이를 뒷받침하는 재력을 분산하여 모든 학교들의 균등한 발전을 이룩하자는 것이고 그로 말미암아 경쟁을 완화하는 장차 실시될 중학교 의무교육의 건전한 토대를 마련하자는 데 있다.

이 과제는 문교정책을 수립하는 고위층이 만란을 무릅쓸 용기만 있다면 그리 어렵지 않게 개혁될 수 있는 것이 학교차의 해소다. 학교차만 없어지면 당장이라도 무시험 추첨제로 전환할 수 있을 것이다. 이렇게 되면 빗나간 교육풍토를 바로 잡을 수 있을 것이며 아동들을 입시 지옥에서 해방시켜 햇빛을 보게 할 것이다.

(1968. 1. 교육평론)

농촌성인교육의 맹점
특히, 학습방법과 교육과정을 중심하여

오늘날 농촌의 생활이 옛날과 거의 다름없으며 낡은 전통의 속박 속에서 심한 노동과 가난 속에서 생활하고 있으니 이를 단적으로 말하면 '봉건성의 궤도'에서 탈피하지 못하고 있다고 집약할 수 있을 것이다. 변화를 기약한다는 것은 마치 하늘의 별을 따는 것과 같은 '기적'의 영역에 속하는 농촌의 성인에게 어떠한 삶을 제공하고 있느냐 하는 것은 정치·경제면에서 중요하게 다루어지는 문제이지만 교육에 있어서도 경시輕視할 수 없는 큰 과제가 아닐 수 없다.

그래서 우리 농촌에는 많은 공민학교公民學校와 고등공민학교高等公民學校를 설치하여 이들 성인에게 교육을 실시해 왔으며, 또 이런 혜택조차 입지 못하는 벽촌에까지도 방학기를 이용한 각종 계몽이 학생봉사대에 의해 실시되어 왔다. 그러나 이런 교육이 문맹 퇴치와 글 읽히기의 구실을 하고 있을 뿐 그 이상의 진전도 보이지 않는 것이며, 가장 긴요한 농촌성인에 대한 '풍습의 개선' '기술의 보급' 에 하등 그 기능을 미치지 못하고 있음은 크게 반성할 문제이며 동시에 조직적이고 포괄적인 성인교육의 발전은 기필코 있어야 할 중요한 문제가 되는 것이다.

우리나라 교육법 제137조에는 공민학교와 고등공민학교의 목적을 명시하고 있는데 이는 초등교육을 받지 못하고 학령學齡을 초과한 자의 교육, 또는 일반 성인에게 국민생활에 필요한 보통교육과 공민적公民的 사회교육을 실시한다는 것으로 되어 있다. 따라서 성인교육의 성격은 농촌의 실태를 파악하는데 적극적으로 참가하고 그와 유대를 맺는데서 비로소 그의 성과가 있는 것이며 한낱 문맹퇴치의 수단으로서 그리고 글방의 구실로서만 있는 것은 결코 아니다. 농촌에 있어서의 성인교육은 국민학교 교사가 야간에 강사로서 일하며 학습방법이 형식적인 강의 중심이고 보면 온종일 논밭에서 시달린 성인들에게 흥미의 대상조차 되기 어려운 것이다.

재건국민운동본부에서 실시하는 문맹퇴치운동도 눈 가리고 아옹 하는 식의 교육방법을 벗어나지 못하는 한 그 성과는 연목구어緣木求魚의 우거愚擧가 될 것이다. 성인교육기관의 역동적 기능은 글방이나 국민학교 교육 중 학교교육의 보충이 아니라 성인들이 그들의 생활과 생산과정에서 실제적으로 고민하고 있는 문제해결에 직접 결합하는 것이어야 하며 이러한 기능의 재생의 겨를이 없는 한 성인교육기관은 사장재死藏材로서의 본보기밖에 되지 않을 것이 명백하다.

물론 성인들은 강의식 교육이 필요함을 인정치 않는 것은 아니며 기초적 학력이 얼마나 생활에 필요한가를 인식하고 있다. 그러나 기초적 학력이라 할지라도 그 방법이 전혀 같은 것이 아니며 그 내용은 많은 차이가 있다는 것을 알아야 할 것이다.

농촌성인이라도 우리가 말하는 내용에 있어서 또 연령, 학력, 사회적 경제적 계층이 서로 다르다.

이러한 다른 무엇에 응하여 또다른 희망 욕구 의식을 가지고 있다는 것을 잊어서는 안 될 것이다. 같은 학습을 행함에 있어서도 학력이 있는 사람은 싱거워지고 학력이 낮은 층은 어려워진다는 것은 성인교육을 담당하는 교사이면 의례히 당하는 고충이며 설사 중앙의 저명한 인사의 특별강연이 있다 하더라도 그 반응이 미미한 경우가 있음은 성인들의 이질성이 주는 결과일 것이다. 퇴적堆積되어 있는 농촌사회의 허다한 불합리한 생활태도를 개선하는 원동력이 교육이라면 적어도 농촌교육은 농업생산의 보다 나은 방법과 농촌생활의 질적 향상을 위하여 깊은 관계가 있는 것이며 이에 대한 봉사할 바 없는 교육은 그 존재가치를 상실하는 것이다.

농촌성인에게 필요한 교육은 농업에 대한 구체적 지식과 환경에 대한 개선의욕과 구박驅迫에 대한 조화의 생활의 계열이며 행하는 과정은 듣고 쓰는 것이 아니라 알고 행하는 것이어야 하며 행해지는 곳은 농촌에서 벗어날 수 없는 것이다. 오늘날 우리의 교육은 농촌의 부흥을 초래하였다기보다 농촌의 퇴폐를 유지시키고 있는 것이며 이러한 교육이 계속되는 한 국가의 장래를 약속하기 어렵다.

　성인교육은 오늘날과 같은 교육의 비틀어짐에 유혹됨이 없이 꿋꿋이 농촌을 살리고 농촌을 살찌게 하는 유일한 보호소가 되어야 할 것이다. 따라서 성인교육의 기간은 성인들이 개개의 문제에 당면할 때 이것을 해결하는 능력, 기술 판단력을 기르는 계통적인 지식과 자신감을 심어주는 것이어야 한다. 따라서 그 내용은 학교교육의 과정과 동일할 수 없으며 여기에서 성인교육의 포괄적인 행동을 의미하는 계기가 되는 것이다.

　우리가 현재 어떠한 위치에 있으며 보다 나은 생활이란 어떠한 생활이냐 하는 생활과 사회생활 체제의 현실과 이상이 되는 바른 자세를 배우고 개개인이 보다 나은 체제와 가치를 향하여 전진할 수 있는 마음의 자세를 창조함이 성인교육의 보람이 될 것이다. 새로운 교육을 받은 성인은 그 전의 성인과 성격이 다르다.

　농촌사회가 이와 같은 성격이 다른 사람으로 커버릴 때 농촌사회의 양상도 현저하게 변화될 것이다. 그러나 해방 후의 교육이 현실의 농촌사회 속에서 그 목표가 얼마나 확실하고 뚜렷한 형태로서 실현되고 있느냐 하는 것은 묻지 않을 수 없는 문제이다. 하여간 오늘날 민주교육 자체가 딜레마에 놓여있고 새로운 교육목표의 실현을 필요로 하는 것은 농촌사회에서 보다 강력히 요구하는 입장일 것이다.

　농촌의 많은 문제는 근본적으로는 농업생산과 관련이 되어져야 할 것임이 확실하다. 그러나 오늘날까지의 농촌사회에 대한 봉사가 한낱 제도개혁에 그치고 있었다는 것은 해방 전의 농촌이나 지금의 농촌이 거의 같은 위치와 상태로 있게 되었다는 것으로 이해할 수 있다. 적어도 농촌개혁의 근원은 점진적인 생산개선을 수반하는 광범위한 사회개혁이라 할진대 농촌에 있어서의 교육은 어떠한 형태이든 개선되어야 하며 학교교육에 비하여 의붓자식과 같은 존재로서 있는 성인교육의 보다 넓고 힘 있는 운영이 국가적으로 고려되어야 할 것이다.

(1962. 9. 20. 매일신문)

교련과 교직자 처우문제
구두선口頭禪으로 도색하지 말라

우리 주변에는 화급히 해결해야 할 일들이 산적해 있다. 그 중 가장 심각하게 '클로즈업' 되어 가고 있는 것은 교직에 봉직하는 자들이 교단에서 영양부족으로 쓰러지는 등, 생활에 대한 위협이 날이 갈수록 도를 더해 가고 있다는 사실이다. 이 비참한 정상이 일선교단에 만연하고 있는 한 교직의 형식적이고 소극적인 처우개선 시위만으로 문제가 쉽사리 해결될까? 보다 실질적이고 적극적인 활동만이 성과의 관건이다.

연전에 세계 교육자단체 총연합회의 간부 한 사람이 대한교련을 방문하여 교육자 단체의 궁극적인 목표는 교육자의 대우 개선 문제이며 급료를 인상시켜 교육회원들의 대우를 개선해 주지 못하는 교육자 단체는 그 존재 가치가 없는 것이라고 확언하여 교육자 단체의 뚜렷한 목표를 이야기 하였다는 전문이 기억에 새롭다.

단적으로 말해서 대한교련은 교육자 단체로서의 구실을 제대로 못하고 있는 듯이 보여지고 있다. 그 예로서 ① 승급기간의 단축 ② 법정수당의 지급 ③ 단일호봉제도 실시 ④ 급료 인상 등 몇 가지만 보더라도 전시효과에 그친 감이 불무하다. 이는 대정부활동에 있어서 그 힘이 미치지 못했다는 사실을 입증한 것이라 하겠다. 물론 대한교련이 그동안 청원·진정·건의·예방 등 대정부활동에 무척 애를 쓴 사실만은 십분 알아줄 만도 하지만 그 추진방법이 좋지 못했다는 사실을 자인해야 할 줄 안다.

교육공무원을 우대하라, 봉급을 올려라, 법정수당을 지급하라, 단일호봉제를 실시하라 하고 많이 떠들어 보았음은 사실이다. 그러나 단 한 가지 문제만이라도 성공적으로 이끌기 위해서 이 문제에 대하여 당국이 충분한 이해가 갈 수 있는 과학적인 뒷받침을 해줄 수 있는 자료는 거의 없었다고 본다. 다만 법관은 어떻게 대우해주고 다른 공무원은 위험 수당도 지급해주는데 왜 못 주느냐 하는 식이며 기껏 해봤자 외국에 있어시의 교육공무원은 이렇게 대우해 준다는 식의 통계자료 정도를 제시해 줄 정도에 그쳤던 것이다.

국가예산의 규모가 어느 정도인데 그 예산이 어느 곳에 어떻게 쓰여지고 있으며 그 예산을 이렇게 세우면은 교원봉급을 인상시킬 수 있시 않는가 하는 과학적인 조사 분석까지에는 미처 엄두도 못 내고 있는 것 같다.

수만 명 교원들의 대우 개선 문제는 국가 전체의 재정문제와 직접적인 관계가 있기 때문에 그 나라의 재정이 어떻게 쓰여지고 세제가 어떻게 되고 있다는데 대해서까지 과학적인 조사와 분석을 하여 '데이터'를 제시함으로써 재정의 완급에 따라 시급을 요하지 않는 사업을 중지 또는 제한하고 거기에 소요되는 재원을 돌려 교원들의 봉급 인상을 실현시킬 수도 있지 않는가 생각된다. 보다 근본적인 문제로 교직원 봉급 인상에 암적인 요인으로 작용을 하는 것은 아직도 위정자를 비롯한 대다수 국민이 교육을 과소평가하고 있다는 사실이다. 이도 또한 교련활동이 미약한데 있지 않나 생각된다.

현실적으로 나날이 늘어가는 사회의 범죄상으로 보든지 생산 면에 시급히 후진성을 극복해야 할 점으로나 일진월보하는 과학의 급진적 발전이 요청되는 면으로나 근대사상전近代思想戰의 첨단에서서 먹느냐? 먹히느냐? 하는 그늘의 현실을 타개하는 점으로 보나 우리 교육을 떠나서 다른 것을 생각할 수 없을 것이다.

도로도 닦아야 하고 주택도 지어야 하고 경제개발 5개년 계획으로 공업화도 추진해야 하지만 근본적으로 교육을 제일 우선적으로 생각하지 않는 한 우리나라의 부흥을 기대할 수 없을 것이다. 그러므로 교육자는 전심전력 교육만을 위하는 일념이 없고 생활의 위협을 받는다든가 마음에 흡족함이 없이 불평이나 불만을 가질 때 정상적인 교육이 될 수 없을 것이다. 이러한 면에서 교원봉급은 지엽적인 문제만을 따지고 숫자가 많다, 예산이 없다는 등 많은 구실로 소홀히 다루어져서는 안 될 문제라고 보아야 한다.

그러므로 교련은 정부가 좀 더 성의를 가지고 핵심적이고 근원적인 문제 해결에 충분한 PR활동을 전개하도록 권하고 싶다.

　수행코자 함에 난행이 있고, 교화코자 함에 난화가 있고, 사의코자 함에 난의가 있고, 치료코자 함에 난치가 있다고 한다.

　그러나 교련의 할 일이 변할 수는 없다. 일선 회원의 이 날카로운 눈초리와 애절한 희망을 교련 당국은 구두선으로 더 이상 도색하지 말고 이상과 현실의 폭을 좁혀 기대에 부응하는 계기를 이번 대구에서 개최되는 교련대의원대회에서 마련해 주길 바란다.

교육의 민주화
정치적 중립이 관건

　　우리 교육계에서도 오랫동안 교육의 민주화를 누구나 부르짖어 왔다. 독재의 표본이라고 할 수 있는 사람도 연단演壇에 나서면 반드시 민주주의를 소리 높이 외쳤다. 그리고 제도 면에 있어 민주주의에의 진전이 다소 없었던 것은 아니다. 그러나 우리 교육계는 본질적으로 비민주주의적인 탈을 벗지 못한 채 오늘에 이르렀다.

　　그러면 민주화의 길은 무엇이겠는가?

　　첫째, 정치적 간섭으로부터 해방되어야 한다는 것이 절실히 요구된다.

　　다시 말하면 교육의 중립화야말로 교육을 민주화하는 과업에 있어 절대적인 요소인 것이다. 교육과 정치와의 분리는 이미 선진 국가에 있어서는 상식에 속하는 일이다. 교육은 국가와 민족의 영원한 운명의 안녕을 위한 기초적 사업임이 췌언贅言을 불요할진대 이것이 일시적 이해관계에 의하여 움직이기 쉬운 실제 정치적 노력에 속하게 된다면 그야말로 민족의 비극이 아닐 수 없다. 이러한 이유로 우리나라에서는 교육법 제5조에 '교육은 교육 본래의 목적에 기하여 운영 실시되어야 하며 어떤 정치적 파당적派黨的 기타 개인적 편견의 선전을 위한 방편으로 이용되어서는 아니 된다.'라고 규정하였다.

이러한 법이 뚜렷이 있음에도 불구하고 우리 교육은 과거에 정치로부터의 침해를 수없이 당해왔고 지난 3·15선거를 전후해서는 교육이 완전히 정치로부터 유린을 당하였다. 교사들은 어떤 특정 정당의 앞잡이가 되어 사표가 강요당한 채 선거운동의 선봉에 서지 않을 수 없었다. 교단에서 어린이들에게 정의를 가르치던 교사들이 어느새 경찰의 주구走狗로 타락하여 부정에 가담하지 않을 수 없었다. 교육에 대한 정치의 간섭은 선거에 나타난 일시적 현상이 아니었다.

이것은 교과서에도 나타났고 교실 안에서의 학습과정에도 침투되었으며 기타 여러 모양의 학교행사에도 표현되었다.

특히, 교직자의 임면任免과 승진 등 인사행정에 있어 정치적 영향력은 컸다. 이로 인해 대학가에는 어용학자御用學者, 사이비 교수의 범람으로 인해 교육의 존엄성이 크게 짓밟혔던 것이다.

작금, 우리는 격동하는 세계정세와 복잡 미묘한 국내 정정政情 특히 '한일회담'을 둘러싼 여야의 대립 와중에 교육계가 말려들지 않길 바라는 마음 간절하다.

우리는 과거의 뼈아픈 체험을 통하여 교육의 도구화의 위험을 알았다. 이 경험에서 배운 교훈을 우리는 잊지 말아야 하는 동시에 다시는 이런 일이 되풀이 되지 않도록 모든 조처를 취해야 하겠다.

우리가 취할 수 있는 대책의 하나는 국법을 강화함으로써 교육의 중립화를 확보하는 일이다.

우리나라 헌법에 교육의 중립성과 자주성을 강조하는 조항이 들어가야 한다. 그리고 문교행정의 수장인 문교부장관을 비정당인으로 충당한다는 원칙이 법으로써 규정되어야 한다고 믿는다. 그렇지 않는 한 교육의 중립성을 확보하기는 어려울 것이다.

그러나 법이나 제도로서만은 교육의 중립화를 기할 수 없다. 법과 제도를 운영하는 사람들이 교육의 중립성의 중요함을 깊이 깨닫고 교육의 정치도구화를 절대로 방지해야 할 것이오, 동시에 교육자 자신들이 온갖 용기를 고무鼓舞하여 정치의 침범을 막아야 할 것이다. 이것은 물론 개별적으로는 어려운 일이지만 강력한 교직단체의 총력으로서 항거한다면 반드시 불가능한 것은 아닐 것이다.

둘째, 교사의 공무원으로부터의 이탈이다. 교육을 민주화하고 정치 또는 관권官權의 침해로부터 보호하는 방법의 하나는 교사를 공무원 즉, 관리의 직제로부터 해제하는 일이라고 생각한다. 현행 제도에 의하면 주지하는 바와 같이 각급 국공립학교國公立學校의 교사는 공무원이며 심지어 사립학교 교사들까지도 준공무원으로 취급되고 있다. 교사가 관리의 대상인 이상 정부의 지배를 받아야 한다. 정부의 관리가 되어 그 시책을 받들어 실행하여야 하는 한 학문의 자유를 기할 수 없다. 학문의 자유란 정부의 시책이라도 시시비비주의是是非非主義에 입각하여 이를 비판할 수 있는 자유를 의미하는 것인데 정부의 녹祿을 먹는 관리로서 이러한 일은 기대하기 어려운 것은 물론이다.

다시 말하면 교사가 정부의 공무원으로 있는 이상 정치적 중립을 지키기는 어려우며 학문의 자유를 확보하기 곤란하다. 도대체 학문을 가르치는 학교 교사가 관리가 되어야 한다는 이유는 설 수 없다. 이것은 관료 만능주의시대의 유물이다. 과거 일제시대에는 교사가 칼을 차고 수업을 하였다. 즉 무력으로 위협하며 특정의 사상을 강요하였던 것이다. 관권을 휘둘러 정부의 의사를 주입시키려 하였던 것이다. 그러나 이러한 시대는 이미 지난지 오래다. 교사는 교육자요 학자이다. 그의 임무는 학문을 연구하는 일이요 학생의 정신적 생명을 기르는 일이다. 그의 지성을 늘이고 그의 도덕적 성장을 돕는 일이다.

그렇다면 그가 관리가 되어야 할 까닭이 어디 있는가? 교육자는 보통 교육부문에 있어서 교사는 교육위원회와 계약을 맺은 피고용자가 되고 고등교육기관에 있어서는 그 기관의 이사회 혹은 기타 설치 운영 기관의 피고용자가 되는 일이다. 마치 회사의 사원이 되는 것과 같은 관계다.

이렇게 함으로써 교육의 진정한 자치제는 완성될 것이오, 교육기관은 완전히 학문과 교육의 전당이 될 것이다.

이 밖에도 민주화 되어야 할 부면部面이 한두 가지가 아니다. 새로운 교육관의 확립, 중앙집권제의 지양, 교육자주성의 확보, 관료주의로부터의 해방 등을 들 수 있으나 이는 다음 기회로 미루기로 한다.

이제, 우리 교육자는 자아를 반성하고 시대가 요구하는 교육자로서 유행하는 교육, 비약飛躍을 강요당하는 교육, 시리時利에 편승한 정치도구화의 '베일'을 벗고 민주행진의 대열에 용약勇躍 참가해야 할 때라 믿는다.

(1965. 7. 23. 每日新聞)

학원정화는 교사들만의 힘으로 이루어질 수 없다

　국민학교 교육이 상궤常軌를 벗어나 부패의 온상이듯 사회의 지탄을 받아온 것은 어제 오늘의 일이 아니다. 가장 깨끗하고 소박해야 할 학원學園이 정찰正札제 교육, 과외지도, 부독본 강매, 치맛바람 등의 대명사로 화하여 교사는 부패의 첨병尖兵인 양 인식되어 오고 있다. 이러한 반 사회적이고 불합리함이 무형의 체계화한 제도로 어째서 일선 교사가 풍기는 체취가 된 것일까?

　첫째, 부정부패의 거센 물결을 휩쓸게 한 위정 당국에 그 책임이 있다. '매국노년 어뗘냐? 권력 쥔 놈이 제1이냐', '부정이면 어뗘냐? 돈 가진 놈이 제1이다'라는 가치관을 공인받게 하고 있으니 말이다.
　둘째, 제도면의 모순과 운영의 묘妙를 거두지 못한 문교정책이 방

향감각을 잃은데 있으며,

셋째, 광적인 입시경쟁의 붐에 편승한 몰지각한 일부 교사들의 치부근성을 부채질한 치맛바람의 추풍醜風으로 입을 모을 수 있다.

이렇게 볼 때 학원 정화운동은 교사들만의 힘으로 이루어질 수 없으며, 당국이 앞장서서 학원의 부패를 배태胚胎케 한 근본 요인을 과감하게 도려내고, 교육이 정상화를 기할 수 있는 보다 근본적인 제도적 보장을 마련하는 일이라 아니할 수 없다.

여기에 뜻있는 교사들의 소리를 묶어본다.

문교 당국에게

① 입시 제도를 근본적으로 개선하고 완화하여야 한다.

국민학교는 입시기술자 양성기관으로 전락하여 어린이들은 득점에만 민감한 정밀기계가 되어가고 있다. 현행 입시 제도를 고수하는 한 치료는 백년하청百年河淸격이다. 고작 개선한다는 것이 입시문제를 교과서의 자구字句도 수정치 않고 출제한다니 어린이들의 사고력, 추리력, 이해력을 거부하는 교육이 바로 교육의 정상화 방안이란 말인가? 이로 인해 인간기계를 양성한다는 구제舊制 이상의 폐단이 닥칠 것은 생각지 않았는가?

② 교사의 최저생활을 보장해야 한다. 대부분의 교사들은 치부와

는 인연이 없다. 그리고 옹색하기 마련인 것도 우리 교사들이다. 그렇기 때문에 가난한 나라 살림에 만족한 봉급을 바라는 것은 아니다. 또 누구보다 내핍생활에 익숙해 있는 것도 우리 교사들이다. 그러나 교사로서의 체통과 위신을 유지하는데 충분하지는 못하더라도 최저생활은 보장해야 하지 않겠는가? 교사들의 수년의 숙원이던 단일호봉제가 허다한 모순을 내포한 채 실시되지만 이것도 양두구육羊頭狗肉격이 되어 일반 공무원의 30% 인상혜택마저 받지 못하는 교사들이 허다하게 되어 있지 않는가?

③ 교장 임명과 승진제도가 개선되어야 한다.

위계서열 지상주의를 지양, 교사들이 인격적으로 따를 수 있고 교사들 속에서 나라를 일으키는 밝은 비젼을 형성하게 할 수 있는 유사한 인재를 발굴함이 학원정풍운동의 첩경일 것이며, 교사들의 승진에는 경력보다 능력을 고려함으로써 교육에 전심할 수 있는 기회를 마련하여 줌이 또한 요구된다.

④ 사이비교육자를 학원 주변에서 깨끗이 몰아내어야 한다.

소위, 부독본강매로 통하는 학원 내의 상행위나 학원모리學園謀利로 거부가 된 자를 왜 추방하지 못하고 고질화한 나쁜 생리를 깨뜨리지 못하여 고식직姑息的으로 기징旣定사태로 인정해왔는지 묻고 싶다.

교육계 동지에게

사회풍조가 퇴폐하고, 도의가 땅에 떨어지고, 일반 사람들의 대부분이 경제적 궁핍에 허덕이고 있는데 유독 교사에게만 성인군자와 같은 고매한 인격을 가지고 청빈한 생활을 하라고 요구할 수는 없을 것이다. 그러나 사회조건이 아무리 어렵다 하더라도 그 때문에 교사에게 부과되어 있는 책임이 덜어지거나 면제될 순 없으며 오늘의 썩은 풍조를 물심양면으로 추종하는 것을 능사로 삼아서는 안 될 것이다.

우리도 이제는 환상에서 깨어나고 외도에서 돌파구를 찾아 자숙운동의 여울을 타고 도덕적 용기와 지적 양식의 발로로 둔탁해진 이성을 되찾아 오예汚穢의 정화 즉, 교육정상화의 기틀을 마련해야겠다.

물론 어려움이 따를 것이다. 그러나 우리의 할일은 변할 수 없다.

학부형에게

입시지옥을 만들어낸 것은 제도면의 중점이 학부형들의 허영심을 자극한데 있다고 본다. 그런데도 사회는 체통과 신념이 없는 교사들을 논란하는 데만 급급하였지 이에 대처할 자신들의 책무에는 너무나 등한하였다는 사실에 자성이 없을 수 없을 것 같다. 국민학교 교사들이 정상 아닌 방법으로 부수입을 얻는다는 것은 물론 옳은 일이 못된다. 그러나 그것을 비난하기 이전에 사회는 할일을 다했으며, 비난하는 사람 자신은 어떤 생활을 하고 있으며, 가난한 교사들의 몇 푼 안 되는 부수입을 지탄하여도 양심에 하등가비何等苛費를 받음이 없는 결백한 생활을 하여왔는지 스스로 자신들을 검증해볼 필요가 있지 않을까?

물론, 비난 공격을 받아야 할 교사가 있지만 양심적인 교사와 동일시할 순 없는 게 아닌가?

(1966. 5. 17. 조선일보)

'의무교육' 그 밑바닥의 병리 진단한다
학교가 있으면 그 안에 교육도 있어야

'한국인이 한국을 잘 모른다.' 이러한 병리病理가 교육사회인들 예외일 수 없다.

사실인즉, 우리는 우리를 너무나 모르고 있다.

해방 후 물밀 듯이 밀어닥친 구미歐美문화에 환혹幻惑되어 서구적인 사고방식이나 생활양식이면 모조리 좋은 것인 줄 알고 덮어놓고 모방하려는 풍조가 이 땅을 휩쓴 것은 엊그제의 일이 아니라 바로 오늘 우리 주위에서도 얼마든지 남아 있는 것이 사실이다.

때로는 근대화가 바로 구미화歐美化를 의미한다고까지 주장하는 극단적인 구미문화 예찬론자도 적지 않았다. 이 틈바귀에서 교육의 이론 또한 한국인의 역사적 전통과 현실을 무시하고 허다한 난관을 포장한 채 선진국의 것을 직수입, 보급하여 왔기 때문에 토착화土着化는커녕 사상누각砂上樓閣을 건설하여 연목구어緣木求魚에 골몰해 온

교육이 여과시킨 침전물은 인간 진보를 포기한 인간부재의 교육 바로 그것이 아닌가 싶다.

이러한 비판이 필자의 근시안적 우견愚見이길 바라면서 초등교육에 역점을 두어 씌워진 베일을 벗겨 현명한 독자의 심판을 받고자 한다.

선진외국사조思潮의 이식移植교육

해방 후 21년—이 기간은 변화가 격심하다는 현대사회의 특징으로 본다면 과거의 수백 년의 시간에 해당할는지도 모른다.

그간 사회변화의 앞장을 선 과학기술면은 비약적인 발전과 발명이 이루어졌으나 교육사조敎育思潮면은 어느 정도의 새로운 발견과 발전이 있었는지 의심스럽다.

그동안 우리의 교육사조는 거의 아동중심주의와 교육을 통한 사회개혁을 같은 비중으로 제창하였던 '듀이의 교육철학' 일색으로 좌우되어 왔다고 하여도 과언이 아닐 듯하다. 그만큼 '듀이의 교육철학'은 한국교육계에 영향력이 컸으며 오늘날에 있어서도 교육사조의 주류를 이루고 있다고 말해도 좋을 것 같다. 다만 우리나라 교육계의 반응에는 나름대로 약간의 기복과 굴곡이 없는 것은 아니며 듀이의 교육철학을 비판하는 소리마저 산발적으로 받아들여지고 있어서 사조를 이식移植하려고 하는데서 혼란을 가져오고 있음도 의심할 여지가 없다.

　이런 상황 속에서 두드러지게 문제되어 온 것은 교육의 올바른 방향이 잡히지 않고 이념을 잃은 교육으로 일관해 온 점이라고 하겠다. 이는 우리의 역사적 전통과 현실(정치 및 경제적 여건, 예술적인 감정, 종교적 신념, 철학적 명제 혹은 사회과학의 '에토스'까지)을 반영한 체계화된 교육이론이 없었다는 반증임이 틀림없다.

　사실, 여태껏 학계에서는 선진국가의 사조를 주견없이 직수입하고 이에 호흡을 맞춘 장학행정계가 합류해서 소화능력도 없이 '커리큘럼'이다, '가이던스'다, '카운셀링'이다 하고 여기에 학습형태가 구안법構案法과 문제해결법, 경험단원법經驗單元法, 프로그램 학습, 버즈학습, 또 해방 직후에 문제된 달톤 플랜, 몇 해 전의 수도식水道式 계산법, 최근에는 필터식 학습, 협동수업이니 하고 무슨 상품처럼 선전하고 획일적으로 유행을 강요하고 비약을 종용하고 있으며 일선에서는 무비판적으로 받아들여 환경과 여건에 맞지도 않는 것을 억지로 흉내 내고 있으니 이것이 대체 무슨 교육인가? 바람직한 교육의 발전을 거부하는 '뱁새가 황새'를 따르려는 만용이 아니고 또 무엇인가?

조령모개朝令暮改의 난맥상 ─ 문교정책

　우리나라 교육법에 의하면 교육의 목적을 인간교육에 두고 이를 달성하기 위하여 7개 조항의 교육방침을 열거하고 있다.

그러나 이에 손발을 맞추지 못한 문교정책을 일별하여 보면

문교장관을 '누에 똥 갈기듯' 경질更迭하여 조직적이고 계획성 있는 교육정책과 행정이 있을 수 없게 하고 있다.

장관이라고 경질하지 말라는 법은 없겠지만 문제는 자주 바뀌는 장관에 사무 인계는 있었을지 모르나 정책 인계는 없었다는 데 있다.

도대체 인계할 교육정책이 없었다. 장관마다 다른 표어를 들고 나왔다. 마치 표어가 정책인양….

정부에서 종합적 장기적 계획이 없었다는 것은 후진국의 교육발전에는 치명상이다. 기실 장기계획은 고사하고 당장의 종합계획도 없었다.

이 말은 곧 교육정책은 없었고 미봉책만 있었다는 말과 통한다. 단편적인 대책일변도가 문교정책의 대부분이다 보니 단편과 단편이 모순될 때에는 '지그재그'일 수밖에 없다.

의무교육, 실업교육, 대학정비, 입시, 학제, 교육과정, 문제는 제각기 공전해 왔으며 서로 맞아 들어간 것이 없다. 한쪽에서는 학제를 논하고 있는데 한쪽에선 그것관 무관하게 교과과정을 개편했다. 둘 다 제대로 될 리 없다.

종합계획이 없을 때 더 어려운 장기계획은 너구나 있을 수 없다.

국가발전, 근대화와 경제발전에 적응하는 교육계획은 종합성 위에 장기성을 요구하는 것이다.

조령모개는 ① 심한 행정교체에 인하고 ② 종합장기계획의 결여에 인하며 ③ 무모한 전문성에 인하고 ④ 명백히 정치적 정실情實적 압력에 인하는 것이라면 시행착오가 생긴 원인의 책임을 '과칙물단개' 過則物憚改 하나로 메꿀 수는 없을 것이다.

필자는 저명 교육학자에게서 이런 말을 들은 기억이 난다.

한때, 의욕적인 대학정비안의 과학적인 기초였던 이른바 인력수요표와 그 추산과정을 알아보고 일국의 문교행정의 결정을 '이러한 유치한 것인지 속임수인지 알 수 없는 조작표로'라고 아연해했다는 이야기다.

문교행정의 어디엔가는 좀 전문성이 있는 지능이 절실히 요망된다. 문교부가 수없이 많은 위원회를 구성해 왔지만 대부분이 회의를 위한 위원회였지 알찬 연구의 위원회는 아니었다.

전문가를 빌리려면 그의 머리와 손발을 빌려야지 말을 빌려서는 소용없을 것이다. 이런 현상이 바로 교육의 위기를 자아내는 원천이 아닐까?

위기라는 말은 의기소침의 실의를 자아내든지 아니면 반대로 조갈燥渴한 저돌심을 일깨우기 마련인데 쓰기 싫은 말이다.

하지만 우리 교육 21년사는 간단히 말해서 콩나물시루처럼 비좁은 의무교육, 발전에 역행하는 중등교육, 안하는 것만 못한 겉모양의 실업교육, 병적으로 비대 사리화私利化한 대학교육 그리고 그 사이를 연결하는 자녀교육에 습신拾身적 희생을 강요하는 교육열이 빚은 입시지옥 등 어디를 보아도 문제뿐이니 말이다.

이 모든 것이 이념 잃은 교육, 정책의 빈곤으로 점철해 온 조령모개 문교정책의 덕분(?)이 아니겠는가?

정치의 열풍이 교육에

정치와 교육은 어떤 점에서는 밀접히 관련되어야 하고 또 동시에 어떤 점에서는 엄격히 분리되어야 할 줄 안다.

다만 '어떤 점'이냐에 있다. 밀접해야 할 점에 있어서 교육과 정치가 떨어지고 분리해야 한다는 점에서 그 둘이 범벅이 될 때 교육은 고아가 되어 정치의 회오리바람 속에서 처신을 잃게 된다.

교육이 국가발전과 크게 관련되기 때문에 정치는 그 법과 예산과 정책의 합당한 일반적 기틀을 꾸미고 감시해야 하는 점에서 밀접히 관련되어야 하며 그렇게 중요한 교육이 쉽게 큰 사리私利의 유혹이 될 수 있기에 이를 방지해야 한다는 점에서 정치와 교육은 엄연히 구별되어야 할 것이다. 그러나 이때까지 교육은 무수히 정치의 간섭을 받아왔다.

정치인에게 교육은 그 정당적 사적 공리성功利性으로는 퍽 중요한 것이었다.

선거와 낭론 전파와 성실 이득은 교육과 분리되어야 할 면인데 이 면에서 밀접했다.

뒤늦은 이야기지만 자유당 말기에 거의 공공연하게 교사들은 어떤 특정 정당의 앞잡이가 되어 사표를 강요당한 채 선거운동의 선봉을 서지 않을 수 없었다.

교단에서 어린이들에게 정의를 가르치던 교사들이 어느새 경찰의 주구走狗로 타락하여 부정에 단호하지 못하였다.

교육에 대한 정치의 간섭은 선거 때에만 나타난 일시적 현상이 아니었다. 이것은 교과서에서도 나타났고 교실 안에서 학습과정에도 침투되었으며 기타 여러 모양의 학교행사에도 표현되었다.

특히, 교직자의 임면任免과 승진 등 인사행정에 있어 정치적 영향력이 컸다. 거기에다 여러 행사의 장식품으로 학생이 자주 동원되기도 하였다. 요즘도 없는 것은 아니지만…. 그 모두가 애국적 행사를 빙자하고 비애국을 위협했다.

중앙에서는 문교부가 약하고 지방에서는 내무 계통이 강하니 교육계는 송두리째 종이었다. 그런 기틀을 정치인이 만들었다.

자발적으로 시민이 모이지 않는 행사에는 으레 학생을 동원한다. 시골에서는 교장이 면서기에게 쩔쩔매는 형편이다. 교육계를 동원하지 않고는 행정력마저 전파할 수 없었던가?

이런 것들이 자유당 운명을 재촉했고 교육 도구화의 위험이 어떠하다는 교훈을 남겼건만 아직도 정치인의 그릇된 사고의 일면이 유감스럽게도 엿보인다.

얼마 전 서울시 교위는 교원을 동원, 경제개발 5개년 계획의 성과 PR 영화 관람에 불참자는 학교에 따라서는 시말서까지 써야 한다는 식의 위협으로 어린이들 수업의 지장도 아랑곳없이 '그것도 교장

책임 인솔하에'라는 부전附箋의 꼬리를 붙여 동원시켜 놓고 정문에는 장학사가 정문 보초 행세까지 하였으니 이는 어떤 훈장감인지 모르겠다.

이러한 친절이 권력과 무관한 속에서 이루어지고 야당의 활동에까지 베풀 수 있는 선심이라면 교육자의 너그러움에 경의를 표할 일이다.

이런 것들이 뒷공론으로 흘러가는 선거 전초작업이란 말이 일종의 기우이길 바라는 마음 간절하다.

이러한 것이야 왜 교육자 자신들이 온갖 용기를 고무하여 정치의 침범을 막지 못하느냐 말이다.

교육민주화를 위장한 교장상校長像

우리나라 교육의 민주화를 장해障害하고 있는 장본은 날로 팽창해 가고 있는 관료사상이다.

민주사회의 공무원은 민중의 봉사자이어야 한다는 원리는 아랑곳없이 상급관리는 하급관리에게, 관리는 학교장에게, 학교장은 교사에게 마치 지배자인 양 군림하고 있다.

민民에 대한 관官의 독선은 이루 말할 수 없을 정도로 발호跋扈하고 있는 현상이다.

관의 현상은 여기서 그치지 않고 소위 민주교육을 한다는 기관의 장이 그 부하 직원에게 대하는 독재적 태도는 실로 놀랄 만한 것이다.

이러한 독재자들이 연단에 나서면 반드시 민주주의를 부르짖고 집단사고를 통한 대화의 광장 위에 학교경영을 하는 양 하니 실로 이중인격의 표본이라고 할 수 있지 않을까?

그들의 구호는 교육의 민주화를 전매특허인 양 위장선전하고 교사들이 인격적으로 따를 수 있고 교사들 속에서 나라를 일으키는 밝은 '비전'을 형성하게 할 수 있어야 할 교장이 행정권에 대한 봉사에 급급한 나머지 감독청의 지시명령에는 비판의 의지도 없이 거의 무조건적으로 복종·맹종하며 양심을 팔아 가면서 영진榮進에 신경을 곤두세우지만 부하직원에 대해선 보다 더한 독선적 독주가 없을 정도로 횡포가 심하다.

이런 현상은 담임배치에 공공연한 금품거래가 상식화해 가는 데서 나타났고 학교경영의 건설적인 비판, 진언進言에도 감정적으로 처리하는 데서도 나타났다. 그 뿐만은 아니다. 인상 평가로 일관되는 근무평정으로 이동에 '브레이크'를 가하고 있으며─전부는 아니지만─교장의 가위可謂 사병화된 교사가 모범교사로 인정받기도 한다. 또한 가렴주구苛斂誅求에 버금가는 모금 상납이 강요되기도 한다.

이는 바로 학교를 사물시私物視하고 교사를 시복侍僕으로 취급하려는 심성에서 이루어지는 현상이라고 할 수 있을 것이다.

이와는 달리 교육이념을 외면하고 교육의 내용면을 파괴하여 가면서 시리에 쫓아 사회 압력과 학부형의 욕구에 부응하려는 모사형

謀士型이 인기를 모은다.

　이들의 손길은 교사의 비위를 옹호해 주고 학부형의 그릇된 교육관을 충족시켜 주며 변태지출로 감독청의 신임을 얻는 등으로 더듬어 간다. 이렇듯 권모술수에 능란한 자가 유능한 교장으로 인정받게 된다. 반면, 교육이념에 투철한 교장이 있다면 학부형과 사회의 압력으로 보따리를 싸야 할 것이다.

　이러고서야 교사가 어떻게 교권을 세울 수 있고 교육자로서의 긍지를 지킬 수 있겠는가? 이러한 질식할만한 억압의 풍조 하에서야 교사의 사기士氣는 죽고 그의 창의성은 말살당하며 교육자로서의 성장은 위축당해 버리는 것이 당연할 게 아닌가?

　학교의 본분은 교육하는 일인데 현장에서 교육을 맡고 있는 학급 교사의 교육활동을 유효하게 하기 위하여 있어야 하는 행정가는 도리어 억압과 횡포로써 그들의 교육행위를 방해하고 있는 것이다.

　모순도 이런 모순이 어디 있으며 주객主客의 지위가 전도되어도 이런 전도가 또 어디 있겠는가?

　교사는 중앙에서 오는 통제로부터 해방되어야 하고 행정가로부터 오는 억압으로부터 구제되어야 한다. 그리고 그들 사이에 민주적 인간관계가 수립되어야 한다. 소중히 다루어져야 할 한 인간과 또 존중되어야 할 한 인간과의 사이에 거룩한 관계가 맺어져야 한다.

　교육이라는 존귀한 사업을 수행 성취하기 위하여 각기 그들이 가진 직능과 능력을 제공함으로써 서로 돕고 협력하는 동역자同役者로서의 관계가 성립되어야 할 것이다. 이러한 민주적 인간관계는 교사와 아동들 사이에 있어서도 마찬가지이다.

　아동은 교사의 하인도 아니요, 종속물도 아니며, 피지배자의 위치에 있는 존재도 아니다. 어린이도 똑같이 다루어져야 할 존재이다. 미성숙자란 말은 천대되어도 좋다는 것을 의미하지는 않는다. 어린이는 미성숙자이니만치 더욱 소중히 취급되어야 한다. 교사와 어린이와의 사이에 민주적 인간관계가 수립될 때 비로소 올바른 교육이 이루어질 것이다.

연극화된 연구발표회

　근래 몇 년 동안 장학 행정 당국의 적극적인 권장과 자발적인 열의에 의해서 교사 개인의 연구 또는 지정 연구학교의 현장연구가 활발히 이루어지고 있다.

　거기에 따라 개인연구의 유일한 발표 기회를 만들어 왔다고 볼 수 있는 대한교육연합회와 시도 교육회 주최의 공동연구 발표대회가 매년 열리고 있으며 전국 교대·사대 부속국민학교 연합회와 같은 연합체의 공동 연구 발표 및 문교부 시도군 연구 지정학교의 연구발표회 등 달마다 연구발표회를 갖지 않는 시도가 없을 만큼 되었다. 여기에 개인 수업연구를 합치면 그 수효는 놀랄 만하다. 이와 같은 현장연구와 연구발표회를 통한 연구 결과의 보급은 교육조건의 악화로 유명무실한 형편이다.

사실, 우리의 현장연구는 연구주제 선정에서부터 일본의 영향을 퍽 많이 받고 있다. 일본의 영향에서 우리만 초연할 수 없을 만큼 현재 '커뮤니케이션'이 발달해 있다는 것은 부인할 수 없지만 일본에서의 문제의 성질과 우리 문제의 절실성 같은 것은 같을 수 없다. 그 나라는 제각기 자기 나름의 교육문제가 특유한 것이 있기 때문에 어떤 '붐'이나 '유행'을 따른 것은 바람직한 현책賢策일 수 없다. 그럼에도 불구하고 우리의 연구주제가 ① 무엇을 위한 연구냐? ② 일선교사로서 퍽 긴요하고 절실하며 해결 가능한 연구냐? ③ 과연 연구방법이 과학적으로 세련되어 있느냐? 하는데 신경을 쓸 겨를도 없이 결정이 되어 강행군하기 때문에 그 과정에서 결과까지 연극일변도다.

사실, 이것은 일선 교사들이 수업을 담당하면서 도저히 해낼 수 없을 만큼 크고 어려운 과제이기 때문에 주제에 따른 연구계획서에 의한 연구 과정에서 직접적으로는 자신들의 건강을 해치는 경우가 있고, 또 아동들의 학력을 저하시키는 결과를 가져오기 마련이다. 그렇다고 목적한 결과가 이루어지는 것도 아닌데 연구보고서에는 백퍼센트 성공한 연구로 버젓이 행세한다.

반면, 연구주제 선정 시 벌써 결론을 얻고 발표 시까지 방치해 두었다가 형식적인 보고서만 작성하는 경우도 있다.

모든 보고서의 형식은 천편일률적이다. 이러한 보고서가 발표되는 날이면 당번교에서는 각처에서 수업을 전폐하고 모여든 수백 명의 참관자 접대에 진땀을 뺀다. 그 공개는 어김없이 교사들의 심혈을 기울여 조작한 통계자료가 아니면 전시효과를 노린 자료가 고작이다. 이는 대개가 한국적 교육조건을 무시하고 재정적 뒷받침만 충분하면 가능한 세계들이다. 이것은 특수한 교사가 특수한 환경에서만 실천할 수 있는 그런 연구였기 때문이다.

이에 대한 참관자의 소견은 자기 나름의 격찬과 통박痛駁으로 양극화하기도 한다. 이렇게 해서 공개를 끝낸 당번교에서는 태풍일과인 양 그 이튿날부터는 연구적인 노력의 흔적도 찾아볼 수 없으며 그 다대하던 성과도 하루 아침의 이슬로 사라지고 마는 경우가 거의 전부다.

연구의 결과가 아동들에게 도움이 되는 것이라면 발표회 후에도 지속되어야 할 것이 아닌가?

여기서 연구의 목적이 가치관, 태도, 성격 등 인간성의 내면화된 심층구조의 변화를 위한 것일 때에는 단시일 내에 그 성과를 기대하기 어렵다는 것과 검증결과가 바람직한 것이 못되거나 실패한 것으로 나왔더라도 그것도 다른 연구자에게는 도움이 되는 훌륭한 연구 자료라고 볼 수 있으니 있는 그대로를 발표하는 인내성과 정직성이 필요하겠는데 그렇지 못하니 조작일관 아니면 일반화할 수 없는 특수한 여건 하에서만 이룰 수 있는 것이고 보니 도로徒勞에 그칠 뿐이다.

여기에 또 개인 수업연구는 말할 용기조차 없을 정도로 연극화 되어 가고 있다. 이렇듯 보이기 위한 수업연구가 무엇 때문에 장학 행정 당국으로부터 강요당하고 있는지?

능력의 한계를 벗어난 사무량事務量

교사의 본분은 어린이들의 학습지도와 생활지도에 있다. 여타의 사무적 처리는 이를 돕기 위한 것일 뿐이다. 그러나 사무 면의 부하가 아동지도를 압도해서 교육의 일각을 잠식하는 일이 비일비재하다.

이를 세분하여 보면 학습지도를 직접 뒷받침하는 사무로서는 학습보도안, 학급경영록, 환경정리 등으로 대별할 수 있는데 업무량 과다로 교육을 어떻게 진행해야 할 것인가 하는 계획이며, 또 교육을 무정견에서 구출하는데 가치를 찾아야 할 보도안이 실상은 활용하는 것보다 제출하는데 중점을 두게 되어 대부분의 경우 행정적 요소로 검열에 대비한다는 뜻에서 부득이 작성하는 형편이다. 그래서 교육 잡지의 복사판이거나 거년도의 것을 그대로 이기移記하여 교장 결재로서 종지부를 찍으며 교사의 건강을 염려하는 교장은 평소에는 방임해 두었다가 필요시(장학사 왔을 때)에는 소급작성도 요구하는 '넌센스'를 빚게 하여 보도안과 수업이 맞지 않으니 사실상 무용하여 교사의 이상출혈로 그치고 만다.

학급경영록은 양식의 통일은 없지만 까다로운 것은 교사의 조작 기술, 수련교재로 쓰일 뿐이다.

또한, 환경정리로 장학행정가 및 학교장의 독자적 이론에 따라 그 방법의 변화를 강요당하고 있다. 교사를 또한 하나의 장식물로 변질시키고 학과진도에 따른 학습효율화를 시도하는 것과는 거리를 멀리하고 있다. 그것도 장학사가 왔을 때나 자체검열이 있어야 대부분

이루어진다.

　환경정리에 사용되고 있는 재료도 일차 사용 후 재사용 불가능한 것이 대부분이어서 재료의 낭비에 그치고 있다. 기타의 사무로서는 매거枚擧하기 어려울 정도이지만 거개가 형식에 쫓긴 선전효과에 불과한 것들이다. 각 시도의 장학지표에 따라 다소 다르다.

　기성회비 징수, 저금 장려, 형식적인 개인연구, 각종 행사(실기대회, 연구발표회, 운동회, 학예회 등) 개창皆唱운동, 교사실기(음악, 미술), 조조早朝학습지도, 지도부락, 인사운동, 꽃동산, 꽃길 운동 등 이외에도 헤아릴 수 없이 많다. 이것들은 모두 장부에 의한 계수화係數化한 조작실적을 요구하는 것들이다. 사실 이는 금전, 정력, 시간의 낭비를 강요하는 교육의 독버섯 노릇 밖에 하지 못한다.

　기실 학교의 행사나 사무는 교실활동을 돕기 위한 활동이며 그 자체가 뜻이 있는 것은 아니다. 그러므로 교실활동의 생명은 학습지도에 있으며 학습지도를 위한 연구와 계획을 수립하는데 지장이 되는 업무는 정선하여 대담하게 이를 감축시키고 학교운영이 학습지도를 위한 연구나 계획에 치중하도록 과감하게 전환되고 이러한 분위기가 조성되어야 할 것으로 믿는다.

교사의 부업副業

　한때, 어린이들의 건강을 이유로 과외수업을 금지하라는 대통령

지시를 받은 장학 행정가들은 교육적 가치판단의 여지도 없이 일선 교사들의 호구糊口의 궁여지책窮餘之策으로 출혈을 강요당해 온 야간 과외지도에 관련된 교사를 징계, 좌천선풍으로 휘몰아 갔다.

이렇게 장학 행정 당국은 교원의 의무 충실을 이유로 부업을 금하고 교원은 생계의 일조로 부업을 갖게 됨은 필지必至의 사실이라는 '아이러니'한 결론이 내려지고 있다.

사실, 문제된 과외지도가 현재와 같은 모순된 입시제도의 완화, 개선 없이 행정조치로만 호도糊塗할 성질의 것인지?

가위 광적인 교육열과 기아饑餓임금에 허덕이는 교사들에게 어느 정도의 효과를 보장할 것인지?

여기서 교사의 부업 한계를 분명히 하여 놓을 필요를 느낀다.

첫째, 교원은 복무상의 의무로서 직무상의 의무와 신분상의 의무를 갖는다. 직무상의 의무는 자기가 담당한 업무에 대하여 일신을 바쳐 자기 책임을 완수하는 일이며(포괄적이고 무한정한 직무에 복(服)하는 의무도 있다.) 신분상의 의무는 품위를 보지保持할 의무다. 여기서는 설령 공법상 의무에 저촉이 안 된다 하더라도 사회적 기대에 어긋나면 윤리적 의무를 다하지 못하는 것이다.

둘째, 교원은 타他공무원보다도 더욱 윤리적 요구와 기대를 걸머지고 있는지라 이익추구를 일삼는 일에 종사함은 온당치 못할 뿐 아니라 충실히 교육연구를 하여야 하는데 영리에 마음을 쓰게 됨은 도저히 양립될 수 없는 일이라고 생각된다.

그러므로 본무本務수행에 지장이 없고 품위손상을 시키지 않는 한계 내에서 가능한 부업으로는 자기의 기술, 지역성 등을 고려하여 사회의 긍정을 받으며 생계에 도움이 될 것이 무엇이겠는가를 결정하면 될 것이다.

예를 들면 농촌학교 교원이 소규모의 영농은 좋을 것으로 전작田作, 답작畓作, 축산 등 별로 제한이 없겠다.

도시에서는 화원 경영, 피아노 지도, 그림이나 글씨 지도, 신문 만화, 잡지사의 원고쓰기 등 헤아릴 수 없을 것으로 안다.

그러나 문제화한 과외지도는 어떨까? 교사가 치부致富에 광분한 나머지 본업을 부업으로 착각하여 사회의 지탄을 받을 정도라면 용인할 수 없지만, 이는 극소수에 한한 것이고, 대다수 교사는 기아飢餓 임금의 돌파구로 찾고 있는 실정이고 보니, 노력에 합당한 보수에 만족할 정도의 것이라면 불능하다고 보겠나?

이 기회에 대안 없는 처벌을—그것도 연중행사로—능사로 알고 있는 장학 당국에 당부하고 싶다.

앞으로는 모든 일을 쓰레기통에 포장하는 식의 잠정적인 효과를 노리기에 신경을 쓰지 말고 보다 긴 안목으로 무엇이 합리적이며 현명한 조처이냐 하는 것을 생각하는 아량을 갖고 만인에게 억울함이 없게 해야겠다.

과외지도란 현직교사가 손을 떼면 근절된다고 믿는 착각이 왕왕 비교육적인 부산물을 낳기 마련이다. 현재와 같은 상황 하에서 어느 누가 과외지도를 기피하겠으며 단속의 효과가 표면에서 지하로 쫓는 미봉책 이상의 것은 아무것도 없을 것이 아닌가? 그렇다고 교원의 부업을 권장하는 것은 아니며 그 한계와 구체적인 실례를 들어 보았을 뿐이다.

교원이 봉급으로서 생계가 유지된다면 학교에서는 물론 가정에 돌아가서도 일념 교육에만 헌신 봉사하게 되어 교육의 효과를 보다 더 올릴 수 있으며 교원 자신도 자기의 성직에 만족을 느낄 것이 아닌가? 그러나 현실은 그렇지 못한데 번민이 있다.

교육에 전념하고 싶지만 생계를 유지 못하는 안타까움에서 부업을 생각하게 된다. 생계에 쪼들리면서 교단생활에 어떻게 안주할 수 있을 것인가?

교직에 있을 때만이라도 생계 걱정 없이 복무할 때 교육효과는 오를 것이다. 교원의 사기 저하를 초래한 원인의 가장 큰 것은 교원의 보수가 박한 데 있다. 냉수를 마셔가며 어떻게 사기가 오르겠는가?

박봉에 허덕이는 교원들이 생계의 일조로 부업을 갖게 됨은 필지必至의 사실이므로 이것을 관대히 생각해 주는 행정 당국의 고려가 필요하며 앞으로는 과외지도의 양성화 방안도 연구되어야 할 문제로 본다.

부독본의 주변

신임 문文 문교는 국민학교 부독본에 관한 언급에서 그의 소신을 밝힌 바 있다.

부독본 사용 교사의 파면을 비롯 연차계획을 세워 점차 발행 허가를 않는다는 요지다.

부독본 사용 엄금 지시의 소리는 변덕스런 날씨 모양 심심찮게 들어왔기에 색다른 소리는 아니지만 부독본 발행 허가를 않겠다는 방침이 어느 선에서 효과적으로 집행되어 나갈는지 또한 의심스럽기도 하다. 여기에서 이전과 다른 파문을 일으킬 소지도 있는 것 같다.

여태껏 부독본의 회오리바람은 학원을 돛대기 시장으로 구형했고 악덕상으로 판결했으며 업자의 기업 활동의 윤활유로 심판했다.

그러나 그릇된 여론이 올바른 정치노선을 개척하여 주지 못하듯 부독본의 언저리에 서린 잡음이 곧 교육부패의 '바로미터'가 될 순 없을 것이다.

어찌 부독본 사용 교사가 파면을 당해야 하며 점차적으로 부독본 사용 허가를 인정 않아야 하는가?

소위 삼三부족 교육(자본부족·교실부족·교사부족)을 하는 우리 교육 실정으로 볼 때 오히려 양심적으로 편집된 부독본은 우리의 교육활동에 없어서는 안 될 좋은 자료가 될 수 있을 것이 아닌가?

여기에서 또 문제되는 것은 학원 내의 상행위를 어떻게 방임할 수 있겠는가 하는 것이겠지만 이를 예방 내지 교육적으로 처리 못할 문교부장관이며, 장학행정가 및 학교장이라면 교사의 파면 전에 그 자리를 깨끗이 물러가야 하지 않겠는가?

교육의 효과는 심중에 없고 상 행위만 근절하겠다는 방침은 쥐를 잡기 위해 독을 깨쳐야 하고 빈대를 없애기 위해 초가삼간을 태워야 하는 어리석음과 다를 바 무어란 말인가? 좀 더 원시안적인 현책賢策이 아쉬울 뿐이다.

그저 상부의 지시명령이라면 맹종盲從하는 '지당파至當派' 교장들은 교사의 교과연구 자료마저 교실에서는 물론 사무실에서까지 참고를 금하게 한 부독본 공포증 환자가 있었다는 것은 웃어만 넘길 수 없는 심각한 교육문제인 것이다.

교육자가 아동교육을 빙자하여 상행위를 일삼는 것은 근절되어야 하며 이는 철저히 단속되어야 할 것이다.

여기에서 진정 문교부가 교육의 올바른 방향을 제시하고 교육활동의 암종을 수술할 양이면 부독본의 주위를 맴도는 잡음을 일소함은 재언할 여지가 없지만 이보다 앞서야 할 일이 하나 둘이 아니다. 어린이들의 학습의욕을 몰아가는 보따리 장사인 만화의 범람, '매스컴'을 통한 저속한 가요, 유치한 작태들, TV의 독소, 해적판 도서 등등 이루 헤아릴 수 없는 것은 왜 손대지 않고 있느냐 말이다.

문文 문교는 부독본 발행허가를 않는다니 문제는 다르지만 이때까지는 발행은 허가하면서 사용은 금해 왔으니 이율배반의 표본이라고나 할까?

교육자에게도 책임은 있다

우리 교육자들은 비뚤어진 교육을 정치의 탓으로 전가하고 지탄

받는 교사상을 제도적 모순과 운영의 묘妙를 결缺한 데서 오는 당연한 귀결이라 자위하여 오지는 않았는가?

그러는 동안 사회는 교육자를 위선자, 모리배, 도덕적 타락자로 정죄定罪하고 있지 않는가?

왜 교육자는 이러한 사회의 지탄을 받아야 하며 사도가 땅에 떨어졌다는 비난을 받아야 하나?

민주주의는 법률이나 제도에서 보다는 인간의 행동, 감정, 사상에 관한 일이 아니겠는가? 그러나 우리 교육은 계급주의, 차별주의, 억압주의, 지식전달 중심을 벗어나지 못하고 있음이 또한 사실이 아닌가?

특권층의 자녀는 부정한 방법으로 소위 일류학교에 입학할 수 있고 금전거래는 생활지도와 성적에 저울질 되고, 채찍과 규율과 명령에 의해서 교육이 행해지고 있지 않는가?

교사라면 그래도 점잖은 성격의 소유자라는 것이 통념으로 되어 왔다. 그러나 스스로 덕망 있고 신뢰를 받아야 하며 얌전하여야 한다는 생각에서 부정에 항거하지 못하고 거기에 걸려 들어간다면 사회는 지식의 산매상散賣商으로 밖에 취급하지 않을 것이다.

교사들이 종縱으로 교육행정원의 발동이 되고 정상배政商輩의 압력을 받으며 횡橫으로 사회의 빈축을 사는 등 각양각색의 간섭으로 인권을 유린당하는 일이 허다한데도 묵묵히 있어야만 하겠는가?

이런 대우를 받고 있는 교사 밑에서 좋은 교육이 행해지기를 바라는 것은 무망無望일 것이다. 이런 데서 무슨 비판이 있고 반항이 있겠는가?

　여기에서 교사는 먼저 자아혁신, 인격적 혁명의 주인공이 되어 스스로 반성해야 할 것이다.

　희생이 있는 곳에는 반드시 부흥이 있다. 정의는 살아있고 역사의 판단은 준엄하고 정확하다. 교사들의 희생은 반드시 민족번영의 훌륭한 열매를 맺게 될 것이다.

　봉급이 많은가? 지위가 높은가? 명예가 있는가? 무엇을 위해 직장을 지키겠는가? 오직 교육이 아니면 이 나라를 구할 길이 없다, 민족을 살릴 길이 없다는 이러한 민족적 사명감, 이러한 신념에서 살지 않는 한 교육의 직장을 지킬 수 없다고 생각된다.

　이러함에도 정말 우리가 떳떳이 '교육자'라는 말을 할 수 있겠는지? 여기에서 올바른 교육자의 기본자세를 들어 자화상을 투영시켜 보기로 하자.

　첫째, 사람에 대한 올바른 자세다. 참되고 개발된 인도주의자가 되어 있느냐 말이다.

　다시 말하면 인간의 존엄성을 깊이 믿어서 그의 권리와 자유, 동경과 감정, 또 그의 안전과 행복을 아끼고 존중하고 또 나아가 두호斗護하고 그리고 필요한 경우라면 위해서 싸우는 사람이 되어야 할 것이란 것이다.

　여기 허름하고 보잘 것 없는 차림의 한 손님이 찾아온다. 학부형인지도 모른다. 조리 없고 순서 없이 설명하는 그의 용건이란 대수로운 것이 아니다. 그러나 그에게는 막중한 큰 사건이오 퍽 어려운 말들인 것이다. 이런 손님의 소박한 인간감정이 교장실에서 혹은 사무실에서 또는 교실에서 정중하고도 친절한 대접을 받았는가?

돈 자랑, 말 자랑, 옷 자랑으로 법석거리며 교장실 또는 어느 사무실을 제멋대로 드나드는 어떤 학부형 또 기성회 어떤 간부들과 마찬가지로 말이다.

모든 외적 조건이 같지 아니할지라도 그들은 다 같이 똑같은 존경을 받았느냐? 또 차별 없는 권리를 행사할 수 있었는가 말이다.

둘째, 권력에 대한 올바른 자세를 가지고 있나?

교육자는 부정과 권력의 압력을 누구보다 더 느끼면서도 혹은 누구보다 더 바로 보면서도 반면 그 부정을 지적하고 항의하고 혹은 투쟁까지 하는데 이르러서는 누구보다도 조용하고 옹졸하며 혹은 눈치쟁이 노릇을 하지 않았나 말이다. 물론 생활이 동정을 받을 만하고 신념과 행동을 달리해야 하는 입장이 한두 번만도 아니었다는 것도 사실이다. 그러나 사정이 그러면 그럴수록 이 묘한 '이미지'를 벗어 버리고 이성의 광장에 뛰어나와 교육자로서 또 지성인으로서 정의와 부정에 대한 거짓 없는 견해와 소신을 밝혀야 하지 않을까?

이제라도 늦지 않으니 부정권력에 대한 '레지스탕스'의 정신을 길러야 하지 않겠는가?

셋째, 돈에 대한 자세를 바로 갖고 있느냐 말이다.

돈을 귀히 여기지 않는 자 누구며 가지고자 하는 욕심이 없는 자 그 누구겠는가?—기실은 돈을 많이 번 사람이 사회적 성공으로 직결됨이 민주사회일진대는—그러나 여기서 교육자는 돈에 대한 올바른 가치판단을 하여야 할 줄 안다.

　해방 후 이제까지 학부모들의 돈이 유달리 잡음을 일으켜 '치맛바람'으로 통하는, 사전에도 없는 신종어를 생성하기에 이르렀다. 그러자니 각양각색의 명목으로 모금하지 않을 수 없는 사정도 있겠지만 학부형들이 돈이면 아니 되는 일, 못될 일이 없다고 느낀 것이 작용하여 주견없는 교사들을 농간한 데서일 것이다.

　언제나 생활고에서 허덕이는 교육자에게는 적은 돈이라도 대견했을는지 모른다.

　학교를 자주 찾아드는 학부형의 봉투에 좌석이 바뀌고 성적표가 변덕을 부리며 지엄한 벌의 손길이 멈추어지게 하는데 작용하지는 않았으며, 부독본의 마력에 묶여 상인의 외무사원으로 전락해 본 적은 없으며, 위탁판매업자의 구실을 해 본 적은 없는지? 본의 아닌 학부형의 선심에 아동을 상품시하는 정찰제 교육은 해 보지 않았는지 맹성猛省할 일이다.

　이것은 물론 교사만의 책임은 아니다. 정책의 빈곤에서 오는 처우문제가 앞서겠지만 문제는 돈에 대한 그릇된 가치관이 공인되어 가는 사회풍조에서다.

　이러한 사정 아래서 살아가는 교육자에게 있어서 돈에 대한 어떤 태도가 올바른 자세냐 하는 것은 때로 알쏭달쏭한 것이 되어 버리기가 일쑤요 또 웬만한 것이라면 무슨 논조로나마 정당화해 버리는 경향마저 생길 수 있는 노릇이다. 교육자도 보통 인간인 이상 교사에게 향해서만 지나친 주문이 있을 수도 없지 않겠는가?

그러나 사회풍조가 아무리 퇴폐하고 윤리적으로 몰락했고 도의가 땅에 떨어지고 모든 사람이 경제적 궁핍으로 허덕인다고 해서 교사에게 부과된 책임이 덜어진다든가 사명감을 저버려도 좋다는 것은 아닐 게다. 또한 이 풍조를 정신 면이든 신체 면이든 받아들임을 능사로 삼아서야 될 말인가?

넷째, 일에 대한 자세다.

자기가 하는 그 일이 무엇이든 여기에다 모든 정열을 퍼붓는 그 자세를 말한다. 내가 지금 하고 있는 그 무슨 일이 다른 무엇을 위한 수단일 경우 나는 하나의 노예다. 그러나 하는 일 그것 자체가 목적일 경우 나는 자유인이다. 전자는 장사꾼 근성을 드러낸 것이고 후자後者는 교육자의 태도를 말한다.

일에 대한 자세 문제에 관해서는 우리 교육자를 탓할 근거는 빈약할는지도 모른다. 그러나 우리가 해야 할 일은 박봉에만 불평하고 사명에 충실하지 못한다면 바로 이것이 사회개혁, 인간개조를 거부하는 인간부재의 교육을 생성하여 국가 민족의 발전에 반역하는 길 외에 무엇이겠는가?

열과 성을 다하여 현실에 발을 굳게 붙이고 이상의 세계를 향해 템포를 재촉해야 하지 않겠는가?

유출유괴愈出愈怪한 교육의 허상

① 뒤틀린 공정의 그늘에 목 졸린 인사행정

교원의 인사이동은 대규모로 학년도 초, 학기 초가 되면 으레 연중 행사로 신문의 한 페이지를 장식한다.―갖가지 '루머'를 안은 채―

이때, 드러나는 해괴한 점은 이동원칙이라는 것이다. 지역에 따라 다소 다르지만 거의 대동소이한 공통점을 지니고 있다.

그 대표적인 척도는 근무교(현임교)의 근속연한과 공정을 기대할 수 없는 근평勤評이 절대적인 것으로 내걸고 기계화한 통계 숫자를 자랑하면서 금력金力, 권력 및 정실情實을 배제한 인사라는 점으로 자찬을 아끼지 않는다.―어느 선까지 공정한진 모르지만―

과연, 일국一國의 교육을 맡은 장학 행정가들이 이러한 모순의 올가미에 목을 졸라매지 않고는 참다운 교육을 위해 적재적소에 인사 배치를 하지 못하겠다면 이보다 더한 슬픔이 또 어디 있겠는가? 그렇게 옹졸하고 교육적 신념이 희박한 부정의 예비군에게 맡겨진 한국교육의 장래가 암담할 뿐이다.

여기서 파생되는 교육의 암종을 일일이 매거枚擧할 순 없지만 지엽적인 몇 가지를 들면, 물을 주고 피를 요구하는 현 보수에 생활근거를 잃어 자살소동을 일으키는 것을 비롯 임지에 불만을 느낀 교사들이 학급경영에 태만하는 일이 비일비재나. 이는 연한이 상처를 보상해 줄 것으로 믿기 때문에 허송하는 데서 오는 결과다.

그 뿐인가? 교장의 멱살을 잡는 폭력교사도 배출되고 있다. 반면 원칙에서 거의 소외된 행정가의 이동은 당연히 좌천되어야 할 자가 영전으로 둔갑을 한다. 이것이 바로 공정의 표본이라 자랑할 만한 것인가 말이다.

② 모순투성이 승진제도

현 승진제도는 위계서열 지상주의로 연륜만 쌓이면 강습이란 형식절차를 거쳐 누구나 상급자격을 획득할 수 있게 되어 있다. 강습이라는 것도 자격을 주기 위한 요식행위적 형식이기에 현장학습에 도움을 주기 보다는 동떨어진 이상세계를 꿈꾸다 만다. 흡사 건각을 자랑하며 보행을 즐겨야만 분에 맞을 생활태도인데 한번 남산 '케이블카'를 타고 서울시를 한 눈에 담아보는 식으로 가슴을 넓혀 줄 뿐이다. 그러나 그것이 아무데도 활용되지 못하고 강 건너 불 구경하는 식이 되고 만다.

이렇듯 교직계마저도 성실과 부실, 유능과 무능, 근면과 태만이 바르게 작용하지 못하고서야 밝은 앞날이 기대될 것인가? 이런 제도 하에서 누가 맡은 직분에 충실히 봉헌할 것이며 천직이라고 보람을 느끼겠는가? 또한 무엇을 바라보고 연구하며 무엇을 위해 피땀을 기꺼이 흘리겠는가 말이다.

교직이란 사명감에 투철하고 연구하는 자에게 승진의 기회를 주고 태만한 자에 자극이 가게 하기 위해서도 승진시험제도가 오히려 교육계에 참신한 생기를 불어 넣어 줄 듯하다.

③ 현실을 외면하는 학원정화

사회가 말하듯 학원이 부패의 온상이라면 소위 정화가 이루어져야겠다. 그러나 그것이 아무 영향력이 없는 지엽말단의 일부 교사들의 영웅심이나 감상적인 눈물에 기대된다는 것은 일종의 넌센스다.

이의 화급한 선결문제는 입시제도의 개선 완화 및 기아임금飢餓賃金으로 통하는 처우의 개선에 있다. 이에 못지않은 것이 또 있다면 이는 행정가의 각성이다.

장학 행정가와 교장 그리고 교사와의 인간관계가 이해관계로 이루어지고 장학 행정가들은 일선교육의 정상화라는 미명하에 소위 각종 교구와 서적을 공동으로 강제 구입시켜 업자로부터 '커미션'을 받아 분배하는데 매력을 느끼고 인정받는 교장은 으레 상급자의 충복(?)이 되고 마니 이런 것은 정화의 일차 대상이 아니겠는가?

대개의 교장들 역시 한 손으로는 존경과 신뢰를 받는 교사상을 제시하며 현 보수로서 생활할 수 있는 방법을 연구하라지만 한 손으로는 예우를 넘는 대접을 받고자 하고 감독기관의 인기를 얻기에 광분한 나머지 부하직원을 도구화하는 류類의 사고가 습성화해 가는 이상, 정화란 어리석은 자의 한낱 백일몽이 아닐까? 정화는 하층구조에서가 아니라 상층구조에서 이루어져야 한다고 본다.

④ 관광시찰 장학지도

학년 초가 되면 당국에서는 이상 세계가 그려진 방대한 장학지표가 예외 없이 마련되고 이에 따라 각급 학교의 운영계획서가 호화판으로 짜여진다.

　그 뿐인가? 시리時利에 쫓긴 각종 지시가 꼬리를 물며 비생산적인 구호들이 현수막, 입간판 등으로 학원의 '쇼윈도우'를 장식한다.

　이렇게 거창한 일들이 어느 정도 일선에 보급 활용되어 교육활동에 반영되었나를 확인하기 위한 행차 예고가 친절하게도 으레 뒤따른다. 이렇게 되면 그 달은 교내가 북새판을 이룬다.

　지저분하던 교사校舍 내외가 말끔히 치워지고 가공 숫자를 나열한 '차트'가 서투른 '브리핑'을 기다리고 평소에는 보이지도 않던 장부들이 깨끗이 마련되어 온통 장부로 뒤덮인다. 예외 없이 아이들에게는 갖가지 위협이 가해지고….

　내교來校한 장학 지도자는 내재한 문제점을 분석 검토하기보다는 갖가지 양상으로 포장된 활동을 장부의 바탕위에서 계획하고 환경, 학습지도면까지 탁상에서 나름대로의 평가를 하고 단편적으로 얻어진 지식을 최대한으로 활용, 전 직원 앞에서 장광설을 늘어놓는다. 때로는 서투른 이론이 건전한 상식에 뒤진다는 충고를 하고 싶을 정도인데도 교장은 '지당파至當派'로 변신된다.

　그것도 일관된 지도조언이면 좋지만 다음에 오는 장학사는 또 다른 이론을 들고 나오는 일은 방향감각을 잃은 한국 교육의 한 단면이라고나 할까?

　올바른 장학지도를 하려면 우선 교장실의 서류 검열로 끝내거나 외형적인 것으로 만족을 느끼는 식을 지양, 다각도로 실정을 파악할 것이며 예고행차로 사실을 엄폐시킴을 삼가고 권위의식의 환상에도 사로잡히지 않도록 노력해야 할 것이다. 이때까지의 장학지도라는 것은 각종 전시회의 관객 인상이 더 짙었다. 다시 말해서 미시적 평가이기에 앞서 거시적이고 역사적인 판단과 현명이 지도자에게 요청된다고 하겠다.

⑤ 빗나간 교육열

한국만큼 교육에 관심이 많은 나라도 없다. 따라서 한국의 학부형 같이 교육에 열의가 있는 사람도 세계에서 드물다. 전체 인구의 사분의 일이 교육인구일 뿐 아니라 국민 총소득의 4~5%를 교육에 쏟고 있는 것만 보아도 알 수 있다. 그러나 해방 21년 동안 무엇을 가르쳐 왔나?

대부분이 생각하고 있는 교육이란 입학문제, 가정교사, 과외공부가 아닌가 싶다.

극성스러울 정도의 학부형의 교육열도 자녀들이 어떤 가치관을 갖고 있으며 어떤 인간적 성장을 하고 있느냐에 쏠리는 것이 아니고 어떤 학교에 들어가서 어떤 졸업장을 갖고 나오느냐 하는 점에 관심을 쏟고 있다. 이리하여 입학이 곧 교육이오 진학만을 교육의 성과로 알게끔 되었다.

이런데서 만 원짜리 월급쟁이가 자녀의 과외공부를 위해서 만 오천 원을 내는 사람이 있을 만큼 자녀교육을 위해선 사신적捨身的 희생을 하고 있다.

그래서 시험기가 다가오면 학교에 보내지 않고 과외공부에만 신경을 쓰게 되고 자녀들 앞에서 서슴지 않고 담임교사의 비평을 늘어 놓아 사도의 생명인 존경과 신뢰의 정을 앗아만 가고 있다. 도대체 어디로 몰고 갈 셈인가?

⑥ 무엇을 위한 급식이냐?

식생활이 풍족한 미국에서도 PTA의 중요 역할 가운데 하나가 학교의 급식문제에 대한 활동이라고 하며 가까운 일본에서도 급식방법에 대한 연구가 고조되고 있다는 것을 생각할 때 대부분의 아동들이 보릿고개가 되기 바쁘게 결식을 하고 나오는 우리나라의 현실에서는 무엇보다 급식을 통한 어린이들의 건강관리가 강화되어야 할 것은 물론이다.

그렇다고 'CARE' 당국의 원조로 확보되어 온 급식양곡을 거의 맹목적이고도 무비판하게 받아들여 우선 굶주린 배만 채워 보자는 속셈만 작용하여 관리를 소홀히 해서 급식 그 자체는 비교육적인 요소만 학원에 심어 놓고 남는 것은 'CARE'의 막대한 원조 통계 숫자밖에 없다는 말에 당국은 무어라 답하겠는가?

결식아와 허약아의 건강을 위한 본래의 목적에 반기를 들기보다는 관리 면이다. 도대체 일선에서 어느 정도의 관심을 가지고 효과적으로 다루고 있느냐 말이다.

막대한 급식비를 들여가며 지방에서는 빵을 찌거나, 죽을 끓인다. 서울에선 제과점에서 빵으로 만든다고 하지만 다부제 수업을 면치 못하는 실정이고 보니 하굣길의 군것질이 되고 건강을 해치는 요소가 오히려 더 많고 보면 걸인 취급을 받아가며 받는 원조는 아예 그만 둠이 좋지 않을까?

⑦ 길 잃은 어린이 저금

정해진 목표를 향해 추상같은 독촉이다.

교사들은 교단에서 소비성향의 일소와 저축심의 앙양을 외치고 이런 소비 '패턴'의 기조는 견지되어야 한다고 역설한다.

또한 저금은 수익율, 가치보전, 안전성 등 제 요인을 움직여서 저축주체인 개인의 성향에 의하여 결정지을 수 있는 것이라는 것도 함께 가르친다.

그러나 우리나라의 오늘날 경제 질서로서는 납득이 갈 여건이 갖춰 있지 않으니 우이독경임이 당연할 게 아닌가?

이런 상황 하에서 저금을 강요한다면 이것 또한 이율배반 교육의 '모델 케이스'가 아닐까? 이것이 저금의 근대화인가?

(1967. 3. 교육평론)

2장

병원관련 칼럼

- 병원인은 직업인이 아니라 봉사자로서의 사명을 다하는 '펠리칸이즘'의 심볼이어야
- 환자중심의 신뢰받는 병원을
- 간호행정자의 역할과 기능
- 50년 역사 무색한 의보 점수제 진통

병원인은 직업인이 아니라 봉사자로서의 사명을 다하는 '펠리칸이즘'Pelicanism의 심볼이어야

병원 가족과 헤어진 지 반년이 지났으나 아직 실감이 나지 않는다. 떠난 것을 확인하고 멀리서 가까이서 보고 느끼고 겪은 병원의 이모저모를 그려 달라는 청을 받고 보니 어느 정도 뜻을 잘 받들지 걱정이 앞선다.

십여 년 몸 담았던 의계이기에 소망스럽고 아쉬워했던 점이 한두 가지 아니었지만 평소에 특히 고민했던 것은 인술회복과 경영의 합리화였다.

우리 주변에는 아직도 인술회복 운동이 꾸준히 전개되고 있다. 이는 분명히 이루어야 할 우리의 당면과제라고 본다. 이 점을 병원생활을 통해 이루어야겠다고 생각한 나의 과제였다.

옛날에 중국 춘추시대에 살았던 명의인 편작扁鵲이 한나라에 오면 그 나라 안에는 병자가 없어지지만 반면 공자孔子가 그 나라에 오면 병자는 물론 악인도 없어졌다는 말이 전해져오고 있다.

공자의 가르침의 본本은 '인仁'이다. 두 사람의 인간적인 관계라고 할 인이 그 나라에 번진다는 것은 인술이 번진다는 것이며 또한 인술은 병만을 고치는 것이 아니라 인간적이고 비타산적인 사랑을 베푸는 것이기에 그 인정의 보답으로 곡물이 의자醫者에게 답지했다.

곡물이 많이 소요되면 보다 부지런히 일하게 되고 부지런하면 잘 살게 되며 잘 살게 되면 남의 것을 훔치거나 탐하거나 욕심을 내지 않게 된다. 그러면 곧 병뿐 아니라 악까지 사라진다는 것이다.

오늘날 의사는 병자를 치료하고 완쾌될 때까지 보살펴 줄 의무를 가지는 것이 의사의 본분이다. 그러나 현대 의학교육은 나날이 발전하는 기술교육에만 치중한 나머지 사람의 생명과 건강을 다루는 의사로서 갖추어야 할 인격 형성 교육은 충분하지 못한 경향이 없지 않기 때문에 의료 윤리가 항상 강조되는 소이가 여기에 있다.

오래전부터 세간의 여론은 의료기술의 발전과 의료 수요의 급증으로 의료인의 직업상 윤리의식은 이와는 반비례하여 점차 희박해져가고 있음을 걱정하고 있다. 물론 극소수 의료인이 의업을 상품화함으로서 전체 의료인에 대한 존경심이 크게 떨어져가고 있음도 부인할 수는 없다. 하루속히 의료인은 잃어버린 인술을 다시 되찾고 회복하여 신뢰받고 숭앙받는 의료인으로서의 위치를 굳건히 구축해야 하는 것이 병원인의 당면과제라 할 수 있겠다.

더불어 사회일반에서는 의계의 어두운 면만이 전부가 아니라 밝은 면도 비교할 수 없이 많다는 사실도 이해해야 할 것으로 믿는다. 선한 면을 주시하는 풍조도 이루어져야 한다는데 비중을 높여야 할 때가 온 것 같다. 또한 병원은 환자를 진단하고 치료하는 곳으로 만족하는 종래의 병원관을 일신하여 경영합리화에 앞장서야 할 것이다.

병원인은 직업인이 아니라 봉사자로서의 사명을 다하는 '페리칸이즘'의 심볼이어야 한다고 본다. 그럼으로써 환자의 진단과 치료의 영역은 물론 항상 환자의 상대욕구인 신뢰받는 진단과 치료, 단기치료 그리고 저렴한 치료비 등에 대한 욕구를 충족시키는데 최선의 길잡이가 되어야 한다.

병원인은 원군援軍이 없는 외로움을 느끼고 있다. 모두가 병원에 대해서 이해하려 하기보다는 비판적이다. 그러기에 환자는 병원 안에서는 가장 가까운 관계를 유지하려고 하지만 밖에서는 가장 멀리하려는 것이 일반인의 병원인관이다. 그릇 인식된 관념의 착각이 아닌가 본다.

이러한 사회인의 편향도 이제는 바뀌어야 된다고 본다. 그것이 명랑사회 건설의 첩경이 아니겠는가?

우리 고려인은 풍부한 잠재력과 개척정신의 저력으로 승승장구 하리라 믿는다. 언제나 앞서가는 고려의 메아리가 끊이지 않도록 하기 위해서 우리에게 주어진 인술 회복 운동에 앞장서면서 경영합리화가 뒷받침되어 후세에 부끄러움이 없는 고려병원상이 함께 하길 기원합니다.

(1983. 2. 高麗病院報)

환자중심의 신뢰받는 병원을
복지사회 위한 '새 의료인상'醫療人像 정립해야

지금까지 우리 사회는 현실보다 이상을, 내용보다 형식을, 실천보다 '말'을 앞세워 왔다.

이러한 풍조가 오늘날의 혼란을 빚어왔고 올바른 가치관을 잃게 하였다. 돌이켜보면 우리 의료계도 지난날의 비뚤어진 사회풍조에 예외가 허용되진 않았던 것 같다.

국민의 눈에 비친 병원은 '치료비가 비싼 병원' '사람 대우를 하지 않는 병원'으로 통하여 '문턱이 높다'는 대명사로 불리어 왔다.

그러나 여기서 우리 병원인들이 반성해야 할 일은 혹시나 부도덕하고 불합리한 불신의 요인을 내 스스로가 안고 있지는 않는가? 독보적인 존재로 군림하려는 권위의식에 젖어있지는 않는가? 환자를 상품화한 일은 없는가? 반추하여 보아야겠다.

이제 우리는 80년대 복지사회건설의 문턱에서 의료인의 소임이 막중함을 재삼 인식하여 지난날의 불신과 존경받지 못했던 모든 것을 일일이 점검하여 새로운 의료인상을 정립해야 한다.

그러기 위해서는 ① 병원은 의사 중심의 병원이 아니라 환자중심 병원으로 모든 가치체계를 바꾸어야 한다.

② 병원은 권위를 자랑하고 선민의식의 활동장소가 아니라는 것이 인식되어져야 한다. 의료인의 권위는 겸허한 자세, 자기 계발을 게을리 하지 않는 자세, 환자의 인격을 존중하고 품위를 유지하며 인격도야에 소홀함이 없는 자세와 상혼을 외면한 자세에서 얻어지는 것이 아니겠는가?

③ 병원은 의사만이 환자를 치료하는 곳으로 인식되어 온 병원관이 또 바뀌어야 한다. 병원은 모든 직원이 주치의로서의 역할을 다하여야만 깨끗하고 조용하고 아늑한 병원 분위기가 유지되어, 환자가 안심하고 몸을 맡길 수 있는 안식처로서의 구실을 하게 될 것이다.

④ 병원 내의 다양한 전문 직종은 서로의 영역을 존중하고 치료의 목적을 달성하기 위해 끊임없이 협동하고 최선을 다함으로써 불친절 추방에 실효를 또한 거둘 것이다.

⑤ 병원경영인은 운영상의 적자요인을 수가인상으로만 제거하려는 손쉬운 방법이 아니라, 원가절감 요인을 발굴 연구하고 경영합리화를 기함으로써 치료비 상승을 억제하고 환자의 부담을 경감시키는데 최선을 다하여야 할 것이다.

(1980. 9. 21. 조선일보)

간호행정자의 역할과 기능

　일반적으로 행정의 정의를 2인 이상이 공동목표를 달성하기 위하여 협동하는 집단의 모든 합리적인 행위라고 하고 있다. 행정의 전제요건이 2인 이상이어야 하고 목표가 공동이어야 하며 목표를 달성하기 위해서는 협동해야 하고 그 협동 역시 합리적이어야 한다는 말이다. 병원 간호행정도 환자 간호를 잘하기 위하여 지원해 주는 일련의 합리적인 활동이라 정의할 수 있다. 그렇다면 이때까지 병원 간호행정이 이상적으로 발전하지 못한 원인이 무엇이며 지향해야 할 방향이 무엇인지 살펴보기로 한다.

우리나라 병원의 특성

- 낙후성을 탈피 못한 경영

아직 우리 병원계는 전통적이고 배타적이며 비합리적인 경영에서 탈피하지 못하고 있으며 경험에 편승한 비현실적이고 비과학적인 경영으로 경영기술이 무시당하는, 경영부재의 현실이 아닌가 싶다.

- **방향감각이 흐려진 진료풍토**

병원인이 환자를 진료하는 사명의식이 퇴색되어 가고 있는 현실은 그 원인이 어디에 있든지 문제가 아닐 수 없다. 이것은 물론 내외內外적인 환경의 변화 탓도 있지만 우리 사회의 변화된 가치관에 편승한 탓으로도 생각된다. 의사집단은 자기집단에 편리하게 모방된 진료 패턴으로 진료질서가 흐트러져가는 예도 간과할 수 없는 것으로 평가되고 있다. 의사가 해야 할 일을 간호원이, 간호원이 해야 할 일을 보호자가 하는 진료 환경은 개선되어야 한다. 이는 독보적인 존재로 군림하려는 일부 의사의 낡은 권위의식에서 기인된 것으로 생각된다. 의사와 기타 병원인은 주종主從관계가 아니라 공동의 치료목표를 달성하기 위한 협동자로서의 책임을 다하는 진료 패턴이 정립되어야 할 것이다.

- **다양한 간호업무**

간호원은 1인 1역이 아니라 1인 5~6역으로 어떤 면에서 고유 업무에 충실하기보다는 잡무雜務에 시달리고 있는 현실 또한 문제가 아닐 수 없다. 간호인은 고유 업무 이외에 의사가 해야 할 일을 맡아하고 있음은 물론 때로는 경영자가 되어 병원 수입의 원천자源泉者로서의 역할, 때로는 보호자로서, 사무요원으로서, 치료비 시비의 대상자로서, 여기에 또 병원평가의 대상으로 그 맡은 업무가 다양하다. 이러한 근무환경에서 간호행정이 어떻게 발전하겠는가?

• 두 얼굴을 가진 진료수가

관행수가 종합수가慣行酬價 綜合酬價=일반수가와 보험수가(개별수가)를 혼용하는 진료수가체계는 숱한 문제점과 모순을 안고 있다. 이로 인하여 환자와 병원 간에 불신을 잉태시키며 불친절의 매개 역을 하게 하고 있다. 그뿐만 아니라 저렴한 보험수가로는 병원운영이 되지 않으니 일반 수가만으로 적자요인을 제거하는 손익 함수관계를 이루고 있다. 소득수준이 높은 환자는 거의가 보험환자이고 소득수준이 낮은 환자는 비싼 일반수가의 적용대상이 되어 있는 현재의 수가체계는 어떤 형태이건 시정되어야 한다. 이런 사항들이 오늘의 병원 현실이기에 근본적으로 얼굴을 바꾸어야 할 시대적 요청을 맞고 있다.

진료 및 경영풍토의 개선

• 불신풍조의 해소

환자로부터 불신당하는 의사와 병원이라면 환자가 만족할 치료를 기대할 수 없다. 의사가 구속되고 날카로운 비판이 가해져도 동정론은 찾아볼 수 없는 세정世情을 어떻게 바꾸어야 할까? 이는 환자의 바람이 무엇인가를 찾아 최선을 다하여 충족시키는 길 뿐일 것이다. 환자는 편하고 값싸고 수준 높은 진료 그리고 빠른 시일에 완치를 희망하고 있다. 이러한 욕구를 만족시키기 위해서는 병원인은 모두 주치의라는 생각으로 최선을 다해야겠지만 그 중에도 가장 비중이 높은 것은 간호원이 사명에 충실해야 한다는 점이다. 간호원의 친절여부로 병원수준을 평가하는 경우를 흔히 느끼고 있다.

• 인간관계 개선

병원은 권위를 자랑하는 선민의식選民意識의 활동장소가 아니라는 것이 인식되어야 한다. 그리하여 인간존중의 가치척도가 확립되고 전문성이 인정되어 병원기능이 조화 예술로 승화되어야 한다. 이것이야말로 환자중심 병원으로 탈바꿈하는 첩경이며 병원 내 모든 직종 간에 신분적 차등대우를 해소하는 길이 될 것이다.

• 중단 없는 교육

병원인은 전문인이기 전에 한 인간으로서의 존경을 받을 수 있는 전인全人교육에 소홀함이 없어야 한다. 인간존중, 인격도야人格陶冶, 품위유지는 모든 병원인으로 하여금 생활화하게 해야 하고 끊임없는 교육이 뒤따라서 병원행정에 대한 관심도를 보다 높여가야 한다.

• 간호원의 임무

간호원은 고유 업무에 충실하여야 함은 물론이지만 항상 내 병원 My Hospital이라는 관념이 머리에서 멀어져서는 안 된다. 사실 간호원은 병원경영이란 측면에서 보면 수입의 원천이요 소비의 원천이며 병원 이미지 메이킹의 주역이기도 하다.

• 간호원의 직위향상

병원에서 간호원의 직무가 보다 높이 평가되어야 하고 만족한 대우로 사명에 충실할 수 있도록 유도되어야 한다. 한편 간호원은 자기개발에 부단한 노력이 계속되어야 하고 또한 자기반성에 항상 인색해서는 안 된다. 종래의 자기보호의 방편으로 동원된 실력행사는 스스로의 지위나 처우개선에 보탬이 되지 않았으며 오히려 사회인의 빈축을 사지 않았던가? 국민의 호응 없는 시위는 백해무익하다는 교훈 또한 잊어서는 안 된다. 간호원, 나는 환자에 얼마나 봉사하는 자세로 사명을 다해 왔는가? 혹시나 환자를 상품화하지는 않았는가? 모두 함께 반성하고 병원 내에 불합리하고 부도덕한 사례를 낱낱이 추방하는데 앞장서서 우리의 사명에 부끄러움이 없는 날 간호원의 직위는 보장될 것이며 행정가로서도 손색없는 직위 또한 보장될 것이다.

(198?. 8. 7~8. 9. 병원 간호행정 세미나 보고서)

50년 역사 무색한 의보醫保점수제 진통
류목기(고려병원)씨에 들어본 일본 시찰소감

내년부터 부분적으로 실시될 의료보험제도에 대비, 최근 보사부, 의협醫協, 병협病協의 관계자 6명이 일본의 의료보험제도를 조사하고 돌아왔다.

지난 11월 20일부터 12월초까지 일본 후생성 의무국 및 보험국, 종합병원, 진료소 등 10여개의 관계병원을 탐방, 일본 의료보험제도상의 문제점, 운영상의 문제점 등을 파악하고 귀국한 합동조사단원 중 병협측 조사단원인 류목기씨에게 일본의료보험의 현황 및 문제점을 들어보았다.

"일본의료보험의 역사는 50년에 이르고 전 국민이 100% 의료보험에 가입하고 있었어요. 전 국민이 빠짐없이 보험에 가입하고 있다는 장점 외 현재 일본의 점수제 의료보험수가 체제하의 병원 운영은 난항에 부딪쳐 있었어요. 50년 동안 문제점을 분석, 갈고 닦아왔는데도 일본은 아직도 많은 문제점으로 진통을 겪고 있더군요. 한 마디로 일본의 점수제 의료보험수가에 의한 진료는 필요 의료醫療일뿐 완전 의료는 아니었습니다."

현재 일본에서 시행되고 있는 의료보험의 종류는 6가지이며 그 내용은 ① 정부관장건강보험 ② 조합관장건강보험 ③ 선원보험 ④ 일고日雇노동자건강보험 ⑤ 각종공제조합 ⑥ 국민건강보험 등이며 전 일본인은 어떤 형태 속에든 의료보험에 가입하고 있다.

"가장 큰 문제점은 의료수가를 천편일률적으로 획일화(점수제)시키므로 하여 의료가 상품취급 되듯 했고, 수진율이 높고 불필요한 과잉치료를 보험자로부터 강요당하며, 보험 청구를 위한 각종 사무관리가 복잡하기 그지없었습니다. 특히 일본의 대수술은 전부가 적자를 면치 못하고 있는데 이는 점수표의 기준을 수술소요시간·수술 빈도·난이도에 의해 수가를 책정하다보니 테크닉이 좋은 명의일수록 수술료는 낮아지고 미숙련의사가 하는 수술료는 시간·빈도·난이도가 많아지므로 하여 수술료는 엄청나게 높아지는 현상이더군요. 둘째는 병원시설 투자가 의료수가책정에 전혀 반영이 안 되고, 의사의 질적 차는 큰데 의료비는 동일한 현상이더군요.

예를 들어 의사 된지 1년이 되는 사람이나 10년이 되는 사람, 교수나 수련급 의사진료비가 똑같고 온갖 좋은 기계를 사용하여 환자를 회복시켜도 수가는 같다는 얘기죠. 이로서 정부관리병원(국·공립계)은 적자투성이었습니다."

이러한 의료보험수가 획일화로 하여 운영자들은 병원 등에 투자하려 않고, 이는 의학발전 및 제도적인 문제의 장애가 되고 있다고 했다.

"그런데 의외로 국민들의 진료소(우리나라 병원급) 이용율이 높더군요. 우리나라와 같이 일본의 진료소는 친절하고 병원급은 불친절했으며 또한 진료소(그룹개업)는 한번 진찰권을 끊으면 타과他科에서도 진찰 받을 수 있으나 종합병원급은 각 과마다 초진권을 다시 끊어야 하므로 진료소 이용이 더 편하게 되어 있더군요.

어떻든 우리나라는 우리의 의료풍토에 적합한 의료보험수가제도를 도입해야겠지만, 일본의 점수제에 의한 의료보험수가책정은 문제점이 많고 어려웠습니다."

일본의료보험제도 합동 조사반의 김영언(金永彦·인천도립병원장), 김병극(金炳極·의협사무총장), 김주일(보사부복지연구국수리조사과장), 김일천(보사부복지연구국사무관), 조병윤(의무기좌)씨 등이며 이달 내로 보사부에 보고서를 제출한다.

(1976. 12. 13.)

3장
관광관련 칼럼

- 정부 관광산업 적극 육성해야 한다
- 관광산업에 대한 인식의 일대전환이 필요한 때
- 관광이 소비성 업종일 순 없어
- 관광산업 '친절'로 되살리자
- 해외여행, 생산적 교육투자 의식돼야
- 구·미시장 개척에 주력할 터
- 관광산업에 대한 인식전환 시급
- 왜곡된 '여행의 목적' 바로 잡아야

정부 관광산업 적극 육성해야 한다
소비성 서비스업 분류로 위축… 세계 추세 역행

우리나라 관광산업은 지난 1975년 국가의 전략산업으로 지정됐다. 또한 관광기본법도 제정되었다.

그 후 정부의 적극적인 지원과 업계의 노력으로 관광산업의 태동기였던 68년부터 90년까지 외래 관광객이 2천5백52만 명에 이르렀다. 또 1백97억 달러의 관광외화를 벌어들였다. 무역외수지의 30%를 점해 국민경제발전과 국제수지 개선에 크게 공헌한 바도 있다.

그러나 작년 말(1990년) 법인세 및 부가가치세 시행령을 개정하면서 관광숙박업 및 관광음식점업을 소비성서비스업으로 분류하고, 외국인들에 대한 영세율 적용마저 폐지했다.

이어 재무부에서는 지난 2월 시행업체를 오락—유흥업과 같은 소비성 서비스업종으로 분류했다. 이 같은 조치로 인해 구미선진관광국은 물론, 일본—동남아 여러 나라에 비해서도 열악한 상태에 있는 우리 인바운드(외국인 유치)시장의 국제경쟁력이 약화됐다.

이러한 정부의 생각은 관광기구의 허약함과도 연결된다. 76년 국무총리를 위원장으로 하고 경제기획원장관과 교통부장관을 부위원장으로 하는 '관광정책심의위원회'가 구성되었으나 유명무실해졌다.

또 관광부문은 외환-출입국-항공-교통-숙박-북방교류 등 총체적으로 다루어야 한다. 그런데도 정부에는 1개국만이 관광 업무를 총괄, 전담하고 있다.

관광대국인 스페인에는 관광국 직원만 9백만 명에 달한다. 해외 여행객 1천만 명을 넘어선 일본은 관광관련 단체만도 22개가 조직돼 있으며, 운수성 산하의 지휘 감독 하에 있는 단체가 15개, 후생성 산하에 있는 단체가 7개로 일본관광산업 육성의 주역이 되고 있다. 태국도 79년에 이미 관광청을 신설, 관광정책을 체계적으로 수립해 나가고 있다.

올해 관광공사에서 주최한 관광산업 발전방향 세미나에서도 학계 관계자들은 세계 각국의 주요 정책 사업이 되고 있는 관광산업을 한국에서만 소비성 서비스업으로 취급하는 것은 거대 복합산업인 관광산업에 대한 인식부족과 정책의 빈곤에서 오는 것이라고 지적했다. 또 정부의 관광산업에 대한 인식의 전환과 종합적이고 구조적인 관광행정조직의 일원화가 필요함을 강조했다.

금년(1991년)만 하더라도 우리 관광산업은 외래 관광객 3백만 명에게서 40억 달러 이상의 외화를 벌어들였다. 관광산업이 소홀히 평가

되어서는 안 된다.

현재 세계는 매년 4~5%선의 성장을 거듭하고 있는 관광산업을 육성 발전시키기 위해 관광전쟁을 벌이고 있다고 해도 과언이 아니다.

미국의 부시 대통령이 미국 내 관광홍보프로그램에 직접 참여하는 것도 그런 경우다.

내국인의 호화 사치 해외여행의 자제도 중요하지만 능동적으로 외래 관광객을 유치하는 것이 또한 중요하다.

(1991. 12. 23. 조선일보)

관광산업에 대한 인식의
일대전환이 필요한 때

지난시절의 회상

　내무부 및 서울시청 공무원→초등·고등학교 교사→고려병원 사무국장→서울대 부설, 병원연구소 수석연구원→한국관광협회 일반여행업위원회 부위원장→현 민자당 교체분과위원회 부위원장 겸 정책위원, 한국국제관광연구회 회장.
　위 약력은 지난 30여 년 동안 숨 가쁘게 펼쳐진 다채로운 사회경력의 신아여행사 사장 류목기씨의 이력서다.
　1934년 11월 경북 안동의 전통적인 유가(儒家) 가정에서 부친, 류필희씨의 차남으로 태어난 류목기씨는 당시 가진 것이라고는 '가난만이 유일한 재산'이라고 할 만큼 매우 어려운 환경에서 자라났다.

그의 유년기의 기억은 논밭에서 김매고, 나무 베고 소 먹이던 가난한 농부의 후예로서의 고달픈 추억이 진하게 남아 있다.

가부장의 전통적 권위와 책임의식이 크게 강조되던 전통사회에서 '자녀의 성격은 철저한 가정교육의 산물'이라는 고금의 진리를 체현해 보여주기라도 하듯 선친께서는 정직이라는 반석위에 성실하게 살아가는 '사람된 사람'의 모습을 당신의 삶을 통해 보여주었고, 비록 곤궁한 생활이었지만 정도正道를 걸어가는 인생의 지표를 철저하게 깨우쳐준 곳이 그의 가정이었다.

대학생활을 포함한 학창시절에도 아르바이트를 통해 학비를 스스로 마련해야 했고, 그러한 고난에 찬 젊은 시절을 통해 류 사장은 신념에 찬 자신의 인생관과 세계관을 심어갈 수 있었다.

그의 집념에 찬 인생여정은 젊은 시절 정치에 뜻을 두었다. 당시, 무질서하고 부조리한 시대적 상황 하에서 날카로운 민주정론民主正論으로 문명文名을 떨치던 『사상계思想界』의 발행인 장준하씨와, 신익희, 박순천, 조병옥씨 등 정치인들과의 조우는 내성적이고 대중 앞에 서길 싫어하던 류 사장에게 인격의 도야와 사회성, 조직에 대한 윤리의식을 길러 주었고, 민주정치를 염원하는 강렬한 의식을 심어주었다.

13대 총선에서 민정당 공천신정을 낸바 있던 류 사장은 현 정치풍토에 대한 그의 견해를 다음과 같이 피력한다.

"여·야를 막론하고 정치하는 자에게 있어 '국리민복國利民福'이란

'철저한 자기희생'이 바탕이 되어야만 합니다. 그러나 현재의 정치양상은 어떻습니까? 말로써는 세계 제일의 애국을 하면서도, 과연 안팎이 일치된 결과를 낳고 있는지 의심스럽습니다."

한편, 어려운 여건 속에서 대학을 마친 류 사장은 1961년 3월 내무부와 서울시청에서의 공직생활을 시작으로 사회에 첫 발을 들여놓은 후, 9년여에 걸친 초등·고등학교 교사생활을 거쳐 현재의 여행업계에 몸담기 전까지 무려 15년여에 걸쳐 고려병원과 서울대 부설, 병원연구소 등 의료계에서 사무국장 및 수석연구원으로 근무한다.

이 기간 동안 류 사장에게 있어 가장 기억에 남는 일은, 의료보험제도의 시행과 확대적용, 정착에 일조했던 사실이다.

1982년 4월 '범신항공'을 인수한 류 사장은 상호를 현재의 '신아여행사'로 변경하여 본격적인 여행업계에 투신하게 된다.

"관광산업의 발전은 곧 국력의 신장과 직결된다."는 그의 소신과 국제화를 지향하는 세계사적 조류 속에서 관광산업과 관련한 그의 입지立志는 다채로운 그의 이력 속에 또 다른 반전의 계기를 마련해 준 것이다.

류 사장의 하루 일과는 아침 5시 30분쯤에 기상하여 자택인 평창동 뒷산을 1시간가량 등반하는 것으로 시작된다. 8시 30분까지 회사에 출근하고 저물도록 집무에 몰두한다. 술·담배를 전혀 하지 않음으로 몸과 마음이 항상 청량하다.

특별히 취미라 할 만한 것은 없으나, 시간이 나면 등산과 골프 등을 즐긴다. 내자內子 오종수씨와의 사이에 4녀를 둔 류 사장은 자녀 교육에 있어 자활의 의지와 스스로의 삶을 설계하고 그러한 삶속에 성취의 보람을 찾고 살아갈 수 있도록 교육한다.

자녀 스스로 해야 할 모든 일을 부모가 대신 해줌으로써 담보된 행복이란 진정한 의미에서의 삶이 아니라는 소신 때문이다.

국내 관광산업 발전을 위한 제언

류 사장이 관광업계에 투신하게 된 80년대 초 우리의 해외여행 실태는 극히 제한된 범위내의 사람들만이 특정한 여행 목적을 통해서만 가능한 것이었고, 그렇지 않은 경우 비정상적인 변태적 방법을 통해서 출국할 수 있었다.

국내 인 바운드 시장은 완전히 개방해 놓고, 아웃바운드에 대한 문호는 철저히 봉쇄해온 당국의 정책은 쌍무적 협조체제를 상규相規로 하는 국제관행상 형평을 잃은 차별화된 정책이었고, "위로부터의 강제적인 제한보다는 자유로운 시장 기능에 맡겨야 될 시점"이었다.

이러한 상황 하에서 류 사장은 '배우면서 일한다'는 그의 평소 신념 속에 국민의 저변을 파고들 수 있는 건전여행 상품개발에 총력을 기울인다. 이러한 소신과 경영이념 속에 여행상품의 생명력과 대외경쟁력을 높여가는 작업과 서비스의 질적 차원을 제고시키는 노력을 끊임없이 경주한 끝에 십여 년이 지난 현재 오늘날의 신아여행사가 탄생하게 된 것이다.

현 민자당 교체분과위 부위원장겸 한국관광연구회 회장이기도 한 류 사장은 국내 관광산업의 육성과 발전 방향에 대한 명확한 인식과 소신을 가지고 있다.

류 사장은 우리의 관광산업과 관련한 정부당국, 업계, 여행자 모두가 안고 있는 총체적인 문제점으로 "관광산업에 대한 몰이해와 극단적인 편견"이라고 지적한다.

"90년 말 정부당국은 법인세 및 부가가치세 시행령을 개정하면서, 여행업을 '유흥·오락 등을 목적으로 하는 소비성 서비스업'으로 분류하면서 외래 관광객에게 적용해오던 영세율마저 폐지했습니다. 결과적으로 여행업자는 이러한 먹고 마시고, 쓰고 즐기는 유흥·오락을 부추기고 조장하는 사람들이라는 유추 해석이 가능해집니다. 하지만 여행이라는 것이 과연 그러한 성격의 것인지 묻고 싶습니다."

류 사장은 이런 시대착오적이고 소아병적인 발상이 정책입안자의 사고방식이고 보면, 어떻게 건전하고 탄력적인 여행문화가 정착되겠느냐고 반문한다. 관계당국의 관광정책이라는 것이 일관성이 없고 현안에 대한 대안은 제시하지 못하면서 즉흥적이고 관료적인 미봉책에 머물고 있는 현 상황에서 관광산업의 발전 모색이란 하나의 신기루를 쫓는 환상에 다름 아니라는 주장이다.

일본이 현재와 같은 경제대국으로 부상하게 된 계기는, 일찍이 '메이지 유신'을 통해 문명화된 서구의 문물을 받아들이고, 유능한 젊은이들을 해외에 파견해 그들의 신기술과 문화, 생활양식을 철저히 자기네 것으로 용해해내는 과정이 초석이 되었던 것처럼, "여행은 교육이라는 바탕을 깔고 있으며, 여행의 길은 곧 교육의 길"이라고 류 사장은 강조한다.

그는 작년 10월 타이완에서 개최된 '아스타 연차총회'에서 "만 권의 책을 읽는 것보다, 만 리를 여행하는 것이 교육적 효과가 크다."는 공자의 말을 인용한 이등휘 총통의 개회사를 통해 시사 받은바 크다고 말한다.

한 사람을 정상적인 사회인으로 배출해내기까지 엄청난 교육투자가 필요한 것처럼 정책 당국에서 국민의 해외여행에 대한 인식을 바꾸고 과감한 투자를 한다면, 그에 따른 계수로 환산할 수 없는 엄청난 보상효과가 뒤따를 것이라고 힘주어 말한다.

예컨대, 해외여행을 통해 잠재된 애국심이 불타오르고 우리와는 다른 문화와 생활양식, 산업의 현황 등을 비교, 인식하는 가운데 세계관의 확대와 자아를 형성해가는 계기로 만들 수 있고, 이를 통한 체화體化된 정신의 자양분은 삶의 지평을 보다 넓고 원대하게 펼칠 수 있는 시금석이 된다는 것이다.

물론, 일부 지각없는 여행자들에 의해 순수한 관광목적이 훼손되어 국위를 실추시키는 경우도 없지는 않으나, 그것이 우리나라의 여행자 전체에 만연된 풍토는 결코 아니며, 일부 언론에서 여행의 어두운 면과 부정적인 면을 지나치게 부각시킴에 따른 역기능일 수도 있다는 것이다.

지난 한해 사회적 물의를 빚은 바 있는 보신관광, 호화사치, 과소비 관광과 관련하여 류 사장은 총체적인 책임은 정부에 있다고 주장한다.

"국민관광을 정착시키지 못한데서 발생한 필연적인 결과로, 관광공사 교육원에서 실시하고 있는 소양교육이 얼마만큼의 교육적 성과를 거두고 있는지 의심스럽습니다."

국외여행과 관련한 교육적 성과를 목표로 한다면, 그것은 철저히 실무위주의 교육이 되어야 한다는 점, 예를 들어 출입국 절차라든가, 통관수속이라든가, 비행기 탑승방법 등 여행자가 실제로 해외에 나갔을 때, 현실적으로 도움이 될 수 있는 교육이 이뤄져야 한다고 강조한다.

한편, 관광시장으로서의 우리나라의 여행여건과 관련하여, 아웃바운드에 대한 각종의 행정적 제재와 근검절약, 건전관광을 강요하는 반면에 국내 인 바운드에 대해서는 활성화 방안은 너무나 취약한 실정이라고 지적한다.

"문화유적 및 자연경관을 감상하는 시각적·정적靜的 관광에는 분명한 한계가 있습니다. 귀로 듣고 입으로 맛보고, 몸으로 느낄 수 있는 종합적인 놀이의 마당이 활성화될 수 있는 토대가 조속히 마련되어야 할 것입니다."

예컨대, 우리나라에 외래 관광객들이 나이트 라이프를 즐길만한 유휴공간이 있느냐고 지적한다. 가까운 일본의 예를 살펴보면, 골프를 즐기고자 하는 외래 관광객이 예약 신청을 할 경우, 비록 예약이 완료된 상태라 하더라도 내국인의 예약을 취소해서라도 외래 관광객의 신청을 받아주는 탄력적인 운영을 한다고 한다.

외래 여행객이 우리나라에 들어와 소지하고 있는 여행경비를 모두 쓰고 갈수 있는 유희공간의 설치 및 확충, 개방적인 자세 등이 시급히 요구된다고 강조한다.

한편 국내 중견여행사의 사장이 중심이 되어 운영되고 있는 '한국관광연구회'의 회장이기도한 류 사장은 이 조직의 성격과 기능에 관해 회원 상호간의 친목과 정보교류, 당면한 업계의 주요 현안에 대한 해결방안 모색 등을 취지로 설립되었으며, 지난 91년 12월 21일 내외의 지대한 관심 속에 공식 출범한 한국일반여행업협회(KATA; Korea Association of General Travel Agents)의 공식적인 발족에 '물 밑에서' 산파 역할을 해냈다고 한다.

이외에도 외국 관광협회와의 관광교류 및 연구회지 발간, 사계의 권위자 초빙을 통한 세미나 개최 등으로 업계 공동의 이익과 우리나라 관광산업의 발진을 위한 노력을 끊임없이 경주하고 있다.

류 사장은 끝으로 국내관광산업의 총체적 제문제의 해결과 재도약을 위해서는 "관계당국, 업계, 여행자 모두가 여행 산업이란 결코 오락이나 유흥을 목적으로 하는 소비성 향락산업이라는 시대착오적인 생각에서 벗어나, 장래 나라의 영원한 발전을 위한 무형의 투자라는 인식의 일대전환과 단기적인 관광수지 적자라는 현상학적 결과에 연연하지 말고, 거시적 안목에서 외래 관광객이 우리나라에서 충분히 보고 느끼고 즐길 수 있는 관광시설의 확대투자와 개방적이고 탄력적인 시장운용으로 국제경쟁력을 강화해 나가야 할 것"이라고 강조한다.

(1992. 2. 해외여행)

관광이 소비성 업종일 순 없어
공동연구 통해 관광발전 모색
28명 회원 업계서 중추적 역할

"94년 '한국 방문의 해'를 맞아 정부가 발표한 관광의 종합발전계획을 환영합니다. 뒤늦게나마 '여행업을 소비성서비스업으로 규정한 세법을 개정한다'는 조치가 내려 다행스러워요. 그러나 우리 국민과 정부의 관광에 대한 근본적인 인식 전환이 앞서야 합니다.

큰 잠재력을 지닌 관광산업이 걸핏하면 과소비의 표적이 되는 게 문제입니다. 선진국 어느 나라를 보더라도 관광입국을 표방하고 있을지언정 서자 취급하는 나라는 없어요. 관광의 진정한 의미를 되찾고, 여행 업계부터 진흥의 뿌리를 내리고자 자연스럽게 모임이 시작됐지요."

국내 여행업계 대표 20여명이 85년 11월 발족시킨 관연회는 여행사가 2천 3백 개에 이르고 연간 관광입국자 3백만 명, 출국자 2백만 명을 헤아리는 우리나라 관광업계를 사실상 이끌어가는 핵심집단으로 주목받는 모임.

최근 한국관광협회와 분리 독립을 선언, 교통부의 인가를 받은 한국국제여행업협회(KATA) 창립의 산파역을 맡았고 외국인의 부가가치세 특혜조치 철폐 등 대외활동 외에도 업계의 결속·정보교환, 회원 연구 활동 지원, 연구회지 발행 등 다양한 행사와 친목활동을 펼치고 있다.

"모임의 태동기엔 관광업계가 몹시 흔들리는 시기였습니다. 관광진흥법 시행령이 개정되고 여행업이 기능별로 재편성되는 상황이었지요. 업계현안을 숙의하고, 모임을 가지면서 정책변화와 소비자의 인식을 변화시키려고 노력했습니다. 관광은 단순한 유흥이 아니라 견문을 넓혀주고 발전의 안목을 길러주는 창조의 기틀입니다. 국제간의 교류와 우호 친선 외에도 외국의 문화·민속·관습에서 생산적인 교육효과를 얻게 됩니다."

관광예찬론을 펴는 관연회 임원들은 2년 임기의 회장 4명을 거치는 동안 회원수가 28명으로 늘어났고 회원사들의 국내외 여행업 비중이 전체 시장의 80% 이상을 차지할 만큼 막강하다.

또 회원 중 한명석(韓明錫 : 서울동방관광)씨가 KATA 회장을 맡고 있으며 정인수(鄭仁秀 : 초대회장·한국관광여행사)·김영광(金永旺 : 2대회장·파나여행사)·김성배(金成培 : 한진관광) 회원이 KATA 부회장을, 정운식(鄭雲湜 : 서울항공여행사) 회원은 미주여행업협회(ASTA) 회장을 각각 맡고 있다. 3대 회장 한상현(韓相現 : 세방여행)씨는 관광협회 여행분과위원장을 역임하는 등 한국여행업계를 주도하고 있다.

"우선 여행업을 사치성 유흥으로 규정하고 있는 법규들을 수정할 수 있도록 노력하고 일본·미국 등 외국인들에 대한 까다로운 입국 심사중(VISA) 발급절차를 간소화할 수 있도록 관계부처에 자료를 제공하겠어요. 또 KATA가 활성화되도록 토양을 조성하고 관연회보 발간 등 연구 활동도 계속하렵니다. 무차별한 과소비 억제보다 진정한 소비의식을 심도록 노력해야 합니다."

오는 11일 열릴 올해 들어 두 번째 모임에는 재무부 세제실장을 초청, 의견을 나누려 했으나 성사되지 않아 섭섭하다는 관연회 임원들은 정부가 국민들이나 관련업계와 좀 더 적극적으로 대화하려는 자세를 가졌으면 좋겠다고 했다.

(1992. 2. 7. 중앙일보)

관광산업 '친절'로 되살리자

최근 관광부문이 적자라고 해서 국민의 해외여행을 억제하도록 촉구하고 있다.

국민으로서 나라 경제를 걱정하고 자제할 것은 자제하는 것이 도리일 것이다. 그러나 왜 이렇게까지 되었느냐 하는 점에 대해서는 반성하고 원인을 찾아야 한다.

정부는 지난 75년 관광산업을 국가전략사업으로 지정하고 관광기본법을 제정, 시행해 왔다. 이에 따라 정부는 외국관광객 유치를 외화획득의 중요한 원천으로 인식, 각종 금융·세제상의 지원을 포함한 대대적인 정책지원으로 관광산업을 육성했다.

이런 노력으로 오늘날 관광수입이 GNP 1.5~2%에 이르게 되는 기반이 마련되었다. 그러나 지난해 2월 정부에서는 이제까지 전략사업으로 육성해온 관광업을 안마시술소 등과 같은 오락유흥업으로 분류, 세제상의 혜택을 없애버렸다.

그 결과 외국관광객이 한국에 가면 돈이 많이 든다는 인식이 확산돼 동남아를 방문하려는 여행객들이 한국을 기피하기에 이르렀다. 또한 일본관광객의 급속한 감소는 관광수입을 크게 위축시켰다.

급기야 정부에서는 이 조치를 금년 안으로 다시 원상회복하겠다고 했다. 이러한 시행착오를 국민의 과소비 탓으로만 돌릴 것인가.

이제까지 우리는 무공해 부가가치산업인 관광산업에 너무 무관심했다. 갖가지 지표들이 관광수지가 적자상태임을 보이기는 했지만 지난해 관광수입은 무역외수입의 22.3%를 차지했다.

원가 중 재료비 비중은 22.7%(제조업 72.66%)밖에 안 되며 부가가치율은 제조업 22.9%의 두 배가 넘는 51.9%이다.

매출액 1억 원당 종업원 수는 5.8명으로 제조업 2.7명의 두 배에 달하는 높은 고용 효과도 있다. 이 같은 특성이 선진국들이 앞 다투어 관광산업 진흥책을 펴는 이유다.

스페인은 관광수입이 총 수출액의 36%에 이르고 태국은 19%, 미국도 10%를 관광으로 벌어들인다.

만약 정부가 적극적인 관광진흥시책을 펴 관광부문에서 흑자가 발생한다면 국제수지전략을 수립하는데도 그만큼 숨통이 트일 것이다.

이제부터의 과제는 관광을 하나의 산업으로 대접할 것인가이다. 정부에서는 이런 실정을 감안 중상기대책을 마련하고 있는 것으로 안다. 그러나 무엇보다 시급한 것은 외국관광객이 우리나라를 즐겨 찾을 수 있도록 관광 환경을 개선하는 일이다.

외국관광객에게 한국은 돈이 많이 드는 곳, 불쾌한 곳, 불편한 곳, 더러운 곳이라는 부정적인 인상을 깨끗이 씻어주어야 한다.

김포공항을 나서면서부터 시작되는 택시의 바가지·불친절·과속횡포와 한국에 머무는 동안 택시잡기·교통체증·비싼 음식값·언어소통의 불편·안내기능의 부족 등에 외국관광객이 시달리다 돌아가게 해서는 안 된다.

이런 식으로 나가다보니 외국관광객들은 한국에 오면 돈을 쓰려고 해도 돈 쓸데가 없다는 말을 하기도 한다.

이러한 관광의 기본환경이 개선되지 않고는 아무리 화려한 계획을 수립해봐야 결과는 별무소득일 것이다.

(1992. 10. 6. 중앙일보)

해외여행, 생산적 교육투자 의식돼야
여행문화 인식 전환 필요

"예를 들어 시골할머니가 처음 서울에 왔다고 합시다. 이 할머니가 어디로 가야할지 망설이는 것은 당연한 일입니다. 우리네 해외여행의 경우 이와 마찬가지입니다. 이를 지도해야 할 관계부처에서는 적극성을 띄지 않은 채 가끔씩 보도되는 독특한 행태를 마치 전 해외여행자의 속성인양 하는 것은 본말이 전도되었다고 생각됩니다" 며 우리네 여행문화에 대한 인식의 문제점을 강력히 지적하는 한국국제관광연구회 류목기 회장.

그는 시골에서 태어나 대학을 졸업한 후 총무처에서 실시한 신인등용시험에 합격, 내무부 공무원으로 사회에 첫발을 디뎠다. 이후 서울시청을 거쳐 교직, 고려병원사무국장, 서울대부설병원연구소 수석연구위원 등을 역임했다.

공무원 재직 중 행정고시에 뜻을 둔 그는 교편을 잡으며 시험을 준비했으나 어느 땐가 행정고시가 일시적으로 중단되는 바람에 꿈을 포기한 채 또 다른 인생여정을 걷게 된 것이다.

직종을 다양하게 전환한 것에 대해 장·단점이 있지만 많은 지식을 얻을 수 있었다며 이때부터 성실하고 유능한 사람은 어떤 직종 어떤 장소에서도 좋은 결과를 얻을 수 있으니, 스스로 적성이란 것에 얽매어 도피적인 생활을 하지 않아야 한다는 교훈을 얻었다 한다.

그는 고려병원 재직시 의료보험 도입에 일익을 담당해 대통령으로부터 표창을 받기도 했다.

그런 그가 여행업에 손을 댄 것은 10여 년 전.

다양한 직종 전환이 말해주듯 활달한 성격인 그는 앞으로 있게 될 해외여행자유화와 관광한국의 밝은 미래를 보고 생소한 여행업에 투신하게 되었다.

그동안 업계에서의 활약이 인정되어 2년 임기인 4대 한국국제관광연구회장에 피선된 것은 작년 11월 11일 6차 정기총회 때의 일이다.

관광업계 현안 문제 해결, 관광정보 교환, 세미나 개최, 연구지 발간, 국제관광교류, 관광산업 육성에 대한 정책의 개발 등을 앞으로 힘차게 추진해 나갈 계획이라는 류 회장은 일부에서 잘못 인식되고 있는 해외여행에 대한 비판이 가장 가슴 아프다고 덧붙였다.

"많은 국민들이 여행을 소비의 일환으로만 생각하는 경우가 있습니다. 이의 개선을 위해서 여행자, 정부, 언론이 여행 산업에 대한 인식을 새로이 하고, 그 대안을 강구해야 할 것입니다"라는 류 회장은 지엽적인 문제 때문에 그 뿌리가 흔들려서는 안 된다고 강조했다.

해외여행의 경우 우리 국민은 1인당 2천2백 달러를, 우리나라에 여행 온 외국인은 1천3백 달러를 사용한다는 통계로 마치 해외여행자가 과소비한다는 느낌을 주는 보도가 종종 있으나 우리나라 국민들은 한 번의 해외여행에 평균 2.7개국을 여행하는 것으로 보아 그렇지 않다고 힘주었다.

"가끔씩 물의를 빚는 해외여행자의 추태도 관계기관과 업계의 사전교육이 소홀한 탓이지 이를 가지고 해외여행을 하지 말아야 한다는 투의 여론 조성은 상당히 잘못된 것"이라며, 지금 경제대국은 또한 관광대국으로서 경제성장과 여행이 결코 별개의 것이 아님을 강조했다.

이와 아울러 외국인의 국내관광의 경우 수용시설 확충, 독특한 관광자원의 개발 등으로 이들을 맞이할 수 있는 수용태세를 갖추는 것이 시급하다며 앞으로 한국국제관광연구회장으로 재직할 동안 이의 해결을 위해 혼신의 힘을 쏟겠다고 포부를 밝혔다.

"성현의 말씀에 '만 권의 책을 읽는 것보다 만 리를 여행하는 것이 교육적 효과가 더 높다'란 구절이 있습니다. 여행은 소비가 아닙니다. 그것은 '생산적 교육 투자'로 생각되어야 하며 이를 위해 관광한국의 면모를 갖추도록 모두가 노력해야 한다고 생각합니다"며 집을 떠났을 때 가족에 대한 고마움을 해외에 나갔을 때 애국자가 되는 것만 봐도 여행이란 사회전반을 통한 체험에 의해 이루어지는 인생반추의 기회라고 말을 맺었다.

(1992. 5. 해외여행)

구·미시장 개척에 주력할 터
신상품 개발 판촉강화

"외래객 유치경쟁이 치열한 일본 등 인접국을 피해 미주美洲 구라파지역의 관광객 유치에 주력하고 있습니다."

류목기柳穆基 사장은 기존 국제여행알선업체가 기반을 구축하고 있는 일본·동남아 지역은 신규업체가 들어가면 과당경쟁만 부채질하는 결과를 가져와 미개척 시장을 대상으로 판촉활동을 강화하고 있다고 한다. 관광사업과 인연을 맺은 지 불과 1년의 짧은 기간이지만 외래객 유치시장의 선택 등 안목이 장기적인 투자에 의한 결실을 위해 착실히 움직이고 있는 것 같다.

"항공권 판매 영업만 하다가 국제여행알선업 등록을 하고 외국인 관광객 유치를 해야 하는 사명감 때문에 해외시장 개척을 위한 전략을 초기에 구상했으나 방향설정이 쉽지 않았습니다." 류 사장은 후발後發 국제여행알선업체로써 기존시장에 뛰어드는 것이 출혈경쟁만 초래하는 위험부담을 깊이 인식하고 새로운 시장으로 눈을 돌려 미주·구라파지역 관광객 유치에 전력하여 올해 5천여 명의 외래객 유치 실적을 올렸다.

신아여행사信亞旅行社는 지난 22일에도 부산항으로 '폴 오브 스칸디나비아'호 호화 여객선을 유치, 3백여 명의 관광객을 부산·경주관광 알선을 했다. 29일에도 동 호화여객선이 부산항에 입항하여 4백여 명의 탑승객을 부산·경주의 시내 관광과 유적지 관광안내를 한다.

지난 22일에는 ASTA총회 참가자 58명을 경주에 안내해 '폴 오브 스칸디나비아'호의 관광객과 함께 경주 조선호텔에서 점심식사를 가져 잘 알려지지 않은 먼 나라로 인식하고 있던 이들 외래객에 대해 새로운 인상을 심어주기도 했다.

류목기 사장은 "외국인 관광객을 유치하여 외화를 벌어들이는 사업은 하루아침에 이루어질 수 없고 장기적으로 지속적인 투자에 의해서만 가능하다"면서 "새로운 관광 상품을 갖고 적극적인 시장개척에 나설 경우 반드시 해외시장에서 뿌리를 내려 영업신장이 보장될 것"이라고 확신한다.

아직 관광업계에서 낯선 류 사장은 관광업계로서는 유일하게 민정당民正黨의 교통·체신분과위원회 위원으로 위촉되어 앞으로 업계 발전을 위한 활동이 크게 기대되고 있다.

류목기 사상은 서울대 보건대학원을 졸업하고 한때 공직에 봄담았으나 우연한 기회에 관광사업에 투신, 업계의 건전한 발전과 영업신장에 전력하고 있다.

관광산업에 대한 인식전환 시급

류목기(신아여행사 대표)씨가 한국국제관광연구회(관연회) 제4대 회장으로 선출되었다.

류 회장은 "만 권의 책을 읽는 것보다 만 리를 걷는 것이 더 가치가 있다"는 공자님의 교훈을 인용하면서 "관광업계 초미의 과제는 관광산업을 유흥·오락중심의 소비성 서비스업으로 규정, 오도하는 시각을 바로 잡는 것"이라고 단언한다.

작년 11월 11일 관연회 총회에서 "선임 회장들이 닦아놓은 탄탄대로 위에 서서 열심히 해보겠다. 땅에 떨어진 업계 위상의 제고와 당국의 관광에 대한 인식전환을 위해 모든 정열을 바치겠다"고 당선사를 한 류 회장은 '관광'의 바른 자리매김을 위해 노력해 온 강직한 인물로 알려져 있다.

'편안한 관광' 위한 환경조성을

　중견 인바운드 여행사의 친목을 위해 1985년에 결성된 관연회는 여행업계의 이익을 대변해온 비공식 단체이다. 한국국제여행업협회(KATA)의 모체로 산파역을 한 것도 관연회였고, 외국인에게 유리한 세금제도를 시정하도록 촉구해 성과를 본 것도 관연회가 한 일 중의 하나이다. 류 회장은 "어떤 형태로든 한국관광산업발전을 위해 한 목소리를 내보자는 취지로 결성된 것이 관연회라고 생각한다."며 단순한 친목 이상의 압력단체 역할을 하고 있음을 숨기지 않는다.

　관연회 회원 28개사 대표들은 매달 정기 월례회를 개최해 현안 문제 토의, 국제정보 교환, 시장상황 분석 등의 활동을 하고 있다. 앞으로 류 회장은 이러한 기존 활동 외에 회원들의 역량강화 및 전문지식 습득, 즉 자기개발 프로그램을 제공하도록 노력하겠다고 밝힌다. 이에 따라 간헐적으로 있어왔던 '각 분야 전문인 초청강연'을 정례화시킬 계획. 또한 관계기관과 더욱 긴밀히 협조체제를 구축해 나갈 방침이다. "이 모든 활동은 결국 관광산업의 위상을 높이고 올바른 인식을 정립시키는 것과 맥을 같이 한다"고 류 회장은 강조한다.

　내국인의 해외여행 경우 못지않게 외국인이 우리나라에 왔을 때 발생하는 문제도 적지 않다. 류 회장은 "외국인이 편안하게 관광할 수 있는 환경조성이 시급하다"고 말한다. 흑자를 내려면 공항 택시 횡포 시정, 교통 혼잡 해결을 비롯해 외국인이 오래 머물 수 있는 관광시설이 설치돼야 한다는 것.

"인바운드와 관련된 부문의 투자를 소홀히 하는 것은 시간이 흐를수록 심각한 문제로 대두될 것이다."

선거 등 92년 업계전망 불투명

한국여행업계는 규모와 역사 면에서 기반이 취약한 것이 사실이다. 때문에 업계는 정부 정책에 민감할 수밖에 없다. "올해의 경제상황과 4차례의 선거 등 정치일정을 고려해 볼 때 정책에 어떤 변화가 있을지 알 수 없다. 따라서 올 여행업계의 전망은 불투명하다."는 것이 류 회장의 견해이다.

정부 정책결정과 관련해 류 회장은 "공청회 등을 통해 업계 의견을 수렴한 후 집행되는 일관된 정책이 아쉽다"고 토로한다. 또한 "정책입안에 앞서 관광수입이 우리 경제에 미치는 영향과 여행이 국민복리에 미치는 영향을 바로 인식할 필요가 있지 않겠느냐"고 여운을 남긴다.

"자타(JATA) 총회에서 오간 여러 얘기는 여행 없이 세계평화가 있을 수 없고, 세계평화 없이 여행이 있을 수 없다는 것으로 집약된다"라고 말하는 류 회장. 그는 실추된 관광산업의 위상이 한사람의 노력으로 하루아침에 쇄신될 수 없다며 "업계 종사자 모두가 제 위치에서 자기 몫을 다하는 풍토가 이뤄지는 92년이 됐으면 한다"고 새해 바램을 말한다.

  6차 관연회 정기총회에 선출된 임원(임기 2년)으로는 회장 류목기(신아여행사 대표)씨, 부회장 김주업(연방여행사 부회장)씨, 간사장 허만석(세일여행사 부사장)씨이다.

(1992. 1. TTJ)

왜곡된 '여행의 목적' 바로 잡아야

지난 일 년은 우리 관광업계가 심한 몸살을 앓은 한해로 기억된다. 마치 해외여행이 과소비를 부추기는 주범으로 매도되고 여행업이 소비성 향락산업으로 정의되기도 했다.

여기에는 여행의 어둡고 부정적인 측면만이 전부인양 크게 조명하여 여행의 본래 목적을 오도한 언론의 책임이 크다. 여행이 먹고, 마시고, 쓰고, 즐기는 것이 아니라 생산적인 교육임을 비중을 두고 실어야 할 것이다.

여행은 국제사회에서 한국에 대한 올바른 인식과 이해를 높이고, 상호 우호친선을 도모하는데 능동적으로 참여하는 기회가 된다. 또한 그 나라의 문화와 습관, 그리고 사회 전반에 걸친 체험을 통해 견문을 넓히고, 애국심과 자긍심을 일깨워 주는 좋은 기회다.

여행을 통해 얻어지는 값진 체험은 우리 모두에게 귀한 선물임을 재삼 인식해야 한다.

TTJ가 이제까지도 그랬듯이 관광산업에 대한 올바른 인식이 이 땅에 뿌리내리도록 향도가 되어주길 바란다.

(1992. 2. TTJ에 바란다)

4장
경력 관계

- 소통
- 격변의 시대 인정받는 CEO
- 직장생활 장수비결 사심 버리고 즐겁게 일하라
- 자신의 일에 즐겁게 도전하자
- 방산수출 10억불 달성과 향후 과제
- 40년째 동합금분야 선두… 제2창업선포
- 국토건설사업은 성공할 것인가?
- 2001년 한솔은행 전환 목표
- 그룹지원 든든 성장률 1위
- 공무원, 교육자, 연구원, 기업가 등 다양한 경력 가진 실력가
- 고향사람 만나면 항상 즐겁지요

소통 疏通

얼마 전 동계올림픽에서 우리나라 선수들이 선전하였습니다.

여러 가지로 열악한 여건에서 우리 선수들이 서양선수들을 제치고 금메달을 차지할 때면 마치 내 일처럼 기뻐하고 열광하는 것이 우리 국민들입니다.

다같이 "대~한민국"을 외칩니다.

그러나 나라 안에서는 어쩐지 국격을 헤치는 모습들이 뉴스를 통해 많이 나옵니다. 지역 간, 계층 간, 이념 간에 의견대립을 넘어서 폭력으로 충돌하기도 합니다. 세계 속에서 선전하는 한국인을 보면 같은 국민으로서 뿌듯한 자부심을 느끼다가도 정작 우리끼리는 '우리'를 잊어버리고 '나'라는 이기심으로 큰일을 그르치는 상황이 안타깝기만 합니다.

우리 회사는 어떤지 한번 돌아봅시다.

다 같이 모여 단체행사를 할 때면 "풍산 파이팅"을 외치다가도 막상 업무에 임할 때는 나와 내 부서만을 챙기고 타부서, 다른 사원은 마치 남처럼 외면하고 심지어 책임을 전가하지는 않고 있는지 돌아봅시다.

　회사는 종종 살아 있는 생명체에 비유되곤 합니다. 모든 생명체는 세포로 구성되어 있는데, 사람은 약 60조 개의 세포로 이루어져 있다고 합니다.

　신기한 것은 각각의 세포도 스스로 자신을 유지하고 자기 증식할 수 있는 하나의 생물이라는 것입니다. 마치 회사의 구성원이 개인의 삶을 가지고 있는 사원인 것과 같이 말입니다. 사람이 건강하려면 세포 하나하나, 그리고 세포가 모여 만든 몸의 각 기관이 모두 건강하고 제 기능을 해야 합니다.

　역으로 세포가 건강하려면 사람이 먼저 건강함을 유지해야 함은 두 말할 나위 없는 것입니다.

　회사를 살아있는 생명체에 비유해 볼 때, '나'에 앞서 '우리'를 먼저 생각하고 서로 소통해야 하는 이유가 바로 여기에 있습니다. 나 혼자 잘되겠다고 정보를 독점하고 타부서에 책임을 전가해서는, 당장은 돋보이고 편할지 모르지만 그 과정에서 회사 전체의 성과는 떨어지고 회사의 저조한 성과는 당사자 자신에게도 피해로 돌아갈 수밖에 없기 때문입니다. 결국 회사발전과 사원 각자의 성장은 불가분의 관계이며 그것을 효과적으로 이뤄내기 위해서 필수적으로 추구해야 하는 가치가 소통인 것입니다.

　소통疏通이란 막히지 않고 서로 통하는 것이라고 합니다. 원활한 소통을 위하여 지켜야 할 몇 가지 문제를 이야기하면 다음과 같습니다.

첫째, 회사의 목표를 명확히 인식해야 합니다.

내가 하는 일이 회사 전체에서 어떤 부분을 차지하는지, 그리고 다른 사람이나 다른 부서와의 연결고리는 어떤 것인지 살펴봐야 합니다.

둘째, 열린 마음을 가져야 합니다.

회사는 각기 다른 여러 분야의 전문가들이 함께 일하는 곳입니다. 내가 틀릴 수도 있다는 열린 생각으로 자기 의견과 자존심을 구분할 줄 아는 성숙한 마음가짐이 필요합니다.

셋째, 적극적으로 의사소통에 참여해야 합니다.

아무리 좋은 아이디어라 하더라도 동료와 상사, 부하직원에게 제대로 전달하지 못하면 성과로 만들어 내지 못합니다. 또한 다른 사람의 의견을 적극적으로 경청하고 평소 회사의 방침 및 공지사항을 숙지하여야 할 것입니다.

가끔 회사에 대하여 이런 저런 불만을 얘기하는 사원들을 봅니다. 그 의견 속엔 회사만 있지 내가 없는 경우가 있습니다. 회사의 잘못된 점을 개진하는 것은 전혀 문제가 되지 않으나, 마치 남의 회사 이야기하듯 나는 쏙 빼고 회사를 바라보는 시각은 문제가 아닐 수 없습니다. 사원은 회사라는 생명체를 구성하고 있는 하나의 세포와 같기 때문입니다

나 자신을 존중하고 풍산인으로서 우리 회사를 생각하며 상사, 동료, 부하와 원활히 소통하는 것이 우리가 바라는 나와 회사가 함께 성장하는 길임을 명심합시다.

(2010. 3. 경영레터)

격변의 시대 인정받는 CEO

올해 재경 안동향우회장을 맡은 류목기 (주)풍산 총괄부회장은 남달리 다채로운 이력을 자랑한다. 안동사범학교와 서울대 사범대학을 졸업한 류 부회장은 사회생활을 서울시 공무원으로 출발했다. 그 뒤 병원 경영, 여행사 대표, 상호신용금고 대표, 현재는 제조업체인 풍산 부회장을 맡고 있다.

서비스업과 제조업체를 두루 넘나든 류 부회장은 이런 변신 가운데서도 주변 사람들로부터 탁월한 경영자로 인정을 받고 있다. 격변의 시대에 끊임없이 변신하는 가운데서도 인정받는 CEO로서의 삶을 살아온 류목기 부회장을 만나 그의 삶에서 일관하는 인생관과 경영철학을 들어봤다.

류목기 (주)풍산 총괄부회장(71)은 안동시 인동면 박곡동 일명 박실마을에서 4형제 가운데 차남으로 태어났다. 전주 류씨 집성촌인

박실에서 자란 류 부회장은 고향 안동에서 안동사범학교를 다닐 때부터 가정형편은 어려웠지만, 우등생이었다고 한다. 안동사범학교는 그 당시 경북북부지역의 수재들이 모이는 명문고교로 이름을 떨치고 있었고 그는 시험 한 과목에서 낙제점을 받고도 차석을 할 정도로 우수한 학생이었다.

대학입시에서 12명의 동기들과 함께 서울대 사범대학에 합격해 대학에 진학한 그는 학창시절 등록금과 생활비를 마련하기 위해 적지 않은 고생을 해야 했다. 생활비를 벌기 위해 가정교사를 했으며 등록금을 마련하기 위해 방학기간에는 입시문제집을 파는 영업을 하러 다니기도 했다.

서울시 공무원으로 사회에 첫 발

서울대학교 사범대학을 졸업하고도 교사생활이 싫었던 류 부회장은 총무처에서 실시하는 국토건설본부 신인등용시험(요즘의 공무원 임용시험)에 응시해 내무부에 배속 받았다. 이때 그가 맡은 업무는 국토건설사업 중 저수지 조성이나 도로개통, 도로 확장사업을 감독하는 일이었다고 한다.

그러다가 5·16혁명이 나면서 시청으로 전근됐다. 매일 반복되는 시청근무는 얼마 지나지 않아 장래 비전이 없다는 생각이 들게 했다. 이때쯤 고 유진오 박사를 본부장으로 하는 국가재건운동본부가 발족되면서 직원 채용공고가 났다. 새로운 분야에 도전하고 싶어 시험에 응시했던 류 부회장은 34대 1의 경쟁을 뚫고 합격했다.

그러나 이번에는 친구들이 말렸다. 학교 다닐 때부터 정치에 관심이 많았던 그에게는 정치권에 있던 친구들이 많았는데 당시 민주당 국회의원 비서를 하던 친구들이 "국가재건운동본부는 군사혁명의 앞잡이니 앞으로 꿈을 실현하기 어렵게 된다"며 그만두라는 권유를 했다고 말한다.

그래서 일을 그만두고 혼란기에는 공부를 해야겠다는 생각으로 산간벽지의 초등학교 교사생활을 하면서 행정고시를 준비했다. 1년 반 가량 공부 끝에 행정고시에 응시했으나 그만 2차 시험에 낙방하고 말았다.

공교롭게도 그 뒤 행정고시가 몇 년 동안 치러지지 않는 바람에 서울로 자리를 옮겨 교사생활을 계속했으나, 초등학교 교사로는 그의 성취욕을 채울 수 없었다. 결국 그는 삼성전자 같은 대기업에 시험을 치르려고 준비했고, 그 와중에 당시 고려병원 원장님으로부터 병원을 도와달라는 제의를 받고 병원 생활을 시작하게 됐다.

병원 경영자부터 시작된 변신

그는 고려병원에서 14년을 근무하면서 사무국장을 거쳐 행정부원장까지 올랐다. 짬짬이 병원 경영에 대한 강의도 하곤 했다. 그러나 의료법상 비의료인은 원장을 맡을 수 없기에 병원을 떠나야 할 때가 다가왔다. 이때 친구였던 공영토건 회장이 부도위기에 몰리면서 개인이 투자했던 신세계여행사를 맡아달라고 부탁을 해왔다. 그는 새로운 도전으로 생각해 여행사 대표를 맡아 7~8년간 성공적으로 운영했다.

류 부회장의 변신은 여기서 끝나지 않았다.

당시 고려병원과 전주제지(후에 한솔제지), 신라호텔이 삼성그룹의 맏딸 지분으로서 한솔그룹으로 분가하게 됐다. 그 와중에 한솔그룹이 새 사업으로 금융업에 진출하게 됐는데, 경영을 맡길 만한 사람을 의논하는 과정에서 예전 고려병원시절 청렴하고 신뢰할 만한 경영을 해 주었던 류목기 부회장이 적임자라는 결론에 이르렀다는 것. 여행사 대표를 하고 있던 류 부회장은 "금융회사는 내가 문외한이어서 맡을 수 없다"고 사양했지만, 결국 설득에 넘어가 한솔상호신용금고 대표이사를 맡았다. 류 부회장은 한솔상호신용금고를 맡은 지 4~5년 만에 3배 이상 외형을 키울 수 있었다. 비결이라면 원칙에 충실하고 사명감을 갖고 열심히 일하는 것이 전부였다고 한다.

류 부회장은 그때 당시의 일을 이렇게 회고한다. "당시 한솔상호신용금고가 한솔그룹에 넘어오게 된 것은 노조와의 마찰 때문이었습니다. 노조가 끊임없이 문제제기를 한 이유는 당시 금융가의 관행인 대출커미션 문제 때문이었죠. 오너를 비롯해 간부들이 하나같이 커미션을 받는 등 부조리한 경영을 일삼았고, 이 때문에 끊임없이 노조와 경영주가 마찰을 빚었던 것입니다."

원칙 따른 정도경영이 경영노하우

류 부회장은 '클린경영'을 모토로 세우고, 부조리를 추방하는 일부터 시작했다. 대출에 따른 커미션을 받은 간부나 임원은 지위고하를 막론하고 퇴출시켰다. 그리고 영업실적을 매달 직원들에게 보고하고 처우를 단계적으로 개선해 나갔으며 남녀직원간의 임금격차를 줄였다. 이렇게 1년여 운영을 해나가자 노조가 스스로 '류목기 회장을 도와야 우리 몫이 커진다'고 생각을 했는지 노조해산결의를 하기에 이르렀다. 이런 사례가 알려지자 금융계에서 큰 반향을 불러일으켰다. 다른 금융회사에서 경영사례에 대해 특강을 해달라는 요청이 빗발쳤다.

류목기 부회장과 풍산의 인연은 고 류찬우 전 풍산 회장과의 오랜 교분에 따른 것이었다. 안동출신 선배인 고 류찬우 전 회장은 류 부회장을 익히 알고 신뢰했다. 현 류진 회장은 (주)풍산 경영을 맡으면서 부친인 고 류찬우 전 회장의 추천에 따라 류 부회장을 고문으로 모시기 위해 간곡한 부탁을 했다고 한다. 류 부회장은 "다른 것은 돈으로 살 수 있지만, 회사의 경영 경험이나 경륜은 돈으로 살 수 없다고 생각한다"는 현 류진 회장의 말에 감명을 받았다는 것. 지금은 회장 부재시 회장을 대신할 수 있는 총괄부회장직을 맡고 있다.

공무원으로 출발해서 병원 경영, 여행사 대표, 금융회사 대표, 그리고 다시 세계적인 제조업체인 (주)풍산으로 자리를 옮긴 류 부회장. 그는 자신의 다채로운(?) 경력을 어떻게 감당하고 성공적으로 운영했을까 궁금해 하는 사람들에게 늘 이렇게 대답한다.

"기본에 충실하고, 원칙을 지키는 클린경영, 정도경영, 윤리경영이 저의 경영노하우이자 인생관입니다. 그리고 이 노하우는 업종에 관계없이 모두 적용이 가능하고, 실제로 가능했습니다."

너무나 쉽고 간단하게 들리는 경영원칙이요 철학이다. 그러나 이 원칙 하나가 다채로운 이력 속에서도 성공적인 CEO로 평가받아 온 류 부회장의 삶을 그대로 압축해 보여주고 있다.

(2005. 9. 7. 대구일보)

직장생활 장수비결
사심 버리고 즐겁게 일하라
'최고령 전문경영인' 류목기 풍산그룹 공동대표

"아직도 일할 수 있다는 게 얼마나 즐거운 일입니까." 지난 3월 정기주주총회에서 풍산그룹의 공동대표이사로 선임된 류목기 부회장의 나이는 올해 76세. 상장사 대표이사 중 오너가 아닌 전문경영인으로는 최고령일 것이다. 류진 회장과 성이 같다보니 부자간 또는 친인척 관계로 오해받기도 하지만 류목기 부회장은 전주 류씨고, 류진 회장은 서애 류성룡의 후손으로 문중이 다르다.

류 부회장의 친구나 동료 중 현재 그처럼 현직에서 활동하는 사람은 찾아보기 힘들다. 일부는 죽음을 앞두기도 했다.

"사람이 죽을 때가 되면 후회하는 세 가지 '걸'이 있더군요. '좀 더 참을 걸', '좀 더 베풀 걸' 그리고 '좀 더 즐겁게 살 걸'이죠. 이 중

한국 사람들이 가장 후회하는 건 세 번째인 '좀 더 즐겁게 살 걸'인 것 같습니다."

최근 공기업에도 칼바람이 부는 등 고용이 불안한데다 경기침체로 가장 좋은 재테크 수단이 다름 아닌 '봉급'이라는 말까지 나오는 상황인지라 고령에도 필요한 사람으로 인정받는다는 게 즐겁다는 이야기다.

여가시간에는 주로 어떻게 즐겁게 보내는지 물어봤다. "등산을 좋아합니다. 지금도 365일 중 300일 이상은 새벽 5시쯤 연세대 뒷산에 오르고 있습니다. 영하 8도여도 상관없습니다. 20대부터 하던 일이니까 벌써 50년 가까이 하고 있는 일이죠."

그는 등산이 운동도 되지만 대화의 장이 되기 때문에 더 좋다고 한다. "등산은 혼자 가면 스스로와 대화를 할 수 있습니다. 다른 사람에게 간섭받지 않고 자기만의 세상을 만들 수 있죠. 주말에는 종종 아내와 함께 등산하는데 부부가 함께 가면 소원한 부부 사이가 친밀해질 수 있어 좋습니다. 4~6시간 함께 오르다보면 싫으나 좋으나 대화할 수밖에 없잖아요. 자녀 이야기, 시운했던 이야기 등등 다 쏟아집니다. 그러면서 이해도 하고 풀어지는 거죠."

류 부회장의 등산 이야기는 계속됐다. "골프와 등산의 차이점을 아세요? 등산과 골프는 즐거움이 다릅니다. 시작할 때와 끝날 때가 정반대예요."

등산은 집을 나설 때 고생할 생각에 영 부담스럽지만 정상에 오르면 그보다 더 좋을 수 없다. 내려와서도 마찬가지다. 집에 돌아와 씻고 나면 한없이 기분이 즐거워지는 운동이다.

반면 골프는 시작하기 전에는 한없이 즐겁지만 집에 돌아올 때는 기분이 좋지 않을 때가 대부분이다. 생각한 대로 공이 날아가지도 않고 천천히 걷고 싶다고 해서 내 맘대로 시간을 즐길 수도 없다. 특히 점수가 기대 이하로 나오는 경우가 대부분이어서 돌아올 때 기분이 집을 나설 때만큼 좋은 경우는 드물다는 것이다.

류 부회장에게 직장생활에서 장수할 수 있는 비결을 물어봤다. "비결이야 간단합니다. '좀 더 즐겁게 일할 걸'이라는 후회를 하지 않도록 즐기면 됩니다."

아울러 사심이 없어야 한다고 강조했다. 그가 지금까지 여러 기업의 대표직을 역임하면서 가장 보람 있던 때는 한솔상호신용금고 대표를 맡았을 때라고 한다. 당시 강성노조의 힘이 컸는데 '윤리경영'으로 자연 해산했다고 한다. 경영을 투명하게 하면서 직원들의 보너스는 300%에서 1100%로 높아지고 남녀 임금의 격차는 30%에서 5%로 좁혀졌으니 노조가 있을 이유가 없어졌던 것이다.

이런 그의 사심 없는 경영철학이 풍산그룹의 2세이자 현재 오너인 류진 회장(50)의 마음을 끌었다. 류진 회장은 "정년을 단순 나이로 합니까. 건강은 정년이 안 됐는데요"라며 10년간 고문으로만 경영을 도운 류 부회장을 올 3월 공동대표이사로 추대했다.

류 부회장은 전문경영인CEO의 역할을 이렇게 설명했다. "CEO는 3가지 일만 잘하면 됩니다. 첫째는 인재를 알아보고 채용하는 것이고, 둘째는 직원이 일을 잘할 수 있도록 적재적소에 배치하는 것, 셋째는 제대로 평가하고 그에 따른 보상을 주는 것입니다. 이 외에는 불필요한 일입니다."

그는 이어 "리더라면 '사심 없이' 기본에 충실하고 솔선수범해야 후배들도 믿고 따른다"며 "특히 리더는 즐거운 직장이 되도록 분위기를 조성해야 한다"고 강조했다.

(2008. 12. 25. 머니투데이)

자신의 일에 즐겁게 도전하자

우리 속담에 "열 번 찍어서 안 넘어가는 나무 없다"라는 말이 있습니다. 하지만 실제로 열 번 찍어 보는 사람은 과연 얼마나 될까요?

모 여론 조사 기관에서 세일즈맨의 활동에 대한 조사결과에 따르면, 물건을 팔기 위해 한번 소비자를 방문해 보고 나서 포기한 세일즈맨의 응답자 전체의 48%, 두 번째에서는 25%, 세 번째에서는 15%가 포기한 것으로 나타났습니다. 결국 방문 횟수가 세 번 이하인 경우가 88%나 된다는 것입니다. 나머지 12%의 세일즈맨들만이 끈질기게 소비자를 방문하여 전체판매의 80%를 달성했다고 합니다.

그렇다면 왜 대부분의 사람들이 세 번도 찍어보지 않고 포기하는 걸까요.

여러 이유가 있을 수 있지만, 근본적인 이유는 한 사람의 고객에게 물건을 파는 것을 혼신의 노력을 다하여 달성해야 할 도전과제로 간주하지 않기 때문입니다. 많은 사람들이 착각하는 것 중 하나가

도전은 모든 사람이 인정할 만한 높은 난이도의 과제여야 한다는 생각입니다. 그러나 도전이란 그리 거창한 것이 아닙니다. 오히려 남들이 인정할 만한 그럴 듯한 것에 준비도 없이 무모하게 뛰어드는 것은 도전이 아니고 만용입니다. 도전이란 지금 하고 있거나 하고 싶은 일에서, 우리가 최선을 다해야 달성할 수 있는 목표를 세우고 그것을 달성하도록 실행하는 것이 그 본질적 의미입니다. 따라서 도전은 생활화되고 즐겁게 실천할 수 있으며, 그렇게 할 때 우리는 성취감을 맛보며 지속적으로 성장하고 발전할 수 있는 것입니다.

최근 우리 회사는 비전 50이라는 도전적 목표를 세우고 사업의 확장과 성장을 추구하는 경영전략을 실행하고 있습니다. 그러한 차원에서 신규 사업 진출, 특히 이종사업, 첨단 미래 사업이 부각되고 있으며 사원들 사이에서는 이러한 사업에 진출하는 것이야말로 도전이라고 생각하는 경향이 있는 것 같습니다. 그러나 업무에 있어서 진정한 도전이란 내가 최선을 다해야만 이룰 수 있는 것을 목표로 삼고 실천하는 것으로서, 임직원 누구나 각자의 위치에서 할 수 있는 것들입니다. 비전 50은 이러한 우리 전체의 가치 있는 도전들이 모여야 비로소 달성될 수 있는 것입니다.

도전에 관하여 한 가지 덧붙이고 싶은 것이 금연운동입니다. 작년에 본사 금연운동의 결과 76.5%가 금연에 성공했습니다. 이는 대단한 것입니다. 그러나 이에 만족할 수 없고 우리 풍산을 임직원 흡연율 0%의 직장으로 꼭 이뤄내고 싶습니다.

흡연은 개인의 기호이므로 금연운동을 회사차원에서 전개하는 것은 부적절하다고 생각하는 의견도 있습니다. 그러나 금연을 해야 할 이유는 너무나 명확합니다. 자기 몸 관리를 못해서 병약하게 사는 것은 본인, 가족, 사회의 불행이기 때문입니다. 흡연이 주는 만족감보다 더 귀중하고 가슴 벅찬, 나와 가족의 건강과 행복을 생각한다면, 아직까지 흡연하고 있는 임직원들은 금년도에 전원 금연에 도전하도록 합시다.

도전은 그 자체로 흥미롭고 즐거운 것이며, 실패한다 하더라도 위험부담 보다는 값진 교훈을 얻어 성공에 한 발짝 더 다가갈 수 있게 합니다. 그러므로 우리는 도전을 주저하지 말고 즐겨야 합니다. 우리 모두의 즐거운 도전은 세계 최고기업이라는 풍산 비전 달성의 원동력이 될 것입니다.

(2011. 2. 경영레터)

방산수출 10억불 달성과 향후 과제

2008년은 대한민국 방위산업의 세계화를 실감한 한해였으며, 국내 최대의 탄약업체인 우리 풍산도 40년 역사상 하나의 큰 획을 긋는 매우 뜻 깊은 한해로 기억될 것이다. 1973년 풍산이 사업보국과 자주국방의 강한 의지를 갖고 경주시 안강읍에 국내 최초의 종합탄약 제조공장을 건설한 지 35년 만에 탄약수출 1억 5천만 불을 돌파했다. 1975년에는 풍산이 생산한 약 47만 불 분량의 M1 소구경탄이 처음 수출됐다. 이는 우리나라 방위산업 사상 첫 수출로 기록되어 있다. 33년이 지난 오늘, 우리나라 방위산업의 수출 10억불 달성의 의미는 대한민국의 방위산업도 국가의 전략사업으로서 세계를 향해 당당히 뻗어나갈 수 있다는 자신감과 자부심을 갖게 한 계기가 되었다.

더욱이 풍산은 해외시장에서 아시아 최고의 탄약 제조업체라는 명성과 기술력을 기반으로 동남아시아, 중동, 유럽뿐만 아니라 세계

60여 개국에 탄약, 설비 및 제조 기술을 수출하고 있다. 또 PMC라는 독자 브랜드를 개발해 북미지역 스포츠탄 시장에서 기술력을 인정받아 꾸준히 시장 점유율을 높여가고 있다.

특히 한국전쟁 당시, 미국의 원조로 시작된 장비와 기술이전으로 자주국방의 첫 삽을 겨우 뜬 대한민국이 우리에게 기술을 이전해 준 미국정부에 소구경탄을 수출했던 2004년의 기억은 우리나라의 현대사와 풍산의 역사를 되돌아보고 앞으로 첨단탄약 제조업체로서 더욱 발전해 나가야겠다는 도전정신을 다시 한 번 되새기는 기회가 되기도 했다.

그러나 지금 우리가 이루어낸 성공에 안주해 있기에는 아직 갈 길은 멀다. 미국의 방위산업체인 록히드 마틴사는 연간 매출액이 361억불(2006년 기준)에 이를 정도로 전 세계 방위산업 시장규모는 우리의 상상을 초월할 정도로 거대하다. 하지만 아직 우리나라 방위산업의 기술력은 선진국의 50~70% 수준으로 재래식 무기체계를 벗어나지 못하고 있는 것이 현실이다. 이러한 현실을 헤쳐 나가는 유일한 방법은 첨단 무기체계를 개발하고 원천기술을 확보하는 것이다. 우리에게는 희망이 있다. 철강·비철금속, 조선, 반도체, 통신 등 방위산업의 기초가 되는 많은 분야에서 우리 기업들은 세계 최고의 기술력과 시장점유율을 자랑하고 있다. 방위산업이 세계 최고 수준이 될 수 있는 핵심기반이 튼튼하다는 것을 입증하고 있다. 이러한 바탕 위에 정부의 전폭적인 연구지원과 각 기업들의 미래 방위시장의 흐름을 읽는 과감한 투자가 병행되어야 한다. 아울러 정부기관은 기업들이 수출시장에서 문제되고 있는 애로사항과 수출장벽 해결을 위해 적극적으로 나서고, 기업들은 지속적인 원가절감 노력을 통해 수출경쟁력을 갖추는 한편 정부와 군의 협력으로 구축된 네트워크를 최대한 활용하는 공격적인 마케팅을 펼쳐 나간다면 올해 수출목표인 12억불을 넘어 세계 10대 방산수출국으로 당당히 자리매김할 것이다.

방위산업은 기초소재, 전기전자, 기계, 통신 등 모든 산업을 총망라하는 총체적 산업이다. 한 나라의 방위산업의 역량은 그 나라의 과학기술력, 국력과도 직결된다고 할 수 있을 정도로 산업에서의 방위산업의 역할은 막중하다. 정부와 군 그리고 우리 민간 기업들이 각자 맡은 분야에서 최선을 다하고 같은 비전을 갖고 우리나라 방위산업을 육성해 나간다면 우리나라의 새로운 성장 동력으로 그 역할을 충분히 해낼 것이라 확신한다.

끝으로 풍산의 수출 1억 5천만 불 달성은 방위사업청의 전폭적인 지원과 협조가 없었다면 아마도 불가능했을 것이다. 아울러 국방부, 국방과학연구소, 국방기술품질원 및 한국방위산업진흥회 등 대한민국의 국방과 방위산업에 종사하는 모든 관계자들의 땀방울에 풍산의 수출 1억 5천만 불 달성과 우리나라 수출 10억불 달성의 영광을 안게 되었음을 감사한다.

(방위사업청소식 기고)

40년째 동합금분야 선두… 제2창업선포
(주)풍산 첨단소재 개발·비철금속 고부가가치 실현

동합금 분야에서 업계 선두를 고수하고 있는 (주)풍산(대표이사 부회장 류목기 · www.poongsan.co.kr)이 창립 40주년을 맞아 '제2의 창업'을 선포했다.

이 회사는 지난 7월 1일 지주회사 체제로 전환, 지주회사인 (주)풍산홀딩스와 사업회사인 (주)풍산, 풍산특수금속(주)로 각각 분할됐다.

류 부회장은 "글로벌 기업의 위상을 강화하기 위해 지주회사 체제로 전환했다"며 "불혹에 접어든 풍산은 진취적인 기업으로 변화하고 있다"고 설명했다.

1968년 창업한 풍산은 동 및 동합금판·대, 관, 봉·선, 소전 등 모든 신동제품을 생산하는 종합신동회사다. 1980년대 대규모 설비투자로 첫 번째 성장기를 맞은 이 회사는 지금 세계적인 신동회사로 발돋움하기 위해 박차를 가하고 있다. 온산공정은 일관생산체제를 갖춘 단일공장으로는 세계 최대 규모이다. 풍산은 미국에 PMX Industries, Inc., 태국에 Siam Poongsan Metal Co., Ltd. 등 해외 현지법인을 두고 있다. 2007년 매출은 1조9000억원.

첨단소재 분야는 풍산이라는 이름을 세계에 널리 알린 사업이다. 이 회사는 반도체 핵심재료인 리드프레임용 동합금 신소재 'PMC102'를 개발, 금속분야 선진국인 독일과 미국에 제조기술을 수출하는 쾌거를 이뤘다. 아울러 동 및 동합금 제품의 가공분야에 진출해 주화용 소전, 한식 동기와 등을 생산해 품종 다각화와 고부가가치화를 실현하고 있다.

주화용 동합금소전의 경우 세계 소전입찰시장에서 50% 이상을 점유하고 60여 개국에 수출하고 있는 효자품목이다. 풍산의 기술력이 응축된 동합금소전, 반도체 리드프레임용 소재, 이음매 없는 동합금관은 현재 세계 일류상품으로 선정돼 있다.

풍산은 이와 함께 지주회사의 미래 전략에 맞춰 동합금 사업의 고부가가치 실현에 적극 나설 계획이다. 첨단소재 산업분야에서 요구하는 고성능·고정밀·고강도, 친환경 신동소재를 개발하는데 회사의 R&D(연구개발) 역량을 집중할 방침. 또 급성장하고 있는 중국, 인도, 동유럽 시장에서의 사업 확대를 위해 해외 현지법인을 늘리고 선진업체와 전략적 제휴를 추진할 계획이다.

국토건설사업은 성공할 것인가?
세계사를 반추하면서

　오늘날 우리가 할 일은 태산과 같이 많지만 무엇보다 가슴 아픈 현상은 막대한 수의 실업자들과 메마른 국토의 황폐라 하겠다. 할 일이 많은 반면 유휴인적遊休人的 자원도 풍부하다는 것이 바로 빈곤과 후진성의 근원이라 하겠다. 이러한 당면과제를 해결하여야겠다는 것은 국민의 여망이요 국가의 요청임에 틀림없다.
　이러한 현실 문제를 해결하기 위하여 3월부터 방방곡곡에 유휴노동력을 동원 국토건설의 방대한 사업을 시작한 것이다.
　그러나 이 사업이 과연 성공할 것인가? 우리 국민의 힘으로 가능할 것이냐? 하는 것으로 외면하려는 사람이 있음을 알고 있다. "불가능이란 어리석은 자의 사전辭典에 있을 뿐이다"라고 한 '나폴레옹'의 말을 빌릴 것도 없이 우리는 몇 천 년 전의 이 지구의 원시상태와 현금現今의 현대문명으로 위장된 지구의 표면을 한 번 상상 비교하여 보면 될 것이다.

　사람의 힘이 얼마나 위대하고 무서운가를 우리는 곧 알 수 있다. 그러나 사람이 원래부터 자연계의 왕자로 군림한 것은 아닌 것이다. 원래는 사람도 다른 자연계와 마찬가지로 그 일부에 지나지 않았던 것이다. 그러했던 사람이 마침내 타他자연계를 정복하고 스스로 왕자가 된 것은 자각과 지혜를 밑받침으로 한 부단한 노력의 소치인 것이다. 우리는 아득한 옛날을 더듬어 상상해 볼 필요도 없이 가까운 실제 역사에서 이 노력에 의한 사람의 힘의 실적을 얼마든지 찾아볼 수 있는 것이다. 오늘날 세계 최고의 찬란한 문명과 부유富裕를 자랑하던 미국도 불과 4세기 전에 암담호용함에서 벗어나 비로소 역사에 등장했을 뿐이다. 1607년 4월 어느 날 폭풍에 파손된 크리스토퍼 뉴우폭트 선장 지휘하의 3척으로 구성된 영국 선대船隊가 취서퍼크 항구에 상륙한 때로부터 아메리카 대륙의 개척을 시작한 것이다.

　그 후 1620년 영국의 왕권에 의한 종교의 지배를 거부하고 독립적인 교회를 갖고서 황야 아메리카 신대륙에 메이플라워 호라는 배를 타고 이주해간 102명의 소위 필그림들의 개척고담開拓苦談은 너무나 유명한 예이다.

　이주해간 때가 마침 12월 달로 겨울인데 그해 겨울에 괴혈병으로 동료의 반수 이상을 잃고도 그들은 결코 용기의 저상당함이 없이 이듬해 봄에는 남은 사람들만으로 땅을 파고 곡식을 심는 등 착착 개척을 해 나갔다는 실로 눈물겨운 이야기인 것이다. 이것은 미국의 건국사의 이야기지만 이 이야기와 이들의 후손이 세계 최고의 부복

富福을 누리고 있는 오늘날의 미국을 한번 상상 비교해 보면 우리는 무엇인가 깨닫게 된다. 이와 비슷한 이야기는 오늘날에도 얼마든지 찾아볼 수 있다.

오늘날 화란和蘭이 세계 제일의 단위면적당 수확량을 자랑하고 있는 것은 누구나 다 아는 사실이다. 그것은 저절로 땅이 비옥해서 그렇게 된 것이 아니라 온 국민이 피땀을 흘려 둑을 쌓아 농토를 조성하고 부지런히 일을 한 결과이다. 화란和蘭의 사분의 일에 해당하는 광막한 평원은 원래 바다였던 것을 멀리 바다에 둑을 질러 막아 그렇게 국토를 넓힌 것이다. 그런데 그 둑을 쌓아서 농토를 만드는 데는 이 나라에는 암석이 없기 때문에 이웃나라에서 이것을 수입까지 해다가 국토를 넓힌 것이다.

역시 같은 예이지만 '덴마크'라는 나라는 국토의 넓이가 불과 우리나라 전라도 정도의 작은 나라인데다가 그나마 전 국토의 4분의 일의 땅은 암석이 깔린 산더미고 나머지 4분의 3의 땅마저 불모의 사토沙土인지라 자연적인 조건이 매우 불리한 빈한貧寒한 나라였다. 그러나 유명한 지도자 '달가스'라는 사람이 나서서 우리 국민이 앉아서 굶주릴 것이냐? 그렇지 않으면 전 국민이 함께 뭉쳐서 우리의 국토와 싸워서 낙원을 만들 것이냐 하는 용어를 내걸고 국민의 협력을 구하는 일대 국민운동을 일으켜 마침내 국토건설사업을 크게 추진한 때문에 오늘날과 같이 세계 유수의 번영을 누리는 훌륭한 농업국가를 만든 것이다.

이와 같이 사람이 무서운 자연의 힘과 싸워서 살기 좋은 환경으로 만들려면 단결과 협조의 힘이 아니면 안 된다. 우리는 이러한 생생한 세계사를 거울삼아 국토건설사업을 성공으로 이끌어야 된다. 실로 이 국토건설사업은 이 나라의 지식과 이 나라의 양심이 총동원된 사업이오 정부가 운명을 걸고 있는 일이요 우리의 우방인 미국이 전적으로 성심성의껏 도와주고 있는 일이다.

이와 같이 삼위일체가 되어 가지고 이 일을 해내지 못한다면 우리 나라에서 무엇이 될 일이 있겠는가? 국토건설사업을 단순히 토대를 닦는데 그칠 것이 아니라 이 나라 이 민족의 운명을 건 사업으로 잘못되면 5천 년 역사는 문을 닫고 남의 노예가 되고 말 것이다. 이 판가름 싸움에서 우리가 이기면 앞날의 광명스러운 모습을 바라 볼 수 있을 것이요, 여기서 우리가 이겨내지 못하면 자멸自滅과 패망敗亡하는 길 밖에 없다는 것을 인식하고 국민총력으로 헐벗고 메마른 국토와 싸운다면 앞으로의 세계사는 우리가 장식할 것으로 믿어 의심 않는다.

(1961. 3. 25. 中都日報)

2001년 한솔은행 전환 목표
공격적 경영 통해 외형키우기 주력
한솔금고 류목기柳穆基 사장

'목표는 한솔은행'.

제도적인 보완이 뒤따라야 하겠지만 오는 2001년 한솔금고를 한솔은행으로 만든다는 것이 한솔금고의 비전이다.

한솔그룹의 위상에 맞게 금고를 키워 나간다는 전략으로 외형성장에 주력하고 있다. 하반기 금고간 인수합병(M&A)에 대한 규제가 완화되면 금고 인수의 선두주자 역할을 한다는 각오다.

왕성한 영업력을 바탕으로 높은 성장을 거듭하며 94년 16위의 외형에서 지난해 13위, 올해 9위로 올라섰다.

류목기 한솔금고사장은 "영업은 하나의 종합예술"이라며 "경쟁이 심화될수록 고객의 욕구는 많아지고 이로 인한 서비스의 질적 경쟁은 불가피하다"고 지적한다.

지난 3월부터 야간영업 창구를 개설, 입출금 및 재테크 상담을 해주고 있다. 또 종합통장대출제도를 만들어 신용으로 대출해 주기로 했으며 은행들과의 업무협약을 체결, 은행CD기를 통해 입출금 및 송금을 가능케 해 금고의 아킬레스건인 송금문제를 해결할 계획이다.

류 사장은 "그룹이미지를 바탕으로 공신력을 은행수준으로 끌어올릴 계획"이라며 "조만간 금고업계의 리딩컴퍼니로 나설 수 있을 것"이라고 자신 있게 말했다.

(1996. 8. 5. 매일경제신문)

그룹지원 든든 성장률 1위
자본금 여수신급증 몸불리기 성공
한솔상호신용금고 류목기 사장

　제일생명 네거리에서 한남대교 쪽으로 가다보면 줄줄이 늘어선 차량 행렬 옆으로 한솔상호신용금고(대표 류목기) 본점이 눈에 들어온다. 그다지 높지 않은 8층 건물이지만 한솔그룹의 로고가 시선을 잡아끈다.
　지난 92년 7월 장외등록된 한솔금고는 평소 금고업계의 '메기'가 되겠다고 늘상 강조하곤 한다.
　"저수지에서 붕어들끼리만 모여 살면 힘이 약해진다. 여기에 메기 한 마리를 풀어놓으면 붕어들도 자연 힘이 세진다. 메기와 싸워 자신을 방어하려면 날쌔고 힘이 있어야 하기 때문이다."
　그동안의 성장속도를 보면 그냥 해본 소리가 아님을 알 수 있다.

지난 94년 3월 한솔그룹에 인수(당시 대아금고)된 후 자본금, 여·수신 규모 등이 괄목할만하게 늘어났다. 뿐만 아니라 지난해에는 성장률 업계 1위를 차지하는 기염을 토했다.

한솔금고의 납입자본금은 인수 당시 57억5천만 원에 불과했으나 1년 만에 제3자 배정 방식에 의해 할증 증자돼 3백2억 원에 이르고 있다. 여·수신 규모는 1천1백86억·1천3백71억 원에서 3천3백10억·3천4백85억 원(9월말 기준)으로 늘어났다. 업계 10위권 안쪽이다.

한솔금고의 성장배경은 그룹의 든든한 배경을 바탕으로 한 공신력 회복이 가장 큰 요인으로 꼽힌다. 재벌그룹이 소유하고 있는 금고가 몇 있지만 그룹의 변두리에 머물고 있는 반면, 한솔금고는 그룹 차원의 마스트플랜 '비전 한솔 플랜 2000'상 주역으로 부각돼 있다.

류목기 사장은 "우리의 경쟁상대는 동업계 타사(他社)가 아니라 타(他)금융기관"이라며 "내년 상장(上場)을 계획하고 있으며 5년 안에 지방은행으로 발전한다는 것을 경영목표로 세우고 있다"고 자신감을 내보였다.

現 (주)풍산 총괄 부회장·영가회장 지낸 '안동 선비'로 불리워
공무원, 교육자, 연구원, 기업가 등 다양한 경력 가진 실력가
화합하고, 발전하며, 내실있는 향우회 만들기에 최선 다할 터

 지난 5월 8일 잠실 아시아 공원에서는 재경안동향우회 정기총회가 성대히 개최됐다. 이 자리에서 전임 오경의 회장의 뒤를 이어 현 (주)풍산의 총괄 부회장인 류목기씨가 9대 향우회장에 올랐다.
 그는 취임 일정으로 전직 향우회장단과 간부진들, 그리고 늘 향우회에 많은 관심을 기울이고 참석해준 향우들에게 감사한다는 말을 했다.
 이런 그의 발언은 앞으로, 과거를 보살피며 진취적이고 생동감 있는 향우회로 발전시키겠다는 그의 복안이 숨어있는 수사법이었다.
 "향우회장직이란 건 정말 어렵고도 보람 있는 자리입니다. 수많

은 고향 분들을 대표하면서도, 또한 조직이라는 유기적인 생명체를 보살피고 살찌워야 하는 자리인 것입니다. 특히 아직 많이 모자라는 저를 향우회장직에 적극적으로 추대해준 여러분들의 기대와 성원에 모두 보답해야 한다는 중압감이 컸지요. 그래서 향우회장직을 제안 받았을 때 무척이나 고사했었고, 거듭되는 제안에 많이 심사숙고 했습니다. 그러다 그분들의 성의와 많은 도움이 있을 거라는 기대감으로 수락하게 되었습니다. 정말 인생에 있어 마지막이면서도 최고의 봉사활동이라 생각하고 열심히 해 볼 생각입니다. 혹 제가 모자라는 부분이 있으면 직접적이든, 향우회 사무국을 통해서든 의견을 개진해 주시길 간절히 바라고 있습니다."

인터뷰를 시작하면서 류 회장은 매우 조심스러우면서도, 그러나 자신감 있는 말투로 말문을 열었다.

전주 류씨 수곡파인 그는 임동에서 1933년 출생했다.

이후 안동사범학교와 서울대학 사범대학을 마친 그는 서울대 보건대학원을 나왔다.

서울시청에서 공무원으로 사회생활을 시작한 그는 교육공무원을 거쳐, 고려병원 사무국장, 서울대부설 병원연구소 수석연구위원, (주)신아여행사 대표이사, 한국국제관광연구회장, (주)한솔상호신용금고 대표이사를 거쳐 99년 (주) 풍산 상임고문, 2002년 (주)풍산의 총괄부회장에 올라 오늘에 이르고 있다.

이외에도 안동지역 출신 인사들의 모임인 영가회장을 연임하는 등 많은 이력을 가지고 있다.

그러나 그의 이러한 다양하면서도 화려한 이력보다는 '류목기'라는 이름 석 자는 식자와 지인들 사이에서 '진짜 안동양반이며 선비'로 통하고 있다.

그만큼 그는 부드러우면서도, 명분이 아닌 일에는 어떤 것에도 굴하지 않는 카리스마를 동시에 지녔으며, 아울러 원만한 인간관계와 인내심을 가졌다는 것이 주위의 한결같은 평가다.

이런 그가 재경 안동향우회장에 올랐으니 주위의 기대가 많은 것 또한 사실이다. 그러나 그는 향우회는 어느 누구의 것도 아니면서, 또한 목표를 가지고 정진해야 하는 유기체로 명명하고 있다.

류 회장은 재경안동향우회의 발전을 위해 우선 화합과 발전, 그리고 현실성 있는 행사를 통한 출향인과 고향민들의 가교라는 명제를 설정하고 있다.

우선 화합을 위해 그는 안동과 관련된 조직인 상락회, 동연회, 영가회 등 많은 단체와 끊임없는 접촉을 시도하고 있다. 아울러 향우회 관계자들과도 격의 없는 대화와 아이디어 개진, 그리고 화합을 위해 5월 26일 각급 시·읍·면 향우회장과 총무단을 초청한 연석회의를 열었다.

상견례와 아이디어 개발, 격의 없는 대화와 친목을 위해 모인 이 자리는 그동안 향우회에서는 찾아볼 수 없는 성공적인 행사로 평가받고 있다.

이외에도 류 회장은 안동 출신 문화인들의 작품을 선별, 안동 등지에서 작품전과 도서전을 갖는 것을 기획하고 있다.

그리고 IT시대를 맞아 향우회 홈페이지를 개설하고, 여기에 재경 향우들의 인적사항을 D/B화하는 방대한 작업을 구상하고 있다.

향우회가 지역민과 출향인을 잇는 가교 역할을 하기 위해서는 반드시 필요한 장치라고 강조하고 있는 그는, 그러나 현실적인 어려움도 직시하고 있다.

실제로 현재 각급 시·읍·면 향우회원들의 자료수집에 어려움을 잘 알고 있는 그는 안동시청과의 협조 등 다양한 방법을 구상하고 세심한 검토에 들어가 있다.

이런 그의 향우회 IT화 사업은 이제 노화현상이 심각한 향우회를 신·구, 남녀노소를 아우르는 도구가 되어야 한다는 철학이 저변에 깔려 있는 것이다.

이는 자칫 지금의 아날로그식 회원관리가 갈수록 젊은 층의 향우회 참석이 줄어드는 현상을 부채질 할 수 있다는 이유에서다.

아울러 젊은 층의 향우회 참석률이 낮아지고 있는 현실을 반영하고, 다양한 향우회 구성을 위해 청년위원회, 여성위원회의 활성화를 위한 적극적인 방법도 모색하고 있기도 하다.

"향우회는 친목이 최선의 덕목이라고 생각합니다. 그리고 고향 이야기가 그 화두이지요. 그러나 이런 것들이 이전의 방식으로만은 절대 활성화 될 수 없다는 것이 뜻있는 인사들의 의견이기도 합니다. 물론 지금 시삭하려 하는 이런 일들은 향우들의 적극적인 참여는 물론 비용이 상당부분 들어가는 일입니다. 그러나 언젠가 누군가는 반드시 해 놔야 할 일입니다. 제가 향우회장을 하면서 자그마한

족적이라도 남길 수 있도록 해 볼 생각입니다."

향우회의 미래를 점치는 그는 아울러 과거 향우회 인사들에 대한 배려도 잊지 않고 있다.

과거 향우회장 등을 지낸 인사들은 대개 회장직의 마감과 동시에 많은 수가 향우회에 참석하지 않는 것으로 나타나고 있다. 이는 쉬고 싶다는 의사와 아울러 괜히 참석해 현재의 집행부에게 의전상 별도의 신경을 써야 하는 부담을 주지 않겠다는 생각이 깔려 있는 것이다.

그러나 류 회장은 이 부분에 대해 강력히 아니라고 주장하고 있다. 향우회 원로와 현재 활동층, 그리고 청년 조직이 모두 참석하도록, 스스로 원로들을 방문하고 참여를 독려하겠다는 것이다. 과거 없는 현재는 없다는 것이 그의 지론이기 때문이다.

이런 그가 이끌어갈 재경안동향우회의 미래가 밝아 보인다.

(2005. 6. 25. 안동향우신문)

고향사람 만나면 항상 즐겁지요
6년째 풍산그룹 부회장 재직 74세 노익장

"우리 사회를 바로 세우려면 교육이 제대로 되어야 합니다. 그런데 교육은 가정교육을 떠나서 존재할 수 없습니다. 아이들은 부모의 등을 보고 배운다는 말도 있지요. 아이들은 체험으로 하는 것을 절대로 잊어버리지 않습니다. 그러니 모든 것의 바탕은 가정이라고 해도 과언이 아닙니다. 회사에서 일을 시켜보면 가정교육 여부를 대번에 알 수 있습니다."

안동향우회장을 맡고 있는 풍산그룹 류목기 총괄부회장은 양반의 고장 출신 CEO답게 "기업에서는 (직원의) 테크닉 보다는 인성을 본다"며 가정교육의 중요성을 거듭 강조했다.

특히 그는 우리사회에 확 바뀌어야 할 세 그룹으로 정치인·공무원·노조를 들면서 "가성교육이 제대로 뿌리내리고, 이 세 그룹이 달라져야 우리나라는 제대로 된 선진국으로 진입할 수 있을 것"이라고 지적하기도 했다.

류 부회장은 경영 철학에 대해서는 "사심 없이 주어진 원칙에 충실한다"면서 "성과에 대해 보상이 주어지고, 결과에 대해선 책임을 지는 성과 지향적 기업문화를 정착시키기 위해 노력하고 있다"고 말했다.

70대임에도 불구하고 대기업의 경영 최일선에서 뛰고 있는 그는 "이제는 건강으로 정년을 따져야 한다. 나이로 정년을 재는 시대는 지났다"며 목소리에 힘을 실었다.

류 부회장은 향우회 활동에 대해서는 "그룹 회장이 향유회장을 맡아 열심히 하라고 적극 권했다"고 귀띔한 뒤 "사람은 세 번 미친다는 말이 있지요. 어렸을 때는 이성에, 그리고 일에, 더 나이가 들면 고향에 정열을 쏟는다는 것이지요. 고향 사람들을 만나는 것은 항상 반갑고 무척 행복한 일"이라며 즐거운 웃음을 지어보였다.

류 부회장은 어머니를 일찍 여의고 할머니와 형수 정봉순씨의 보살핌 속에서 자랐는데, 특히 형수의 헌신적인 배려가 있었다고 한다. 초등학교 교사였던 형수가 시동생인 류 부회장이 대학을 졸업할 때까지 자식처럼 열성적으로 뒷바라지했다는 것이다.

류 부회장은 "오늘의 류목기를 있게 한 것은 신혼 단칸방에서 함께 기거하고 등록금을 대주며 공부시켜 준 형수님"이라고 말한다.

류 부회장은 서울대 사범대와 보건대학원을 졸업한 후 고려병원을 거쳐 신아여행사 대표, 삼성그룹 계열사 임원을 지낸 뒤 한솔상호저축은행 대표이사를 역임했으며, 풍산그룹 부회장으로 6년째 재직하고 있다.

(2008. 2. 12. 영남일보)

5장

대담·좌담

- 가난을 스승으로, 운명을 넘어섰다
- 이 호소에 귀 기울이라
- 醫療保險실시 5년⋯ 어디까지 와 있나
- 여기 움트는 미래지향의 갈구
- 적극적인 해외 마케팅으로 시장 다변화 성공
- 사심 없는 원칙경영, 세계 일류 기업으로 가는 키워드로 고수할 것

가난을 스승으로, 운명을 넘어섰다
안동 MBC '이런 인생 저런 인생' 대담

"아얏―!"

찢어질 듯한 비명소리에 가을 참새 한 마리가 푸드덕 새파란 하늘로 날갯짓을 쳐 올랐다. 덩달아 놀란 빨간 단풍잎 하나도 가지 끝에서 떨어져 바람결에 휩쓸리고…… 꽃잎인가, 소년의 손가락마디에서 새빨간 선혈이 분수처럼 피어올랐다.

학교를 파하고 바쁜 걸음으로 돌아와 어제 베어둔 쇠꼴을 작두질하던 초등학교 5학년 어린 류목기였다. 어디 다른 곳에 잠시 정신을 팔았던 모양이다. 아니 어쩌면 문득 떠오른 병원 집 아들의 하얀 운동화가 눈에 거슬려 잠시 도리질을 쳤던 지도 모른다. 아무튼 그렇게 새파란 작두날에 잃어버린 류목기의 왼손 검지손가락 첫 반 마디는 이제 그의 인생에 영원토록 지워지지 않을 가난의 상처로 남을 것이다.

그래도 의지할 기둥은 있었다

1933년 11월, 그 해도 다 저물어가던 어느 찬바람 매서운 깊은 밤 류목기는 당시 안동군 임동면 박곡리의 가난한 선비 류필희柳必熙와 어머니 조옥긴趙玉緊씨 사이의 4남 중 차남으로 세상에 첫 울음소리를 터트렸다. 그러나 집안 형편이라고는 그 시절의 모두가 그러했듯 겨우 여섯 식구 생계에도 급급한 몇 마지기 척박한 땅 작은 소출이 전부였고, 여차 잘못하면 청운의 부푼 희망 검은 교복마저 꿈꾸지 못할 위기의 가난이 그의 타고난 운명이었다.

하지만 하늘의 정해진 운명도 스스로 헤쳐 나가는 자의 앞길은 감히 막을 수 없음인가. 그에게는 평생을 두고 잊지 못할 커다란 기둥이 있었으니 바로 어머니와 다르지 않을 그의 형수 정봉순鄭鳳順 여사였다.

목기에게는 8살이 위인 당시 중앙국민학교에서 교편을 잡고 있던 형 류직기柳稷基가 그에게는 형이기보다는 아버지에 버금가는 어려운 존재였다. 그것은 단순한 나이 차이에서 오는 어려움만이 아니라 가정에 대해서는 차라리 무심이라 해야 했고, 오직 참 교육자로서의 올곧은 길만을 걸으려 하던 그의 강직한 성품 때문이었다. 그런 형과 결혼한 형수는 때맞춰 안동농림중학교에 입학한 시동생 목기를 막 시작한 신혼의 단칸방에서나마 뒷바라지 할 것을 기꺼이 자청했다. 물론 그런 자청이 없었더라도 당장 신세를 질 곳이라고는 오직 그 형수 한 분뿐이었다.

참으로 면목 없고 고달픈 중학교 시절이었다. 이제는 비로소 추억이라 이름하며 아스라한 기억을 더듬어도 보지만 그때는 왜 그리도 춥고 힘겹던지. 지금도 생각나는 것이라고는 거의 2/3는 푸성귀로 채워진 죽도 아닌 보리밥과 배고픔, 여름 장마철 떨어지는 천장의 빗방울을 받아내던 을씨년스러운 단칸방 세숫대야, 질퍽한 흙탕의 등굣길, 그 혹심한 추위에도 따스한 방한 잠바 하나 없이 호호 얼어붙은 손끝을 입김으로 불어 녹이던…… 그런 사무치는 가난이 기억의 전부이다. 그때 그에게는 희망이라는 이름도 차라리 사치였다. 오직 가난을 벗어나야 한다는 그것만이 목표였고 목적이었다. 하지만 그래도 목기는 형수가 있어 행복했다. 결혼 전 교편을 잡기도 했던 형수는 채 마르지 않은 청솔가지를 불 피워 그 연기에 눈물을 흘리며 밥을 짓다가도 들어서는 목기를 보면 활짝 웃음 머금은 밝은 얼굴로 맞이했고, 밤이면 그 어린 시동생을 흐린 호롱불 아래에 붙잡아 앉혀두고 평생의 밑바탕이 될 글짓기와 여러 과목의 가정교사를 자임했다.

희망이라는 꿈, 그리고 평생의 밑거름

그것이 밑바탕이었을까, 목기는 중학교를 졸업하며 당시 경북 북부지방 수재들의 집합소였던 안동사범학교에 당당히 입학하는 영광을 누렸다. 물론 이번에도 형의 그늘을 벗어나지 못하였고 그 사이 단칸방은 면했지만 여전히 어머니 이상이던 형수의 뒷바라지는 계속됐다.

류목기는 이렇게 당시의 솔직한 심정을 회고했다. "안동사범학교의 입학이 가장 큰 기쁨이 된 것은 무엇보다 졸업을 하면 당장 직장이 보장된다는 그것이었다"고. 그만큼 절박했다는 의미일 것이다. 그러나 점점 시간이 흐르며 그에게도 비로소 희망이라 이름 부를 수 있는 작은 무엇이 꿈틀거리기 시작했다. 이대로 선생이라는 직업인으로 안주하기보다는 인간으로 태어나 무엇인가 사회에 공헌하고 싶다는, 그리고 더 넓은 세상으로 나아가 한번 활짝 꿈을 피워보고 싶다는…

아무튼 안동사범학교에서 그는 평생의 벗이 될 이근필(李根必;퇴계종손, 교장 역임), 홍문식(洪文植;박사, 보건사회연구원), 임상규(林相圭;사업), 김재영(金在英;교장 역임), 장원석(張元碩;해운업:덕수물산 회장 역임), 전규영(全奎榮;박사, 한양대외과), 김홍우(金洪佑;서울과학고 교장 역임), 이광섭(李光燮;한국체대 교수), 이용태(李用泰;대법원 국장 역임), 조정인(趙正仁;고교 교감) 등의 지기를 만나고 공부에도 열중한다. 그리고 남녀합반이던 안동사범학교 서반西班에서의 그의 졸업성적은 2등.

그런 뛰어난 성적의 이면은 다름 아닌 그의 성격과 가난이었다. 그는 태생의 성격이 양순하고 내성적이었으며 소심했다. 아마 한번쯤 스쳐 지나는 짝사랑의 추억은 있었을까…… 결국 그는 상큼한 풋사랑의 흔적도, 피 끓는 청춘의 열정도, 기웃거리는 삼류 영화관의 낭만도 한번 없이 오직 가난에 내몰려 그렇게 인생의 바닥만을 두텁게 다져갔다. 후일담처럼 무심히 말하는 그의 이 한마디는 이제 막 인생을 시작하는 젊은 영혼들에게 보석보다 더 귀한 교훈으로 남을 수 있으리라.

"내 인생 평생토록 나는 사범학교 그 시절에 익힌 학문으로 이만큼을 살아왔다."

스승, 그리고 추억 한 토막

류목기의 안동사범학교 시절 담임은 이준섭 선생이었다. 그는 진정 사심 없는 애정으로 제자를 대하며 때로는 자신의 집으로 초청해 함께 식사를 나누며 그들의 개인사까지 기꺼이 상담해 지도하고 격려하기를 아끼지 않았던 시대의 사표師表였다. 그런 선생에게 목기는 한때 서운한 느낌을 가진 적도 있었다고 토로했다. 그것은 다름 아닌 자신의 성적과 관련한 것이었다.

류목기는 특히 수학을 비롯한 대부분의 과목에서 월등한 성적을 얻었지만 유독 음악 과목에서만은 더할 수 없이 저조했다. 그것은 타고난 음치인 그가 진작부터 음악에는 매력을 잃어버린 탓이었다. 그러나 막상 그 저조한 음악 성적으로 수석을 놓쳤을 때의 그는 실기 점수나마 조금 후했으면 하는 아쉬움도 있었던 것이다. 하지만 그는 오래지 않아 애석해하면서도 공정한 평가에 서슴없던 선생의 참된 정신을 일생을 살아갈 교훈으로 삼았다. 그리고 그 교훈을 바탕으로 수많은 유혹과 몇 번의 위기를 당당하게 이겨냈다.

아무튼 그는 지금도 어떤 모임의 자리이든 노래만 시키면 질색을 하며 난처해한다. 그리고 또 하나의 추억…… 역시 그도 피 끓는 청춘이었다.

사범학교 시절, 목기에게도 단 한번이라도 만나 이야기 나누고 싶은 가슴 설레는 짝사랑이 있었다. 그러나 감히 그 꿈은 입 밖에 꺼내보지도 못한 채 가슴에만 접어두고…… 세월이 흘러 어느 날, 서울에서 자신이 사범학교 동기회장으로 주선한 모임에서 그는 다시 그녀를 만날 수 있었다. 그런데 서울에서 교편을 잡고 있다는 그녀는…… 내가 왜 그때 그녀를? 하는 어이없는 실소와 함께 가슴깊이 간직했던 설렘마저 깨어졌다. 그리고 그 후 끝내 아내에게 순결한(?) 몸 고이 바치도록 아무런 사랑의 느낌도 얻지 못했으니…… 역시 첫사랑은 다시 만나지 않는 가슴의 꿈으로만 간직해야 영원히 아름다울 수 있다는 또 하나의 산 교훈이 된 것이다.

서울, 그 드넓은 광야에 맨손으로

사범학교 졸업반인 3학년이 되던 해 목기는 교생실습을 뒤로 하고 대학입시에 도전을 결심한다. 그때 당시 사범학교 졸업생은 사범대학 이외에는 지망을 허락하지 않았던 문교부 방침에 따른 오직 한

길. 그러나 사실 대학에 합격을 한다 해도 이떻게 학비를 조달할지 그 대책은 막막했다. 그렇다고 지레 포기해 버릴 수는 없는 일. 그는 무작정 응시를 결심하고 서울로 향한다. 그것이 그의 첫 서울행 걸음이었다.

아무리 빨라도 족히 8시간은 넘었을 그 긴 기차여행의 도중에 시골청년 류목기는 무엇을 생각했을까? 결코 무심할 수 없는 그 만감이 교차하는 인생의 혼돈과 넓은 광야에 대한 두려움과 설레임……

그는 당시 을지로4가에 있던 양이모의 댁에 여장을 풀고 서울대학교 사범대학의 시험에 응시를 하게 된다. 전국에서 모여든 그 수많은 준재들…… 당시 안동사범에서 응시한 학생만도 60여명에 이르렀지만 합격한 사람은 13명에 불과했다.

아무튼 멸치조림과 콩조림 반찬의 도시락을 들고 응시한 그 시험에서 목기는 당당히 합격했고 그때의 동문으로 김흥우(과학고 교장 역임), 김재영(개포고 교장 역임), 김영현(한성과학고 교장 역임), 최정현(서울시 교육장 역임) 등이 있다. 또한 뒤에 알게 된 사실이지만 그의 합격에는 무엇보다 만점에 가까운 탁월한 수학 성적이 큰 작용을 하였다.

아무튼 이제 그렇게 안동이라는 좁은 울타리를 벗어나 넓은 서울이라는 광야로의 첫 발판을 마련한 그의 여정은……

우수한 둔재(?)의 6년만의 대학생활

합격이, 그것도 당대 최고의 명문이라는 서울대학교의 합격은 그에게도 더 할 수 없는 기쁨이었다. 그러나 기쁨의 이면에는 그만큼의 그늘도 있었다. 당장 어떻게 입학금을 마련해야 할지, 그것은 그에게 막막하기만 한 어둠이었다. 대략의 기억에 따르면 16,700원인가 했던 입학금. 당시로서는 쌀 10가마에 상당하는 만만치 않은 큰 돈이었다. 그는 한동안 고민에 빠졌다. 사범학교를 졸업해 초등학교의 교편을 잡는 것이나 사범대학을 졸업해 중고교의 교편을 잡는 것이나 별로 다를 것도 없는데······

그러나 다행히 이번에도 또 형수가 나섰다. 결혼한 지 벌써 10년에 가까운 그녀가, 그것도 시동생의 입학금을 친정에서 마련해다 준 것이었다. 어찌 그가 오늘날까지 그 형수를 잊을 수 있겠는가.

아무튼 그런 그가 서울로 향하며 가져간 옷가지라고는 입학금에 포함된 돈으로 지급된 군사훈련복 한 벌이 전부였다. 대학생활 6년 내내 거의 유일한 입성이었던 정장이요, 평상복이 되는 옷이었다. 그리고 그는 1학기가 시작되며 당장의 숙식을 해결하기 위해 가정교사 자리를 찾아야 했고, 그를 맞아준 곳은 운수업을 하는 넉넉한 집안의 이화여고 2학년 여학생과 국민학교 5학년의 남학생이었다. 그러나 그것만으로 모든 문제가 해결되는 것은 아니었다. 당시 가정교사가 받는 보수라야 숙식제공과 성적에 따른 약간의 용돈이 전부. 그는 틈틈이 시간을 내어 여학생 그룹의 수학지도로 학자금과 부족한 용돈을 마련하는 2중의 노력을 해야 했다.

물론 노력한 만큼의 보람과 소득은 있었다. 가르치던 학생들의 성적이 오르며 그 부모들은 가끔씩 두둑한 용돈과 학자금의 일부를 지원하기도 했고 그룹과외도 허용했다. 그러나 여고 2학년 학생의 이화여대 입학과 오영호라는 이름의 이제는 국내 유일의 국제스키심판으로 이름을 날리는 국민학생 남동생의 서울중학교 입학으로 그런 비교적 안락했던 가정교사의 생활도 끝이 났다.

결국 그는 휴학을 해야 했다. 그리고 부족한 학비를 벌기 위해 중학교 영어선생님이었던 권태기 은사의 소개로 인천에 소재한 영연방군사령부(나피NAFI) PX에 취직을 하게 된다. 그렇게 휴학을 하고 복학을 하고, 또 다음에는 고르지 못한 식사와 열악한 환경에서 얻은 위장병으로 휴학을 하고 또 복학을 하고, 그렇게 6년의 세월, 대학을 다녔다.

인간, 청춘의 아량, 용기

그의 대학 어느 시절, 인간에 대한 일화 한 토막.

가정교사를 그만두고 고려대학에 다니던 친구와 함께 대학입시 문제집(신진문화사 刊) 판매상을 하던 때의 일이었다. 당시 그가 맡은 학습지 판매의 주 대상지역은 고향인 경북지역으로 주로 휴식시간을 이용해 고등학교 교실에서 구독 신청을 받는 방법이었다. 물론 서울내 군사훈련복을 멋지게(?) 차려입은 그의 방문을 당시 학교 신생님들은 기꺼이 용납했고, 특히 여학교에서 그의 인기를 덤으로 한 성과는 제법 만족한 것이었다. 그러던 어느 날, 안동시내 여관에서 우연히 만난 한 중년의 신사가 그에게 특별한 제안을 해왔다. 그것은 다름이 아니라 자신과 교분이 깊은 서울의 유명한 인사에게 예나 지금이나 변함없는 인기의 안동포를 구입해다 팔게 되면 많은 이익을 볼 수 있고 자신이 그들 모두를 소개해주겠다는 것이었다. 가뜩이나 부족한 학비에 구미가 동하지 않을 리 없었다. 목기는 학습지를 판매한 돈으로 잔뜩 안동포를 구입했다. 그리고 상경을 앞둔 어느 날, 잠시 심부름을 부탁한 중년의 신사는 목기가 자리를 비운 그 사이 힘들여 장만한 안동포를 몽땅 들고 줄행랑을 쳐버렸다. 기가 막힐 노릇이었다. 그러나 어쩌랴. 결국 목기는 인간에 대한 쓰디쓴 배신만을 교훈으로 얻었을 뿐. 물론 그 뒤 대통령 선거를 치르던 어느 날, 넓은 서울 한복판 동아일보 사옥 앞에서 우연히 그 중년신사를 다시 만나기는 했지만 겨우 그 일부의 돈만을 회수할 수 있었을 뿐이었다.

 또한 류목기의 인생에 처음이자 마지막인 쫓겨난 직장의 기억도 그 대학시절 무렵의 일이었다. NAFI에서였다.

 당시 전쟁이 끝난 지 얼마 되지 않은 나라의 경제사정은 더 말할 것도 없었지만 특히 생필품의 생산사정은 열악하기 이를 데 없었다. 그런 사정에서 외국군부대 PX를 통한 일용품의 암거래는 많은 이익을 남겨줬고, 그런 밀거래의 중심인 PX는 엄중한 감시의 대상이었다. 물론 목기에게도 처음에는 엄중한 감시의 눈길이 뒤따랐다. 그러나 그것도 불과 3~4개월, 목기의 성실함을 믿은 Manager는 그에 대한 감시를 거두었고 서로 간의 신뢰를 형성했다. 그렇게 1년여가

지난 어느 날 문제가 발생했다. 같은 PX 내의 주류 판매를 담당하던 미스터임이라는 모씨와의 사이에서였다.

그는 그때 결혼을 앞두고 있었고 그 비용 마련을 위해 목기가 담당하는 일용품 코너에서 많은 물품을 구입해 출입하는 여직원들과 짜고 외부로 빼돌렸다. 물론 기껏해야 Lux비누, 커피, 통조림 따위의 대수롭지 않은 물품과 여직원들의 허리춤에 고무줄로 묶어 내가는 기초적인 수법의 반출이었다. 그러나 지금에 생각하면 별 것도 아니지만 당시로서는 그것이 대단한 수익의 부정한 일이었으니.

아무튼 어느 날 오후, 불쑥 PX로 찾아든 헌병이 그 미스터임을 찾으며 사건의 전말을 알려줬다. 그때 목기는 문득 생각했다. 그는 결혼을 앞둔 생활인이었고 자신은 그렇지 않아도 곧 복학을 하려던 학생이 아니던가. 목기는 망설임 없이 그 모든 일은 자신이 한 일이라며 스스로 나섰고, 잡혀있던 여직원도 그 눈치를 채고 목기가 한 일이라며 진술을 번복했다. 그리고 결과는 뻔한 것이었다. 해고와 동시에 한국경찰로 신병이 인계되는……

그러나 다행히도 당시 목기를 담당한 형사에게는 연세대를 다니던 동생이 있었던 모양이었다. 그는 학생 신분인 목기의 사정을 참작해 벌금 400원의 약식재판으로 끝나도록 호의를 베풀었다. 하지만 해고라는 불명예는 분명 그의 인생에 또렷이 남는 흔적인 것이었다. 청춘의 치기라 해도 쉽지 않은 결정이었다. 그러나 그것은 차기가 아니라 타고난 아량과 인간에 대한 그의 우직한 정이 분명할 것이다.

후문이지만 그 후 류목기마저 못 믿겠는데 하며 한국인 종업원에 대한 감시를 더욱 강화했고, 그 미스터임과는 지금도 교우를 계속하고 있다.

아무튼 그렇게 다시 복학을 한 류목기는 얼마 뒤 또 휴학을 하게 된다. 그것은 앞서 말한 위장병 때문이었고, 당시 대구에 있던 형님 집으로 내려가 이번에도 형수의 도움을 받으며 단식으로 위장병을 치료해 복학을 하게 된다.

한편 이미 말했지만 류목기의 성격은 소심하다하리 만치 양순한 편이었다. 그는 그런 자신의 성격을 바꾸기 위해 대학시절동안 부단한 노력을 기울인다. 그 첫 번째의 시작이 월간 『사상계』의 빠짐없는 정독이었다. 그것은 자신의 정확한 의사표현을 위한 체계적인 의식과 논리적인 문장력을 기르기 위한 방편인 것이었다. 또한 학내외의 정치집회에도 가능한 참석하여 직접 열띤 웅변을 마주하며 스스로 그 자신을 개조했다.

실패, 그리고 시작

드디어 6년 만에 대학을 마치고 그는 청운의 꿈을 안고 고등학교 교사직을 마다하고 민주당(3공)시절 신인등용시험에 응시 합격하여 내무부에 배속되어 그 당시 국토개발사업의 일원으로 낯설고 물선 충남 홍성으로 초임 부임을 하게 된다. 그러나 운명은 결코 그렇게 기혹한 것만은 아니었다. 그것은 뜻밖에도 그곳에서 평생의 동지요 반려자가 될 아내 오종수(吳鍾洙;당시 중학교 국어선생)를 만나 사귀게 된다.

강직한 성품과 불의와의 타협을 모르는 그는 공무원과의 많은 마찰을 빚었다. 그 중 하나는 홍성군청에 근무하던 당시의 일로, 그는 예산 배정을 둘러싸고 지역 국회의원과 다투기까지 하며 자신의 원칙을 지키려 고집했다.

그 후 그는 5·16혁명 후 서울시청으로 전입되어 몇 개월 근무했으나 그것도 그를 만족시키지 못했다. 사표를 던진 그는 국가재건운동본부 요원 시험에 응시, 35대 1의 경쟁을 뚫고 합격한다. 그러나 그때의 정치상황이 5·16 군사정부에 대해 부정적이었기에 그곳마저도 오래 있을 곳이 못 된다는 판단으로 사표를 또 던지고 행정고시에 응시하기로 마음을 다진다. 이때 사귀던 현 부인에게 폐결핵으로 3~4년 요양을 위해 시골로 떠나야 하니 이때까지의 인연을 잊어버리자는 편지를 띄웠다. 즉시 상경한 부인은 5년이고 10년이고 기다리겠다는 뜻을 전해온다. 그러나 그것을 뒤로하고 고등학교에도 취업할 수 있었지만 고시 공부할 수 있는 환경은 오지 국민학교가 좋겠다는 판단으로 오지 국민학교에 부임, 고시공부에 열중 1차 시험은 합격했으나 2차 시험에 실패, 재도전을 하려 했으나 그 당시 고등고시 행정과 시험이 폐지되어 그 꿈마저 실패로 돌아가 그 당시 도교위 인사담당 장학관으로 있던 형에게 서울 전출을 희망했으나 형은 단호히 거절했다. 그것은 어떠한 경우라도 부당한 예외를 인정하지 않는 강직한 형의 성품으로 목기는 한때 그런 형에 대해서도 서운한 감정을 품었지만 결국 그것은 인생의 또 하나의 밑거름이었다고 훗날 토로한다.

그 후 그는 현 아내를 맞아 신혼여행에서 그가 아내에게 부탁한 것은 홀로 계신 숙모님을 시어머니로 생각하여 평생토록 잘 모셔달라는 부탁과 가정의 화목이었다. 물론 아내는 그 부탁을 지켜 91세의 나이로 눈을 감기까지 34년 동안 시숙모님을 지성껏 모시었다.

아무튼 홍성에서 다시 서울로 발령을 받아 10년 가까운 세월 공무원을 하게 되는 류목기 그러나 가문의 내림인가 형님 못지않은 강직한 성품의 그는 공무원 생활동안 부당한 행위에 맞서 마찰을 빚어왔다.

결국 공무원 생활에 매력을 잃어버린 그는 1969년 사표를 제출하고 고려병원(현 강북삼성병원)장 비서로 새로운 인생을 시작한다. 그곳에서 처음 그가 맡았던 업무는 병원장의 연설문이나 기고문 작성과 같은 비서의 업무였다. 하지만 그는 곧 총무업무의 일을 맡게 되고 훗날에는 경영책임자인 사무국장까지 역임한다. 1976년 신현확 보건사회부장관 재임 시 추진한 국민의료보험사업의 추진위원으로 선임되어 우리 의료보험제도의 기틀을 닦는데 일조를 한 것도 그 시절의 일이었다.

그러나 타고난 고단한 운명과 강직한 그의 성품은 결코 그를 수월한 인생으로만 용납하지 않았으니. 병원 사무국이란 약품의 구입과 같은 병원 살림은 물론 인사문제 등과 관련한 언제나 유혹이 따르는 요직 중의 요직이었다. 또한 그런 만큼 고려병원 역시 감사원 감사도 그럴 수 없다는 그 악명 높은(?) 삼성 비서실의 격년제 감사를 비켜갈 수는 없었고 그는 한 번도 지적을 받은 적이 없었다. 그러나 어느 해인가 6개월간의 표적감사에서 그도 곤혹을 치르게 되니, 간호원 채용에 따른 금품수수와 약품거래에서의 부정의혹으로 사퇴를 하는 그것이었다. 하지만 그런 부끄러운 사실이 없는 그는 모든 자료를 준비하여 비서실에 대한 거친 항의로 승복을 받아내는 것은 물론, 고 이병철 회장의 장녀였던 고려병원장 부인의 사실 인정으로 퇴직자의 복직은 어떠한 경우에도 용납하지 않는다는 삼성의 대원칙을 번복하고 사표 10일 후 다시 복직하니 그것은 신화 아닌 신화인 셈이었다.

새로운 도전, 또 다른 신화의 용기

수많은 간난艱難을 극복하고 평사원에서 시작 사무국장이라는 최고경영자로 14년 고려병원생활을 마감한 그는 다시 새로운 도전을 시작한다. 그리고 그 첫 번째가 신아여행사였다.
그때껏 평생을 관리업무만 해온 그가 여행사의 업무를 알 리가 만무했다. 그러나 그에게는 성실과 경험이라는, 그리고 겪어온 고단한 운명 속의 지치지 않는 끈질김이라는 막대한 재산이 있었다. 그는 즉시 국제관광연구회라는 단체를 설립해 회장으로 취임하고 여행업계의 고질적인 어려운 문제들을 하나씩 해결해 나가기 시작한다. 그리고 호텔, 레저 등 여러 분야에서 삼성의 아낌없는 지원도 받아낸다. 물론 어려움도 있었다. 당시 세상을 떠들썩하게 만들며 국가경제를 위기로 내몰았던 '이철희·장영자 사건'의 피해가 그에게도 닥쳐왔다. 3억 4,500만원이라는 당시로서는 무시 못 할 거액의 피해를 본 것이다. 그러나 그는 포기하지 않았다. 그리고 끝내 신아여행사를 국내 업계 10위권 내의 굴지의 여행사로 만든 뒤, 1993년 명예롭게 은퇴한다.

그러나 그것으로 그의 인생이 모두 끝난 것은 아니었다. 이번에는 막 삼성계열에서 분리된 (주)한솔상호신용금고에서 그를 대표이사 사장으로 초빙한 것이었다. 생소한 금융업을 그가 알 리 만무했다. 더구나 금융노조 중 최강성인 회사노조의 영향으로 전 사주가 경영을 포기하기까지 한 회사의 실정이었다. 그러나 그는 자신이 그만큼 신뢰를 받고 있다는 사실에 용기를 얻었다.

취임을 수락한 그는 곧바로 투명경영과 종업원을 위한 복지대책의 확충 등으로 노조의 신뢰와 협조를 얻어냈고 오래지 않아 경영을 정상화시켰다. 그렇게 5년여 금융업계의 대표이사 사장을 역임한 그는 65살의 나이로 모든 현업에서 은퇴했다.

그렇지만 이번에도 그를 기다리고 있는 일이 있었으니 그것은 (주)풍산의 상임고문직이었다. 고 류찬우 회장의 뒤를 이은 2세 경영체제에서의 고문 역시 결코 소홀할 수 없는 중책. 그러나 그는 오랜 직장생활에서의 경험으로 업종의 문제가 아니라 경영의 원리는 동일하다는 사실을 깨달아 지금도 고문으로서의 역할을 충실히 수행하고 있다.

고어구苦於口는 이어병利於病이요 역어이逆於耳는 이어행利於行이라, 쓴 약은 몸에 이롭고 귀에 거슬리는 말은 행동에 이롭다. 귀에 거슬리고 행하기 어렵다 하더라도 기꺼이 나서 자문하기를 주저하지 않고, 간섭할 필요 없는 잘 되어 가는 일에는 나서지 않고 잘못되는 일에는 기꺼이 나서 깨우쳐준다는 원칙이 오늘을 사는 그의 지혜이다.

여한 없는 황혼, 한 가지 아쉬움

근약독륜謹約篤倫. 절약과 윤리를 중시하는 가훈처럼 그는 평생을 근검과 원칙으로 세상을 살아왔다. 그렇게 부끄럽지 않은, 이제는 감히 성공이라 이름 붙여도 탓하지 않을 그의 인생에 무슨 여한이 남아 있겠는가.

"촌놈이 혼자 서울에 와서 이만큼 대가大家, 큰 가정을 이루었으니 무슨 여한이, 허허……"

가족사진을 가리키는 허허로운 그의 웃음에 결코 아쉬움의 여운은 없었다. 슬하에는 딸 넷, 이비인후과 의사인 첫째 사위 김용복金容復 박사, 미국 AT&T 밸렙연구소 연구위원, 둘째 사위 차인혁車仁赫 박사, 미국 복지재단 상담역, 둘째딸 류은정柳垠汀 제일기획, 셋째 사위 오장환吳章煥 세명대학교 겸임교수, 셋째 딸 류수진柳守珍, 미국 유학중인 넷째 딸 류수민柳秀旻 그만하면 훌륭히 성장한 자식들도 만족스러웠다. 다만 욕심을 부려 아쉬움이 있다면 아직 제 짝을 찾지 못한 막내 딸 그녀만 제 짝을 찾는다면 정말 더한 여한이 없으리라.

돌이켜보면 이것이 모두 아내의 공이라 생각하는 그는 아내는 항상 가정의로 건강을 지켜주고 사회활동에 정성을 다해 조력하는 참다운 반려자임을 강조한다.

눈감아도 잊지 못할 고향, 안동

그의 아파트 베란다에는 작은 정원이 꾸며져 있다. 그는 그 정원을 손질하며 언제나 그리운 고향과 이제는 추억이 되어버린 그 옛날 가슴 사무치던 가난의 기억을 살며시 떠올려보는지도 모른다. 그리고 또 하나, 이제 그는 영가회永嘉會 회장으로서 마지막 고향 사랑의 불꽃을 뜨겁게 사르고 있는 중이다. 안동사랑, 안동인으로서의 긍지, 안동인의 우정 나누기… 그는 친목단체이지만 지금껏 살아온 어느 삶, 어느 화려한 이름의 자리보다도 그 영가회장의 직책에 긍지와 애착을 느끼고 있다. 그것은 그가 자신의 비명碑銘에 '전前 영가회장永嘉會長 류목기柳穆基'로 기록되기를 간절히 바라는 그 마음으로 여실한 것이다.

그렇게 거칠 것 없는 그의 삶에 또 무슨 미련이 남았을까? 우매한 사회자는 기어이 그에게 우문愚問을 던졌다.

"명색이 국제퇴계학회 이사라는 내가 퇴계학에 대해서는 아는 게 너무 없어요. 때늦은 감이 없지는 않지만 이제 시간이 되는대로 퇴계학에 관해 부지런히 공부하여 남은 시간 미력이나마 그 직책에 최선을 다할까 생각하고 있어요."

어릴 적 잃어버린 손가락마디의 뭉툭한 빈자리를 매만지며 류목기는 그렇게 또 다른 시작을 푸근한 미소로 내비쳤다.

(2000. 5. 23. 안동MBC 대담)

사심 없는 원칙경영, 세계 일류기업으로 가는 '키워드'로 고수할 것

노사 갈등 앞장서서 해결 '노사 온누리상' 수상 쾌거
류목기 풍산그룹 총괄 부회장

1968년 창업 이래 비철금속 소재산업과 방위산업에 전념하며 우리나라의 신동산업을 주도해온 풍산그룹.

이 회사의 총괄 부회장이자 지난 2008년 대표이사에 선출된 류목기 부회장은 사심 없는 원칙경영을 고수하며 회사를 이끌어온 전문경영인으로 손꼽힌다.

그는 회사 설립자의 뜻을 이어받아 탁월한 선택과 집중을 보여주고 있으며 노조와의 관계를 잘 형성해 회사발전에 기여했다는 공로를 인정받아 '노사 온누리상'을 수상하기도 했다.

본지는 지난 6월 16일 류 부회장을 만나 그가 걸어온 길에 대해 이야기를 나누는 시간을 가졌다. 고향인 안동 발전에 대해서도 쓴 소리를 마다하지 않았던 그와의 시간을 되짚어 본다.

안동에 대한 추억을 전해주신다면

"우리 연배의 어린 시절은 많이 힘들었습니다. 초등학교를 가려면 무려 6㎞를 걸어야 했는데 어쩌다 고무신을 하나 사면 신고 다니기가 아까워 겨울이 아니면 맨발로 들고 다니기도 했었죠. 도시락은 꽁보리밥에 된장, 고추가 다였는데 그나마 이건 형편이 나을 때 얘기고 보릿고개는 정말이지 처참할 정도였습니다. 그렇게 어렵게 초등학교를 졸업하고 중학교는 꿈도 못 꾸고 있었죠. 그러나 고맙게도 형수님이 시동생을 공부시키겠다는 생각이 강해 겨우 중학교에 갈 수 있었습니다. 서울대 사범대 입학 때 입학금과 훈련복 값이 17,600원이었던 것으로 기억하는데 그 역시 형수님이 마련해주셨습니다. 그때 그 시절의 얘기를 다 하자면 한도 끝도 없지만 지금 생각해보면 어려움에 찌들어 살았던 생활상이 하나의 밑거름이 됐다는 생각이 듭니다."

풍산그룹에 대해 소개해 주신다면

"우리 풍산은 간단히 말해 비철금속제품을 제조하는 업체입니다. 휴대폰 부품, 반도체, 자동차 등 각종 첨단기기에 들어가는 부품의 소재를 주로 공급하고 있죠. 또 소전이라고 해서 무늬를 새기기 전까지의 과정을 마친 동전을 생산해 미국 코인 시장의 55%를 공급하고 세계시장 점유율이 60%입니다. 최근에는 설비의 고도화와 연구개발에 대한 투자를 늘려 고부가가치 동제품의 판매 비중을 확대하고자 노력 중입니다. 방위산업분야에서도 소총탄 및 중대구경탄을 생산하며 탄약의 월등한 성능을 인정받고 있습니다. 또 군용탄과는 별도로 수렵 및 경기용 스포츠탄을 개발, 'PMC'라는 독자 브랜드로 전량 수출하는 등 스포츠탄 분야에서도 위상을 높여가고 있습니다. 이러한 결과 우리나라 방산품 수출 4년 연속 1위를 달성할 수 있었습니다. 아울러 비철금속분야에서 축적된 기술을 바탕으로 동합금 신소재를 개발 중이며 초정밀 가공기술을 바탕으로 첨단 탄약체계와 항공우주분야에서도 새로운 도전을 펼치고 있습니다."

풍산이 세계일류기업으로 발전할 수 있었던 비결을 말씀하신다면

"제가 창립자는 아니지만 작고하신 창립자의 철학은 "무엇을 하든 제일이 돼라"는 것이었습니다. 다시 말해 "한 우물을 파는 정신으로 경쟁력 있는 제품을 생산을 해서 세계 제일이 돼라"는 뜻이라 할 수 있죠. 그래서 저도 그 철학을 접목하도록 노력했고 때문에 지금까지 올 수 있었다고 생각합니다. 앞으로도 창립자의 철학을 바탕으로 소위 말하는 선택과 집중을 잘 펼쳐 나갈 수 있도록 노력할 것입니다."

'노사 온누리상'을 수상하셨다고 들었습니다. 평소 노사 관계를 위해 어떤 노력을 하시는지

"노조와의 관계를 잘 형성해서 회사발전에 기여했다는 공로를 인정한다는 의미가 담긴 상이라 기분이 좋습니다. 저는 노사가 극단 대립을 한다면 사측도 반성을 해야 한다고 생각합니다. 지난번 우리 회사에도 금융위기가 닥친 적이 있습니다. 이 위기의 극복을 위해서는 방법이 원가절감밖에 없었습니다. 여러 가지 방법 중 인건비를 줄이는 방법도 불가피했는데 제가 먼저 연봉을 반납하겠다고 나섰습니다. 제가 그렇게 나오니 임원들도 자극을 받아 동참하고자 했고 결국 임금 동결이라는 결과를 도출할 수 있었습니다. 이처럼 노사 관계에서는 함께 한다는 분위기 조성이 큰 몫을 한다고 생각합니다."

평소, 좌우명이 궁금합니다

" '양약고어구이리어병良藥苦於口而利於病 충언역어이이리어행忠言逆於耳而利於行'이라는 말이 있습니다. "좋은 약은 입에 쓰나 병에 이롭고 충고하는 말은 귀에 거슬리나 행동에 이롭다"는 뜻이죠. 이처럼 기업운영에 있어 저의 모토는 "사심 없이 원칙에 충실하자"는 것이라 말할 수 있습니다. 경영자가 사심을 가지면 회사의 통솔 자체도 어려워집니다. 원칙을 중시하는 상사 때문에 직원들은 고달플 수도 있겠지만 저는 그들에게 항상 멀리 보라고 얘기합니다. 매사에 만족하면서 생활하라는 얘기도 잊지 않습니다. 직원들의 입장에서는 직장이 장수하는 것이 최선이고 최고일 것입니다. 때문에 앞으로도 원칙경영으로써 장수하는 회사의 면모를 갖출 수 있도록 최선을 다할 것입니다."

고향인 안동발전을 위해 한 말씀 해주신다면

"안동이 세계일류도시로 성장할 수 있는 길은 무한한 문화유산을 널리 알리는 것이라 생각합니다. 안동은 문화관광 사업을 제대로 하면 세계적 문화관광의 메카가 될 수 있는 충분한 가능성을 가지고 있습니다. 그렇게 되기 위해서는 관광지의 볼거리, 먹을거리, 쇼핑거리, 놀 거리가 국제경쟁력을 갖출 수 있도록 해야 할 것입니다. 안동에는 안동소주, 간고등어 등 특산물이 많습니다. 그러나 그 다양한 특산품들의 상품가치를 더욱 높이는 작업이 필요합니다. 외국의 경우 용기 디자인부터 관광객의 안목에 맞춰 제작하고 있습니다. 즉, 그 자체가 하나의 기념품이 될 수 있도록 하는 것입니다. 또 안동에 와서 하룻밤이라도 묵고 가야겠다는 생각이 들 수 있도록 숙박시설과 즐길 거리 발굴 및 투자에 힘써야 한다고 생각합니다. 그렇게 되면 문화관광 사업 및 고용창출 효과도 기대할 수 있을 것입니다. 지금까지 안동을 문화관광의 중심지라 말해 왔지만 내실은 그러지 못한 것 같습니다. 때문에 각 분야별로 전문가의 자문을 받아 투자할 필요가 있습니다. 가이드도 중요합니다. 외국인을 맞을 수 있도록 외국어가 가능한 가이드를 배치하는 등 충분한 여건을 만들고 기업의 투자를 유도한다면 성공적일 것이라 확신합니다. 물론, 하루아침에 되는 것은 아닐 것입니다. 그러나 안동을 사랑하는 마음으로 합심한다면 투자 가치는 굉장히 높다고 생각합니다."

앞으로의 계획이 궁금합니다

"내년이면 제 나이 80살이 됩니다. 특별한 계획이라기보다는 건강이 허용하는 한 회사가 세계 일류기업이 되도록 조그만 역할이라도 최선을 다해 바치고 싶은 마음뿐입니다."

(2011. 7. 신(新) 택리지를 가다)

적극적인 해외 마케팅으로
시장 다변화 성공

(주)풍산은 회사의 전반적인 업무를 총괄하는 류진 회장과 주로 국내에서 업무를 지휘하는 류목기 부회장이 있다. 2008년 3월 대표이사가 된 류 부회장은 원칙과 기본에 충실한 최고경영자(CEO) 출신으로 정평이 나 있다.

다음은 류 부회장과의 일문일답이다.

풍산은 동銅 소재를 생산하는 기업이자 탄약을 생산하는 방산업체인데 회사에 대해 소개해 주시죠.

"풍산은 1968년 국내 최초의 비철금속인 신동伸銅업체로 창립됐습니다. 우리 회사는 경북 경주의 안강공장과 1982년 육군으로부터 인수한 부산공장(당시 조병창)을 운영하면서 우리 군이 사용 중인 거의 대부분의 탄약을 개발·생산해 군에 납품해 오고 있습니다.

평시에 방위산업체는 전시에 대비한 생산설비를 유지하면서 생산능력대비 적은 물량을 생산·공급하기 때문에 항상 가동률이 저조하고 설비 유지비용은 높아서 경제적 효율성 면에서 많은 문제를 가지고 있는 것이 특징입니다. 따라서 방산업체들에게는 비용 절감과 적정 가동률 유지를 위한 끊임없는 노력이 필요하며 이를 위해 수출 증대는 필수 과제라고 할 수 있습니다.

풍산은 1990년대 중반 이후부터 해외시장에 대한 지속적이고 적극적인 마케팅 활동을 시작, 그 결과 아시아 지역에 국한되었던 방산시장을 유럽지역과 중남미·아프리카 지역으로 확대하는 시장 다변화에 성공했으며 이후 매년 경이적인 수출 신장을 기록하고 있습니다."

오늘날 풍산은 탄약 분야에서 독자적·독보적 회사로 알려져 있는데 그 바탕에는 어떠한 노력과 계기가 있었는지요.

"풍산이 안강공장을 설립하던 1973년만 해도 국내의 모든 무기체계와 탄약은 해외로부터 수입하거나 또는 그마저도 경제력이 뒷받침되지 못해 미국 등 우방국의 원조 물품에 의존해야 했습니다. 방위산업 중에서도 탄약은 위험물인 화약을 취급해야 하는 매우 어렵고 위험한 분야입니다. 더구나 탄약 공장의 설립은 대규모의 초기 투자가 필수적인 반면 자본과 이익 회수에는 오랜 기간이 걸리는 장치산업이라 다른 기업들은 모두 참여를 꺼렸습니다.

풍산이 여기에 참여하게 된 것은 탄약의 주요 소재 중 하나인 동 관련 사업을 이미 하고 있었다는 점도 있지만 창업 당시 기업을 일으켜 국가에 봉사하겠다는 창업주의 사명감과 이를 계승·발전시키고 있는 최고 경영진의 열정과 정열이 무엇보다도 컸다고 할 수 있습니다."

탄약 부문 수출을 주도하는 풍산이 지난해 제품 1억3,000만 달러어치를 수출했는데 그 비결은 무엇입니까?

"풍산은 군사요구도 수준이 높은 각종 탄약을 오랜 기간 동안 군에 납품해 온 강점이 있어 품질 면에서 세계적인 수준이라고 말할 수 있습니다. 그리고 세계적인 안보상황은 저강도 분쟁 국가들이 많아 재래식 탄약에 대한 시장이 확대되고 있는 추세입니다. 품질 좋은 상품이 있고 시장이 존재하기 때문에 가격 경쟁력과 서비스, 그리고 정부와의 군사적·협력적 관계가 뒷받침될 때는 얼마든지 수출 시장 확대가 가능하다고 봅니다. 그동안 실적을 보면 미주 시장에서 소구경 탄약의 품질과 가격의 우수성으로 군용뿐만 아니라 상업용(스포츠)으로 확대되고 있으며, 이 시장의 점유율을 점차 넓혀 나가는 것이 큰 과제입니다.

  포병탄약을 비롯한 중·대구경 탄약의 경우도 세계적으로 기술과 성능을 인정받고 정부의 적극적인 지원활동과 국방부의 국제 협력 도움으로 완성 탄약뿐만 아니라 기술과 설비를 중동·아프리카 등지에 수출하고 있습니다. 특히 중동의 경우 1990년대 말부터 꾸준히 노력한 결과 2007년에는 탄약 관련 업체 최초로 단일국가에 1억 달러 이상의 물량을 수주했으며, 또한 현지 조병창과의 전략적 제휴를 통해 향후 약 10년에 걸쳐 연 2,000만 달러 이상의 공급 기반을 확보했습니다."

(국방저널 기획특집 - 방산수출 세계를 달린다)

여기, 움트는 미래지향의 갈구
대담 / 류목기 전 사무국장으로부터 듣는다

윤 : 먼저 새로운 사업을 시작하시고 바쁘신 가운데 귀중한 시간을 할애해 주셔서 감사히 생각합니다. 평소 국장님께서 가지고 계시던 경영철학과 이에 걸맞은 병원인의 직장생활 등에 관하여 지상을 빌어 소개하고자 합니다.

근래에 와서 의료 전달 체계에 대한 문제가 대두되고 있는데 국가적인 차원에서의 문제점, 그런 문제를 안고 있는 현 실정에 있어서 고려병원의 역할과 기능이 국민보건 향상과 지역사회 발전을 위해서는 어떠하며 의료요원을 양성해야 된다는 입장에서는 어떠한 것인지? 또한 지금까지 병원의 경영방식과 앞으로 밀고 가야될 방향에 대하여 말씀해 주십시오.

류 : 앞으로 병원의 역할과 기능이 어떻게 되겠느냐 또 어떻게 해야

되는 것이냐 하는 문제는 어떤 방향이 바람직하겠다고 한마디로 표현할 수 없는 게 아니냐고 생각되는데 의료 전달 체계의 정착은 국민 전체의 의식구조 개조가 전제되어야지 제도적으로나 행정력 그리고 인위적으로 하려고 해서 되는 것이 아니라고 생각합니다. 의료인과 비의료인 양자의 생각이 한 방향으로 유도되어야 합니다. 예를 든다면 Local에서는 1차 진료를, 2차 진료는 종합병원, 3차 진료는 보다 더 차원이 높은 병원이다. 그렇게 되는 것이 치료의 패턴이라 하는 생각을 모든 국민이 갖게끔 홍보가 되어야 한다고 봅니다. 지금 환자들은 큰 병원이라야 한다는 생각을 갖기 때문에 문제가 있습니다. Local이 가지는 장점은 빨리 보아주고 친절하다는 점인데 경미한 질환도 종합병원이어야만 한다는 그런 의식구조가 바뀌어져야 한다는 것이 중요한 것입니다. 이러한 것은 행정력이나 제도적인 제동장치만으로는 되지 않기 때문에 국민의 의료수준을 높여야 되는 과제가 남은 것이 아니냐고 생각이 됩니다.

우리 병원은 개원이래 private 병원으로서의 특징을 지니고 왔습니다. 이제 국민 개보험시대를 맞아 병원경영의 이상이 그대로 실현될 것인지? 여러 가지로 의문이 있지만 어디까지나 특색 있는 병원으로 가꾸어 나가야 한다는 명제는 거부할 수 없을 것 같습니다.

윤 : 지금 병원들의 대부분의 수준은 다 비슷비슷한데 그 특색은 어

떤 면에서의 특색을 말씀하시는 건지……

류 : '군계일학'의 특징을 갖는다는 것은 의료수가 시설 및 의술은 비슷하지만 진료의 질을 높인다는 것입니다. 진료의 질을 높인다는 것은 의사만이 진료에 충실해서 되는 것도 아니고 의무적으로 일을 이루어가서도 안 되며 병원인과 환자의 마음이 통하는 병원으로 키워야 한다는 것을 의미합니다. 그래서 자연스럽게 환자의 입장에서 설 수 있고 병원의 입장에서 설 수도 있는 마음가짐, 이러한 위치에서 일하는 자세가 되어야 합니다. 그래서 환자에게 서비스가 개선되고 친절의 농도가 짙어지는 병원, 이걸 특색으로 가꾸어 가자는 겁니다. 돈으로 할 수 있는 것은 사실 특색이라고 할 수 없을 겁니다. 우리 인간의 힘으로 할 수 있는 서비스를 개선해야 된다고 생각합니다.

진료의 패턴은 다른 병원과 같지만 직원들이 환자를 대하는 자세는 딴 병원에 비교할 수 없이 질이 높더라. 정말 친절하고 가족같이 아껴주더라 하는 병원으로 키워나가는 자세 이것이 바로 특색 있는 병원상이 아닌가 생각합니다. 그런 특색을 갖추는 데는 병원이 타 업종에 비해 여러 특성이 있다는데 문제가 있습니다. 그 중에서 병원 상품은 생명이 있는 환자라는 것과 여러 직종의 집합체로 여기에서 발생되는 상반된 이해관계에서 어떻게 최대공약수를 찾느냐 하는 것들을 푸는 것들입니다.

각 직종이 서로가 전문인이라는 유대의식을 가지고 각기 인격적으로 존경하고 서로 협조하여 어떤 제도적 장치보다는 인간적인 측면에서 소통의 가교가 이루어지고 이를 통해 공동이익을 추구하는 방향으로 이끌어져야겠다는 것입니다.

윤 : 결국 그것을 할 수 있게 만들어 주는 것이 제도가 아닐까요? 자칫 이상론으로 흐를 수 있는 이야기가 될 수도 있는데 전 직종이 공동의 유대를 횡적으로 맺어가기 위해서는 자질 개발이 이루어져야 하는 것이 급선무라고 생각합니다. 소위 우리가 얘기하는 병원경영의 측면에서 전 직원의 주치의적인 사명감 문제 같은 것만 해도 보는 입장의 기준에 차이가 있겠지만 의사들의 견해는 다르다고 느껴지는 경우가 많았습니다.

환자를 대상으로 했을 때 모든 것은 어디까지나 의사한테 달려있다라는 판단으로 권위라는 의미도 풍기고 해서 이러한 총체된 팀워크 진료가 전문 직종의 관계에서 비롯된다면 다직종군을 위한 제도적인 어떤 교육이나 계기 등을 만들어주는 일들이 보완되어야겠다고 생각되는데요.

류 : 그런 것은 병원계가 공통적으로 안고 있는 과제인데 그러한 것은 제도적으로 이루어질 수 있을 문제라고는 생각지 않습니다. 왕왕 의료인의 자질 문제만 해도 의사가 되기 전에 사람이 되라는 말이 있지 않습니까? 의료인이 찾는 권위란 군림한다는 자세가 아니라 환자를 위해서 자기에게 주어진 사명에 부끄러움이 없을 때 반대급부로 돌아오는 것이지 자기 스스로 얻으려고 하

는 것은 권위일 수가 없다고 봅니다. 남이 인정해 주는 것이 진정한 권위라고 봅니다.

그리고 타 직종도 반성해야 될 문제들이 많이 있습니다. 병원 경영이라는 측면에서 봤을 때 병원에 종사하고 있는 모든 직종은 다 전문 직종으로 그 전문 직종의 권위를 제3자로부터 인정받을 수 있게끔 자질 향상과 자기 개발을 게을리 하지 않아야 하고 그 개발은 소신껏 일하는 나를 발견하는 자세이어야 합니다.

경영관리라는 것이 의사가 환자를 치료하는 의술 이상으로 병원 경영에 기여하고 있음이 입증되어야 합니다. 예를 든다면 병원에는 과장이다 원장이다라는 직책이 있는데 진료의 성질상 불간섭원칙은 의사가 타 직종보다 환자 치료에 자신을 갖고 있다는 점이고 경영을 그런 수준으로 끌어 올렸을 때 서로의 권위가 인정되고 각자가 어떤 긍지를 가지고 일할 수 있는 분위기가 될 수 있다고 생각합니다. 현대의 질환은 대부분 심인성 질환으로 정신적으로 병들어 있는 반 건강인의 치료는 우리 병원에 들어서면서부터 시작된다고 하겠습니다. 수위로부터 출발해서 원장님에 이르기까지 모든 사람이 나도 주치의로서 환자를 치료하고 있다는 사명감이 필요합니다.

윤: 친절봉사라는 측면에서 병원을 평가하는 바로메타는 환자를 제일 직접적으로 많이 대하는 간호원들이 아니냐고 생각되는데 어느 면으로 보면 간호원의 역할이 과다하게 요구되는 경우도

있는 것 같아 간호 인력의 적정화에 대해서는 평소 어떤 복안을 가지셨는지요?

류 : 병원의 특성은 많은 협업이 요청되는 조화예술이라고도 할 수 있습니다. 간호원의 고유 업무가 환자의 간호에 있는 만큼 모든 정력이 환자 위주의 간호로 유도되어야 합니다. 그래서 자기중심에서 환자중심으로 전환되는 것이 바람직하다고 봅니다.

윤 : 지난 봄 전 사원 한마음교육시에 '빙그레상' 제도의 실시가 제안되었는데 어느 면 전시 효과적이고 형식적인 일 같기도 하지만 실시를 해서 한번쯤은 자극을 주는 게 좋다고 생각되는데요. 어떤 일이든 계획하고 실천하고 그리고 평가에 대한 반대급부는 꼭 있어야 될 것 같은데 자기 성장의 만족으로 끝나버리는 경우는 지양되어야 한다고 봅니다. 인사관리상의 경력 관리나 근무 평정 등은 필요한 사항들이 아닐까요?

류 : 어떤 일을 계획하고 그 다음에는 그 계획을 그대로 집행하고 집행여부를 평가한다. 그 평가한 결과를 반영하느냐는 문제는 별개로 치더라도 그대로 방치된다면 투자된 모든 비용이 낭비입니다. 따라서 그러한 것들은 지속적으로 잘 관리하고 유지가 되도록 해야 하는 것이 중요하다고 생각합니다.

윤 : 결국 경영이란 측면에서의 향상과 개발은 관리자의 역량과 개인의 자질이 많은 비중을 차지하는 것이고 전문성을 공고히 할 수 있도록 동기를 부여하여 주는 제도를 가져 나가야 된다고 느

껍니다. 앞으로 교육의 투자를 통해 조직의 활성화를 기하고 그러한 투자가 환자에게 환원되는 병원이어야 하겠는데요.

류 : 직원은 각기 자기개발을 위해 노력하고 병원은 그러한 분위기를 조성하여 보람을 갖고 일에 몰두할 수 있도록 이끌어 주는 것은 어느 직장이나 마찬가지라고 생각합니다. 교육비의 투자와 비례해서 병원이 성장한다는 표현은 누구도 부인하지 못할 것입니다. 그러나 직원들이 자기가 맡은 일에 매력이 없다거나 대우가 좋은 것도 아니고 promotion이 제대로 되는 것도 아니니 인생의 정거장으로 생각하는 경우를 간혹 발견합니다. 이러한 사고방식은 자기 개발과 발전을 저해하는 위험신호입니다. 앞으로 병원인으로서 제대로 성장한다면 어느 직종에 종사하는 직장인보다도 오히려 인기가 높은 시대가 머지않아 올 것입니다. 아직은 개척되어야 할 처녀지이기에 내가 조금만 노력하면 1인자가 될 수 있다는 긍지로 업무에 임하여야 할 것입니다.

윤 : 바람직한 관리자상이라면?

류 : 관리자는 하의를 집약해서 상달하고 또 상의를 충실히 하달해야 하는 완충지의 역할을 충분히 해야 합니다. 그러면서 주어진 업무는 부정적이기보다는 긍정적으로 해결하려는 노력이 앞서야 하고 인격적으로 부하에게 영향력을 심어줄 수 있는 능력을 갖추어야 한다고 생각합니다.

윤 : 일선에서 떠나신 입장에서 현재 고려병원의 경영관리의 평가와

그리고 더 손질하고 다듬어야 할 문제들이 있다면 어떤 건지요? 우리는 우리가 하고 있는 일이기 때문에 직시할 수 없는 점들이 있을 텐데요.

류 : 외부에서는 보편적으로 우리 병원의 경영이 상당히 충실하고 과학적이고 조직적이고 계획성 있게 한다라고 평가하고 있는 것으로 압니다. 그러나 내부적으로는 자만할 정도는 아니라고 생각합니다. 여러 가지 보완하고 또 시정되어 나가야 될 문제들을 하나하나 풀어나가야 된다고 봅니다. 사실 어떤 면에서 경영이라고 하는 것은 만족할 수 없는 것이 경영이라는 표현도 할 수 있겠습니다. 그 바탕에서 발전이 약속되니까요.

윤 : 앞으로 개보험 개념하에서 현실적으로 병원이 부딪히는 문제가 되는데 병원이 살아남을 방법이랄까요? 경영적인 압박과 타격을 가급적 줄이고 합리화의 길로 가야 되는데…….

류 : 그러한 점에 있어 많은 우려를 합니다. 주어진 여건 하에서 수입원을 개발하고 부가가치의 창출을 위해 항상 연구 개발해야 되는데 이의 원동력은 모든 직원이 가져야 하는 주인정신이라고 하겠습니다. 현재의 원가를 절감하는 문제라든지 어떤 낭비를 예방하는 문제 등에 지속적인 관심을 갖고 경영합리화에 인색해서는 안 될 것입니다.

윤 : 조직의 활성화는 경영이라든가 환자에게 표현하는 것이라든가 다직종군의 연계라든가 하는 차원에서 볼 때 대단히 중요한 일

인데 생기 있는 조직은 직원의 창의적인 사고에서 비롯되지 않느냐고 보는데요. 가급적 많은 제안과 건의들이 필요할 것 같습니다.

류 : 우수한 조직이란 콘크리트 같은 조직이 가장 견고하고 성장의 밑거름이 풍부한 조직이라는 말을 많이 하는데 조직 내에서는 모래 역할, 자갈 역할, 물의 역할, 시멘트의 역할을 하는 사람들이 집합되어야 합니다. 반드시 좋은 것만 가지고 조직이 잘 되는 것은 아닙니다. 제도도 마찬가지로 외부의 좋은 제도를 전부 모방해서 현실을 외면하고 토착시킬 수는 없는 겁니다. 병원에 오래 몸을 담고 견문을 쌓은 사람들의 생각과 발전 지향적인 창의를 조화 있게 접근을 시켜가는 것이 중요합니다.

윤 : 마지막으로 가장 중요한 시기에 일선업무에서 물러나시는 것 같은 아쉬움이 있는데 물론 항상 문제가 없는 조직은 없는 거지만 일부에서는 우려도 있는 거 같고……

류 : 경영이라고 하는 것은 사람에 따라 그 방식이 다르고 Technic도 각양각색으로 한 길로만 가는 사람은 그 길밖에라고 생각하지만 사실 딴 길도 있는 것입니다. 더욱이 일이라고 하는 것은 잘 되고 습관화된 것은 그대로 계속 유지되어 가는 것이고 잘 되지 않았던 부분들은 자꾸 개선되어 감으로써 어느 사람이든지 자기가 자리를 옮겨 앉으면 객관적으로 평가할 기회가 되니까 잘못 되고 미진한 부분을 보완하고 시정해 나가면 더욱 발전하는

것입니다. 물러나는 것은 발전할 수 있는 계기를 마련하여 주는 것이고 이런 신진대사를 통해 더욱 발전하는 것이 조직의 정도라고 봅니다.

윤 : 많은 시간 유익한 말씀에 감사드리고 사업 번창하시기를 기원합니다. 고맙습니다.

(1982. 8. 高麗病院報)

醫療保險실시 5년… 어디까지 와 있나

◇ 참석자
- 金炳極(醫協보험이사)
- 金銀式(醫保公團상근심사위원)
- 閔載成(KDI수석연구위원)
- 成有運(醫保聯심사담당상무이사)
- 柳穆基(高麗病院사무국장)
- 李懸式(道峰·이현식산부인과의원장)
  (이상 가나다順)

◇ 서울市醫師會側
- 金道榮(서울市醫師會長)
- 朴萬龍(서울市醫師會부회장)
- 金鍾煥(서울市醫師會보험이사)
- 司會:扈基敦(서울市醫師會공보이사·본紙편집인)
- 日時:1982년 6월 21일 오후 7시
- 장소:가든호텔 장미룸
- 記錄:本社 金洪善 기자

  의료보험 5년을 맞아 서울시의사회醫師會는 의료보험의 현주소와 함께 의료보험의 건강상태와 발육상태를 다시 한 번 진단診斷하는 기회를 가졌다. 다섯 살 된 의료보험은 얼마나 자랐으며 이 시점에서 무엇이 문제인가— '의보醫保실시 5년—무엇이 문제인가' 좌담회는 21일 오후 6시 30분, 가든호텔 장미룸에서 열렸다.(편집자·주)

사회 : 바쁘신 데도 오늘 좌담회에 이렇게 참석해주셔서 감사합니다. 지금부터 '의료보험실시 5년—어디까지 와있나'를 주제로 참석자들의 고견高見을 듣겠습니다. 먼저 김도영金道榮 서울시의사회장께서 인사말씀을 해 주시겠습니다. (별항 참조)

金道榮 회장 인사

이 자리에 참석해주셔서 대단히 감사합니다. 우리나라가 의료보험을 실시한지 만 5년이 되었습니다. 제 생각으로는 의보醫保제도가 국민복지福祉를 위해 절대적으로 필요한 제도이며 실제로 이 제도가 사회 안전핀의 역할까지도 충분히 수행하고 있다고 보고 있습니다. 금년으로서 서독도 의보醫保 실시 1백년을 맞았고 일본도 50년의 역사를 갖고 있습니다. 이렇게 역사가 오랜 나라도 나름대로의 문제점이 꾸준히 나타나고 있는데 5년의 짧은 역사를 지닌 우리나라 의보醫保제도는 더욱 많은 문제점이 있는 줄 알고 있습니다.

특히 의보계醫療界 쪽에서는 의료보험수가酬價와 청구상의 문제점 그리고 심사제도 등을 현안문제로 보고 있고, 의료보험조합의 경우도 5인 이상 사업장까지 임의任意가입이 가능하게 된 이후의 크게 늘어난 피보험자被保險者관리, 그리고 2종의보醫保시범사업의 확대 등으로 과중한 업무에 시달리고 계신 것으로 알고 있습니다. 최근에는 의약분업문제까지도 거론되는 등 진통을 겪고 있는 것이 현행 의보제도가 아닌가 생각합니다. 오늘 이 자리에는 의보문제에 일가견을 가지신 분들을 모셨습니다. 앞으로 의보제도 발전을 위한 모든 방안을 기탄없이 말씀해 주시기 바랍니다.

감사합니다.

사회 : (참석자 소개) 그러면 먼저 한국의보醫保의 태아기胎兒期시절부터 이에 깊이 관여해 오신 김병극金炳極 선생님께서 초창기의 얘기를 해주셨으면 합니다.

金炳 : 제가 알기에 우리나라의 의료보험법제정은 일반이 생각하기보다는 그래도 역사가 있는 편이라고 할까요. 63년도에 일단 법률은 제정됐으나 당시 국민소득이 1백 불 남짓하여 법률자체가 사장된 상태로 있었어요. 그러다가 본격적으로 의료보험이 거론되기 시작한 것이 76년도입니다.

당시 보사부장관이 신현확申鉉碻씨였는데 그때 당시 국민소득이 9백50불로서 정부도 어느 정도 자신감은 섰던 것 같습니다. 그러다가 77년 7월 1일부터 5백인 이상 사업장부터 의료보험이 시작되면서 일본 의보醫保제도를 그대로 모방했는데 사실은 여기서부터 어느 정도 차질이 생겼던 것입니다. 특히 애석한 것은 일본 제도의 장점을 그대로 받아들였으면 괜찮았을 텐데 장점 중에서도 취사선택을 했다고 할까요, 거기에서 어떤 차질이 생기지 않았나 생각이 듭니다. 다만 그런 문제점을 일단 덮어두고 본다면 그나마 의보실시 5년인 현재 어느 정도 의보제도의 뼈대는 서지 않았느냐 저는 그렇게 봅니다. 여러 가지 모순점과 시행착오를 거듭해오면서 그런대로 어떤 틀 속에 정돈은 돼있는 상태, 이것이 현재의 우리나라 의보제도라고 생각해요. 그러나 또 하나 중요한 것은 5년 동안의 의보제도 경험이 사전辭典은 아니라는 겁니다.

이제부터는 구멍이 나는 곳을 그때그때 땜질하는 방법은 과감하게 버리고 전면적인 제도 개선을 모색할 때라고 생각합니다. 우선 중요한 것 하나가 의료보험의 정부주도냐, 아니면 민간주도냐, 그리고 의보의 사회화추구냐, 자유경쟁주의냐를 정부가 명확하게 선을 그어야 한다는 점입니다.

사회 : 민閔선생님 한 말씀 해주시지요.

閔 : 초창기에 누가 어떻게 의보제도를 도입했건 간에 5년간의 경험에 따른 문제점을 도출할 때는 우선 객관적인 지표를 찾는 것이 필요하다고 봅니다. 제가 볼 때에 우리나라 의보제도는 단지 그것뿐만 아니라 산재보험법産災保險法이라든가 근로기준법 등이 모두 충분한 시간을 두고 연구한 산물은 아니라는 겁니다. 이런 제도의 도입에 있어 문화적 배경이라든가 제도정비, 그리고 제도가 성립될 수 있는 사회적 분위기가 성숙된 후에 도입된 것이 아니고 몇 사람에 의해 갑자기, 그리고 어떤 정치적 목적에서 타국他國의 제도를 모방한 인상이 짙습니다.

의보제도의 경우 77년부터 본격적으로 실시됐습니다만 이제 의보 5년을 평가하는데 있어 정책당국자들이 무엇에 역점을 두고 의보제도를 이끌어왔는가를 본다면 의보재정보호醫保財政保護에 필요 이상으로 신경을 썼다는 점, 그리고 시행하기 쉬운 제도를 선택했다는 인상을 받습니다. 의료보험급여, 의보

적용, 재원조달 방식이 순전한 우리사회 경제여건에서 성립된 것이 아니라는데 가장 큰 문제가 있는 것 같습니다. 의료보험 초창기 때의 느낌은 대개 이 정도입니다.

사회 : 감사합니다. 개업하시는 이선생님 어떻습니까? 의보 초창기 때의 어려웠던 점은?

李 : 처음 의료보험이 실시됐던 때는 일반환자에 비해 보험환자가 월등히 적었기 때문에 솔직히 말해 별로 신경을 쓰지 않던 게 제 경우입니다. 다만 희망적으로 생각했던 점의 하나는 의보가입자가 늘어날수록 환자 수도 증가할 것으로 보았는데 실제로는 그렇지도 않았고, 요즘에 와서는 오히려 내원자來院者가 줄고 있는 형편입니다.

어느 신문에서 보니 의보가입자의 수진율受診率이 초창기에 비해 약 4배가량 증가한 것으로 나타났는데 개업가開業街의 경우는 도저히 사실로 믿어지지 않습니다. 그렇다면 그 환자들이 모두 종합병원으로만 몰린 것이 아닌가 저는 그렇게 봅니다. 개업가開業街의 입장에서 본다면 현행 의보수가醫保酬價의 개선이 없는 한 개업가開業街의 생존문제가 걱정입니다. 의보 실시 5년이면 상당한 경험을 축적했다고 볼 수 있을 것입니다. 이 시점에서 일선 개업의開業醫를 위한 희망적 모티브가 제시되지 않는 한 개업가開業街는 난감한 지경에서 헤어나지 못할 것입니다.

사회 : 의보연합회 성成 이사님께서도 느끼셨던 바를 말씀해 주시지요.

成 : 민閔박사께서 좋은 말씀 해주셨는데 제가 느끼기엔 이렇습니다. 지금까지 우리나라 의료보험이 5년을 지나오면서 1단계는 우선 성공했다고 저는 보고 싶습니다. 비록 지금까지 여러 선생님들께서 말씀해 오신 바와 같이 갖가지 문제점 속에서 성장하긴 했지만 그래도 그 짧은 시일 안에 이 정도나마 자리를 잡은 것은 성공이라는 뜻입니다.

지금까지는 그것이 외국 예例의 모방이든 어쨌든 성공할 가능성이 있는 제도만을 채택해온 것 같습니다.

사용자인 정부나 기업주가 50%를 부담하는 현 제도는 성공 가능성이 있었던 한국 현실이었다고 저는 생각합니다. 문제는 이제부터인 것 같습니다. 현재 시범사업 형식으로 확대하고 있는 2종種 의료보험은 절대로 모방이 아닙니다. 일본의 경우만 보더라도 지역의보地域醫保는 국가가 40%, 지방자치단체에서 20~30%, 본인이 30~40%를 부담하는 형식인데 우리나라 2종 의보의 경우는 본인이 1백%를 부담하게 되어 있습니다. 의료보험 문제를 얘기하는데 있어 우리가 심사숙고해야 할 점이 오히려 여기에 있지 않나, 저는 생각합니다.

사회 : 감사합니다. 고려병원 류목기柳穆基 사무국장님께서는 무엇을 느끼시고 계신지 말씀해주실까요.

柳　:우리나라 의료보험이 경험에 토대를 둔 것이 아니고 모방인데 문제점이 있다는 것은 사실이라고 봅니다.

소득·환경 등 여건이 타국他國과 다른데도 타국제도를 그대로 옮겨 적용함으로써 한국 풍토와 현실에 맞는 의보제도 발전이 저해를 받아왔다고 생각합니다. 특히 의료보험수가의 경우 시간, 빈도, 난이도 등을 적용하여 틀에 맞추었는데 이것 역시 문제점이 있다고 봅니다. 보험대상자 선정에 있어서도 저소득층을 제외한 절름발이 의료보험이라는 것이 시급히 해결해야 할 과제라고 봅니다. 의료보험 재정財政의 틀을 짠 후에 의보수가를 정하고, 강제로 연결시키는 것은 적정 수가를 책정한 후 의보제도를 시행하는 것과 선후가 뒤바뀐 감이 있어요.

과거 5년 동안 의료보험을 시행해오면서 국민의 의료시혜 확대에는 상당한 성과가 있었으나 의료기관의 발전과 의료 인력의 양성은 외면당한 것 같습니다. 이러한 모든 문제점들이 정책에 반영되어 저질 아닌 양질의 의료보험제도가 되도록 정책적인 배려가 시급하다고 봅니다.

사회 : 김은식金銀式 박사님 한 말씀 해주시지요.

金銀 :저는 의료보험관리공단에서 심사업무를 주로 하고 있으니 의료보험진료비 심사제도에 대해서 말씀드리고 싶습니다. 초창기에는 우리나라 심사제도가 많은 모순점이 있었으나 이제는

어느 정도 한국 실정에 부합되는 심사제도의 틀이 형성된 게 아닌가 느껴집니다. 아시다시피 심사제도는 여러 나라가 제각기 특징이 있습니다. '이것이 최고다' 하는 심사제도는 없는 것 같습니다. 우리나라의 경우 최근에 진료비공동심사위원회가 구성돼서 의보공단과 의보연합회가 공동심사 방법을 취하고 있습니다. 이것은 우리나라 심사제도의 특징이라면 특징일 수 있을 것입니다. 현재 세계 각국의 의보제도 주안점이 적정진료의 모색인데 우리나라 심사제도 역시 적정진료라는 측면을 도외시하고 있지는 않습니다. 지난 5년은 우리나라 심사 제도를 다듬는 계기가 됐으며 실제로 어느 정도의 자료는 축적된 것 같습니다.

사회 : 지금까지는 초창기 의료보험을 조망하면서 문제점을 살펴보았습니다.

이제부터는 문제점의 구체적인 개선방안과 우리나라 의료보험의 발전책 등을 자유토론해 주시기 바랍니다. 사회자 질문에 대한 응답형식보다 자유로운 의견개진이 오늘 좌담회의 진행방법으로 더 좋을 것 같군요.

金炳 : 심사제도에 관한 말씀을 좀 드리고 싶습니다. 사실 일본의 경우에도 초창기에는 제한진료방식을 취해 왔습니다. 항생제 계통 의약품이라든지, 이런 것은 상당한 이유가 있어야만 인정을 해주었습니다. 그러나 이제는 제한진료에서 적극진료로

전환하는 것으로 알고 있습니다. 그 이유는 제한진료로서 환자가 충분한 진료를 받지 못해 자주 의료기관을 찾다보니 이것이 오히려 적극진료로 빨리 완치完治시키는 것보다 진료비가 더 든다 이겁니다.

저 자신 보험자단체에서 심사책임을 맡은 적도 있습니다만 보험공단과 의보연합회의 공동심사위원회로서는 심사의 공정성이란 면에서 설득력이 없는 것 같습니다. 심사 지불 문제는 보험자단체, 의계대표, 공익대표로 구성되는 독립된 심사기구로 출범하는 것이 바람직하다고 생각합니다.

또 한 가지 짚고 넘어갈 것은 보험단체가 피보험자에게 재정기여도와 진료비액을 통보하는 경우가 전에도 있었는데 이런 점에 있어 개인이나 가족의 프라이버시를 침해하지 않는 어떤 제도적 장치가 필요하지 않나 생각되는군요.

金회장 : 우리나라가 의료보험을 실시한지 5년이 됐는데 꼭 짚고 넘어가야 할 점이 있는 것 같습니다. 저는 한마디로 한국의료보험이 한계점에 와있다고 말하고 싶습니다. 지금까지는 의료보험의 재정보호에만 치중했고 쉬운 방법만을 선택해왔습니다. 또 직장, 지역의료보험으로서 적용시킬만한 대상은 모두 의료보험 적용 대상자가 됐습니다. 최근에는 우리나라도 대만과 같이 5인 이상 사업장까지 의보 가입이 가능하게 돼서 앞으로 보험자관리 면에서도 혼란이 야기될 것 같습니다. 한 가지 언급하고 싶은 것은 대만의 경우는 직장이동률이라든지 모든 면에서 한국과는 사정이 다르다는 점입니다. 아까 성成 이사님께서 말씀하신 바와 같이 의료보험의 한국형 모델이 2종 의료보험인데 이것도 그렇습니다. 재원조달방식에 있어서는 사회보험인데 정부가 투자를 하고 있지 않으니 사회보험이라고 볼 수도 없습니다. 그런데도 이것을 사회보험이라고 주장하고 있지 않습니까? 이런 상태에서는 사회의료보험인지, 국가의료보험인지, 민간의료보험인지 알 수가 없습니다.

또 이제부터는 한국의료보험의 성격도 짚고 넘어가야 할 것입니다. 우선 이것이 건강보험인지 질병보험인지도 확실하게 구별돼 있지 않습니다. 이제는 정부도 한국 의료보험이 질병의료보험인 것을 천명할 때가 된 것 같습니다. 특히 2종 의보를 확대하는 이 시점에서 건강보험인지, 질병보험인지가 확실해지지 않으면 의료기관과 환자들의 마찰, 보험재정문제에 있어서도 상당한 문제점이 생길 것으로 보입니다. 그리고 현재 한국의료는 약 80%가 민간의료기관이 담당하고 있는데 민간의료기관을 육성 발전시킬 것인지 아닌지도 정부가 확실하게 태도를 표명하여 실천에 옮길 때가 왔다고 봅니다.

마지막으로 사회보험제도 육성을 위한 인력양성에 좀 더 힘을 기울여야 할 것입니다. 지금까지는 보사부라든가 기타 비슷한 분야에서 사회보험에 대한 특별한 전문지식이 없는 분들이 적당히 이끌어온 인상을 지울 수 없습니다.

이제부터라도 사명감을 갖고 한국 사회보험발전에 기여할 수 있는 인력양성에 노력해야 한다고 생각합니다. 그렇게 될 때에 비로소 우리가 현재 당면하고 있는 문제점이 하나씩 해결되리라고 봅니다.

柳 : 의료기관에 종사하면서 느끼는 몇 가지를 말씀드리고 싶습니다. 솔직히 말씀드려서 의료기관에 종사하는 사람으로서 저는 의협·병협 등에 대해 불만이 많습니다. 우리나라 의보수가가 싸고 비싼 어떤 기준이 없어서 의보수가 조정 때마다 항상 논란이 많은데 병원경영 분석이라든지 원가계산이 불확실해서 언제나 판정패를 당하고 맙니다. 이점 의료기관들이 각성하여 시급히 정비할 문제라고 봅니다. 둘째로는 의료기관 지정의 강제화에 따른 문제점을 시정하는 것이고 의료기관에 대한 대국민 홍보의 부재不在도 문제점인 것 같습니다. 현재의 의보진료가 완전진료냐 필요진료냐 한다면 필요진료라고 보여지는데 이것조차도 계몽이 안 돼 있는 것 같습니다.

극소수 비리 의료인의 문제가 대다수의 경우로 오도되어 의료계로 보아서는 뼈아픈 제어장치가 너무나 많다는 것도 따지고 보면 홍보의 부재 탓이 아닌가 싶습니다. 하나 더 의료보험진료비 심사문제인데요, 심사기구의 일원화가 필요한 것 같습니다. 진료에 있어 획일화라는 것은 있을 수 없는데도 심사에 있어서는 획일적인 심사가 자주 눈에 뜨입니다. 전문인력 양성으로 심사의 전문화가 빨리 이루어질 수 있기를 희망합니다.

金회장 : 수가酬價 얘기를 해주셨는데 당국이 의보수가를 책정하는데 있어 의료계·보험자 측과 사전 논의가 없는 점은 어불성설입니다. 제가 어느 자리에서 말한 적이 있습니다. 사회보험을 지향하면서 전문적인 의료원가 연구를 위한 상설연구기구도 없다는 점은 있을 수 없는 일입니다.

그리고 심사문제인데요, 심사에 있어 진료의 질과 내용까지 심사기구가 마음대로 심사 결정할 수 있다는 것은 말도 되지 않는다고 봅니다. 급여기준 심사에 있어서는 급여내용, 급여대상자 등의 심사는 할 수 있으나 일단 급여내용과 대상이 타당하다고 인정되는 경우 그 질과 내용까지 손댈 수 있는 권한은 없다고 봐요. 보험재정만 보호한다는 측면에서 심사를 통해 진료의 질과 내용까지 손을 대려한다면 결국은 의료보험을 위한 의료보험으로 전락할 위험성이 있습니다.

成 : 최근 ISSA회의에 참석하기 위해 유럽 몇 나라를 여행하면서 중점적으로 심사 제도를 관심 있게 보고 또 질문도 많이 했습니다. 결국 저는 처음에 제가 국내에서 생각했던 것보다 우리 심사제도가 그렇게 나쁘지는 않구나 하고 결론을 내렸습니다. 각국의 심사제도가 모두 다르고 제각기 장·단점이 있습니

다만 결국은 적정진료기준을 어디에 두고 어떻게 심사하느냐에 귀일하는 것인데 그 해석과 판단은 나라의 성격과 풍토와 여건에 따라 다른 것을 느꼈습니다. 우리나라의 경우도 의료인·보험자·국민이 함께 노력해서 양심을 전제로 한 최대공약수를 찾아야 한다고 느꼈습니다.

閔 : 의사·환자 또는 정부 입장에서 보는 의료보험이 다릅니다. 문제는 어떻게 의료보험을 정확히 평가하느냐가 의료보험의 정착을 좌우할 수 있다고 봅니다. 우리나라의 경우도 보험수가의 적정 책정여부는 의료보험 성패의 주요 요인인데 솔직히 말해 한국개발연구원은 이 문제가 너무도 어렵고 심각한 것이 돼서 아직까지 손을 대지 못하고 있는 상태입니다.

ISSA에서도 늘 의료비 상승문제가 주요 의제로 등장하는데 결국은 어느 나라를 막론하고 진료비는 줄이면서 의료보장을 잘하는 방법을 찾는 것이 관심사입니다. KDI의 입장에서 본다면 우리나라의 현행진료비 심사 제도가 바람직한 제도라고 보는 입장은 아닙니다. 일부에서는 심사기구가 일원화 될 경우 신속한 심사가 이루어지고 심사의 질도 높아지지 않겠느냐 하지만 KDI의 경우는 두 가지 측면에서 심사 제도를 보고 있습니다. 심사는 행정심사(서식 등)와 질적 심사로 나눌 수 있을 텐데 질적 심사의 적정화가 보다 중요하다고 생각합니다. 진료 내용의 분석과 통합이 여기서 이루어져야 하는데 진료의 질적 심사는 아무래도 의사가 가장 적격일 것입니다. 다만 중앙의 한 기구가 전국을 커버한다는 것은 무리가 올 것이므로 지역의사회 회원들의 심사참여를 위한 시스템이 조직돼야 할 것입니다. 현재로서는 적절한 질적 심사가 불가능하고 행정체제가 뒷받침 돼있지 못한 실정인 것 같습니다. 우리나라 국토가 좁다는 점, 언젠가는 국민개보험이 될 것이라는 점을 염두에 두고 연구해야 할 것입니다. 그리고 의료보험의 성격에 있어서도 그렇습니다. 국민의요보장의 성취수단이 의료보험이므로 의료보장의 확대방안의 측면도 심사숙고해야 할 줄 압니다. KDI가 각국의 의료보험을 대비해본 결과 굳이 타국의 좋은 점을 우리가 취하기보다는 역시 의료비 상승의 통제를 적절히 하면서 어떻게 의료보험을 안정시키느냐가 더욱 중요하다는 것을 깨닫게 되었습니다.

金鍾 : 의료보험수가 문제인데요, 지나치게 의료보험수가가 낮게 책정됨으로 인해서 의료기관에 대한 시설재투자라든지 이런 점은 상상도 못하는 것이 현실입니다.

의보수가의 경우도 한 자리 숫자에 묶여서 금년도 수가 인상율이 7.1%인데 실제 병원경영에 도움을 주는 율은 3~4%에 지나지 않는 것이 현실입니다. 민간의료기관의 육성을 생각하지 않고는 의료보험의 바람직한 정착이 요원할 것으로 생각됩니다. 방금 민閔박사님께서 좋은 말씀 해주셨는데 현재의 심사제도는 행정심사는 가능한지 몰라도 진료의 질 심사는 불가능합니다. 적정진료심사는 역시 의료인이 맡는 것이 타당하다는데 동감입니다.

金회장 : 한때 어느 보험자단체는 서울시내 의료기관 중 X선기를 갖고 있는 모든 의료기관에 무조건 경고장을 보낸 적이 있습니다. 그래서 제가 어떤 문제가 있어서 경고장을 보냈느냐 물었더니 아무런 답변이 없어요. 제 추정에는 X선 촬영료라든지 재료비 등이 보험재정 면에서 문제가 있다고 판단한 것 같은데 이런 식의 자세는 정말 큰일이라고 느꼈습니다.

閔 : 그것이 사실이라면 큰 문제입니다. 그렇게 됐을 경우 제한진료라는 얘기가 나올 수 있고 결국 피보험자를 위해서도 바람직하지 않은 병폐가 될 수 있을 것입니다. 심사에 관계된 얘기입니다만 프랑스의 '림보아' 시스템-환자가 일단 의료기관에 모든 진료비를 지불하고 나중에 보험자에게서 환불받는 제도인데 형식적으로는 좋은 점도 있지 않을까요. 우선은 환자자신이 진료비 상승에 조심하게 될 테니까요.

金炳 : 그것도 한 방법이겠으나 그 방법은 역시 그 방법대로의 문제점이 있는 것 같더군요. 미국의 블루 크로스, 블루 쉴드의 심사제도는 거미줄 같은 상세한 통계로 질환별 평균진료비 액수를 산출해내고 거기에서 20% 가감의 허용치를 두는데 얼핏 보아 타당한 것 같아도 역시 또 여러 가지 문제점이 있었습니다.

成 : 우리나라의 경우 공동심사위원회를 활용하고 있는데 같은 문제를 놓고도 위원들끼리 의견이 다른 경우가 많습니다. 충분한 토론을 거쳐 최대공약수를 찾아서 결정하는데 저는 이 방법이 외국의 여러 가지 예에 비해 꼭 뒤떨어진다고는 생각지 않습니다. 지역의 사회가 심사를 하는 외국 경우를 보니 어떤 때는 지역의사회끼리 논쟁을 벌이는 경우도 있었는데 그런 면에서는 오히려 우리나라 제도가 낫다고 보여지더군요.

金炳 : 의보련醫保聯이라든지 공단의 경우 상근심사위원이 많을수록 좋은 것 같습니다. 과별科別로 돌아가면서 공동심사위원회를 열다보니 오히려 의견차이가 나는 경우가 많은 것 같아요. 그리고 심사제도의 틀을 잡는데 있어서는 의료기관의 자세도 문제가 됩니다. 소액삭감이라고 가만히 있을 게 아니라 이의신청을 통해서 무엇이 삭감됐는가를 분명히 알아둘 필요가 있습니다. 그것도 심사의 적정화에 기여하는 한 방법이 된다고 생각합니다.

朴부회장 : 저로서는 5년간의 의료보험시행 결과가 당초 예상보다 성과 면에서 미흡했다고 생각합니다. 그 이유로서는 우선 진료비 심사과정에서 공정성을 찾지 못하고 있다는 점이고 둘째로는 환자들이 종합병원만을 선호함으로서 일반개업의의 영세화가 가중되는 한편 어떤 경우는 개업의開業醫가 저질의사로 오인되는 불행한 사태까지도 야기시키고 있기 때문입니다. 거기에다 보험급여대상이라는 것이 적절히 분류돼 있지 않아 의사와 환자의 상호신뢰에도 금이 가게 한 책임이 의료보험에 있다고 봐요. 의료보험이 실시되면 당연히 의료전달체계를 유념해야 할 텐데 이 문제는 멀찍이 던져둠으로써 의사라는 고급인력의 사장화가 초래되고 있는 형편입니다. 그러나 무엇보다도 중요한 것은 의료보험이 의사들의 희생을 발판으로 해서 성장한다면 그것은 진정한 의료보험의 발전이 아니라는 겁니다. 이제까지는 의사들의 희생을 요구해 왔고 실제로 의료기관과 의료인만 희생해 왔습니다만 이제는 새로운 각도의 의료보험 정착을 위해 노력할 때라고 봅니다.

李 : 개인의원의 병상은 먼지에 쌓여 있는데 종합병원은 계속 늘고 있습니다. 이것은 국력과 자원의 낭비라고 봅니다. 의료전달체계의 정립이 이 시점에서 무엇보다 중요하다고 생각합니다.

그리고 포괄수가제에 대한 문제도 검토해봄직 하지 않을까 합니다.

金회장 : 기실 포괄수가제 문제도 자주 거론되어 왔으나 그것도 역시 현재의 여건으로는 매우 힘든 문제가 아닌가 합니다.

왜냐하면 포괄수가제 역시 진료내용을 구체적으로 기재해야 하며, 기재된 내용만큼의 수가가 반영되어야 할 터인데 그것이 어렵지 않나하는 생각입니다. 그래서 포괄수가제가 된다 해도 의사의 입장에서는 별로 이롭지 못하다는 것입니다.

柳 : 이번의 수가인상은 고려병원의 경우에서 보면 실질 인상률이 불과 3~4%에 지나지 않습니다. 이번의 수가인상은 겨우 기본 진료료와 기술료의 인상으로만 그친 감이 있습니다.

제가 여기서 말씀드리고 싶은 것은 직접적인 의보수가 인상이 어려우면 세금이나 공과금 등의 감면이나 금융지원 등 측면지원을 좀 해달라는 것입니다. 의료기관처럼 많이 봉사하면서 의료기관처럼 도외시되는 곳은 없다는 것이 저의 솔직한 심정입니다.

사회 : 의료보험이 실시된 지 5년을 맞아 다시 한 번 의료보험의 문제점을 지적해본 오늘의 좌담회는 많은 성과를 거두었다고 생각합니다. 오늘 바쁘신 중에도 이 자리에 참석하시어 좋은 말씀 해주신 것에 다시 한 번 감사드립니다.

(1982. 7. 1 의사신문)

이 호소呼訴에 귀 기울이라
국토개발요원들의 실정보고 좌담회

※ 참석자명단(괄호 안은 파견된 任地)
- 한영수(韓瑛洙 · 충북 음성군)
- 박종현(朴鍾鉉 · 경북 영일군)
- 이수실(李秀實 · 경남 사천군)
- 이범정(李範鼎 · 경북 의성군)
- 조경목(趙庚穆 · 경북 문경군)
- 채홍식(蔡弘植 · 강원 화천군)
- 황의표(黃義杓 · 전북 진안군)
- 강기홍(姜基洪 · 강원 평창군)
- 류목기(柳穆基 · 충북 홍성군)

본사측
사회 : 신태민(申泰旼 · 사회부장)
　　　김태운(金泰運 · 사회부 차장)
기록 : 김광희(金珖熙 · 기자)

정부가 국가 운명을 걸고 착수한 '국토건설사업'은 그간 여러 가지 잡음과 애로를 겪으면서도 줄기차게 밀어나가고 있는데 요즈음 졸업을 앞두고 현지에 파견되어 실지로 이 사업의 선봉에 서서 일해 온 요원들이 상경하는 기회를 이용—본사에서는 27일 하오 이들을 초청하여 생생한 이야기를 들었다. 이들은 햇빛에 탄 구릿빛 얼굴로

"가지와 뿌리는 성성하다 영양만 공급하면 훌륭히 자란다"라고 한 결같이 이야기했다. 이들은 우선 '국토건설의 전위대'임을 자부하면서 대충 다음과 같이 그들의 소감을 말하고 있다. 처음으로 부임했을 때는 그곳 관리들이 지나치게 냉대하는데 환멸마저 느꼈으나 자기들의 사명이 막중함을 깨닫고 맡은바 일에만 전념했다고 했다. 기껏 2만6천여 환의 수당으로 객지에서 숙식을 해야 할 형편이었으나 실제로 비참한 농민들의 생활을 목격한 이후로는 여관신세를 질 수가 없었고 또 지방민들과 호흡을 같이 하기 위해서는 지금의 생활에 아무런 불평도 없다고 말했다. 사실상 농민들의 생활은 비참 그 것이라고 전제하고 개발사업 자체가 이들의 생활을 단번에 해결할 수는 없었다고 말했다.

이들은 현지 주민들이 개발 사업을 대단히 환영했으며 지나치게 기대했으나 자금영달이 잘 안되고 사업이 지연됨으로써 점차 그 열의는 하강下降 일로에 있다고 안타까워하고 있었는데 이러한 현상을 '상향上向 포물선이 하강하는 시점에 놓여있는 것이 지금이라'고 지적했다. 사업을 수행함에 있어서의 여러 가지 고충은 자기들의 애국심으로 상쇄할 수 있으나 위정자들이 너무나도 우리나라의 농촌실정에 어두운 데는 환멸을 느낀다고 말하면서 우선 "한국인은 한국을 알아야 한다"고 주장했다. 또한 이들은 국토개발 사업을 성공적으로 수행하기 위해서는 위정자들이 탁상공론만을 일삼지 말고 실제로 현실에 부딪쳐 강력히 밀어나가는 것이 첩경이라고 그 방안을 제시하기도 했다. 이들은 하루속히 예산이 집행되어 크게 기대를 걸고 있는 국민들의 희망을 꺾지 말도록 부탁하면서 이러한 거국적인 사업자체를 정치의 흥정으로 삼지 말라고 다짐했다. 좌담회 내용은 다음과 같다.

사　회 : 그동안 시골에 내려가서 수고가 많았을 줄 믿습니다. 여러분이 국토개발요원의 일원으로 뽑히어 일선에서 수고를 하고 있는 관계로 개발사업 자체에 대해서는 실제로 부닥친 후 겪고 느낀 여러 가지 이야기가 많을 줄 믿습니다.

　　실로 여러분들의 어깨에는 국가의 운명이 직결되고 있다고 하겠습니다. 이로 미루어보아 국토개발사업에 대한 생생한 참고자료가 많을 줄 믿고 여러분의 입을 통하여 행정부나 입법부 나아가서는 전체 국민들에게 실정을 알리는 동시에 좀 더 적극적인 뒷받침을 촉구하기 위해 이 자리를 마련했습니다. 아무쪼록 여러분의 희망하는 점, 고충 등을 느끼는 대로 말씀해 주십시오. 그러면 우선 여러분이 처음으로 현지에 부임하였을 때 느낀 소감을 말씀해 주실까요?

韓瑛洙 : 예상외로 행정계통이 엉망이었습니다. 특히 본부에서의 지시와 일선 군청의 움직임이 전연 맞지 않더군요.

　　제가 간 곳은 충북 음성이었는데 연락이 되지 않아 4일간은 그냥 허송한 셈입니다. 그 후 충북도내 군수회의가 있은 후 각 면에 배치되었습니다.

사　회 : 내려갈 때의 '스케줄'과 틀렸다는 말씀이군요.

朴鍾鉉 : 우선 그곳의 색다른 풍속을 보고 놀랐습니다. 제가 간 곳은

영일군이었는데 젊은 사람이 갓 쓰고 장가가는 것은 좀 이
상하더군요. 영일군의 경우는 별로 불만이 없었습니다. 군
수가 직접 지시를 하고 출장 면面까지 배당했으니까요.

李秀實 : 대부분 비슷한 줄 압니다. 처음 군청(사천)에 가니까 국토개
발사업이 무엇인지조차 모르고 있더군요.
군수나 그곳 관리들이 20년이다 10년이다 하면서 그들의
행정관록만 자랑할 뿐 거들떠보지도 않아요. 그 후 제가 온
의무를 말하니까 겨우 숙소를 안내하는 정도였지요. 특히
이곳에는 절량絶糧농민이 많아 안타까웠는데 김매는 아낙네
들의 얼굴이 부어있더군요.

李範鼎 : 군수의 말이 너무 무관심하여 놀랐습니다. 오히려 자기 군
(의성)의 자랑만 하는 데는 질색이었어요. 이곳은 특히 산림
이 남벌되고 있어 보기 딱 했어요. 이곳 역시 절량絶糧농가
가 많았고 구호양곡에만 의존하고 있습니다.

趙庚穆 : 이곳(문경) 역시 아무런 준비가 없었습니다. 2만6천환의 수
당으로 내려갔는데 여관비가 1만6천환이나 되니 풀이 꺾였
습니다. 그러나 국가를 위하는 일념에서…

蔡弘植 : 제가 간곳은 수복지구였습니다(화천). 이곳은 생활수준이 옛
날보다 윤택해졌다고 합니다. 이곳 사람들은 생활정도 여
하로 정부를 저울질하는 모양인데 과거(공산치하)에는 배급
제도가 있어 절량絶糧된 사람은 없었는데 요즈음은 절량絶糧
된 사람이 많습니다. 전체적인 생활수준은 상승했지만 절

량농가가 많은데 대해 비관이 있더군요.

黃義杓 : 저는 전북 진안군에 배치되었는데 우리의 검은 제복이 옛 날 반공청년단과 비슷해서 매우 못마땅한 표정이었습니다. 이곳 역시 개발사업에 대한 인식은 퍽 희박했습니다.

姜基洪 : 강원도 평창군에 배치되었습니다. 이곳의 생활수준은 말이 아니더군요. 대부분이 화전민火田民이라서 그런지 도무지 개발사업이 무언지도 모르고 있었습니다. 먼저 정신적으로 이들을 계몽해야 될 줄 믿습니다.

사　회 : 정신문화개발이 병행되어야 되겠단 말이군요.

柳穆基 : 저는 홍성군을 맡았는데 이곳의 생활수준은 비교적 높은 듯 했습니다. 개발사업의 목적이 무엇인가를 면面 당국에서는 전연 모르고 있었어요. 그런 탓인지는 몰라도 이 건설 사업에 대한 협조는 바랄 수 없는 정도였습니다.

그 대신에 사업착수지역의 선택이 정치적으로 배당되었다고 불평만 합니다.

사　회 : 다음은 국토개발 자체에 대한 현지민들의 관심은 어떠했습니까?

韓瑛洙 : 그 문제에 대해서는 제가 말씀드리겠습니다. 여태껏 이런 거대한 사업이 없었기 때문에 기대는 매우 컸습니다. 농한기農閑期에 했기에 더 기대가 컸다고 봅니다. 그러나 일 자체가 잘 추진되지 않았기 때문에 실망한 모양입니다. 앞으로 자금만 순조로이 영달되면 국토개발은 성공리에 끝날 줄

았습니다.

姜基洪: 지방주민들의 관심은 매우 컸으며 기대 또한 컸습니다. 그러나 사업착수가 늦었기 때문에 일을 한다고 주장한 우리가 결국 속임수를 친 결과밖에 안 되었습니다. 말하자면 관심의 도가 '클라이맥스'에 올랐다가 점차 내려가는 것이 오늘날의 현실입니다.

黃義杓: 우리들을 만능의 인물로 알고 있었습니다. 우리들이 이야기하면 무엇이든지 국가에서 들어준다고 믿고 있었으며 당장 그들이 아쉬운 일거리를 부탁하는 일도 있었어요.(웃음)

사　회: 말하자면 자기 부락을 위하는 일이라면 좋아하고 그렇지 않으면 시들하다는 말이군요.

黃義杓: 그런 모양입니다.

蔡弘植: 관심의 도를 '그래프'로 그린다면 상향上向 포물선의 정점에서 하강하는 시점에 있다고 보겠습니다. 하강하는 원인을 제거함이 시급하다고 봅니다.

사　회: 앞으로 예산이 영달令達되고 보면 자연히 그 관심도가 되살아 날 것으로 보십니까?

韓瑛洙: 그렇습니다. 그리고 이것을 비유하자면 나뭇가지는 왕성하고 뿌리마저 성하지만 영양이 부족하다라고나 할까요. 영양만 좋으면 얼마든지 싱싱할 수 있다고 믿습니다.

사　회: 여러분이 한 달 동안 현지에서 어떠한 일을 맡아보셨습니까?

蔡弘植 : 주민들의 정신무장에 중점을 두고 일했습니다. 소기의 성과를 거두기 위해 강연회를 열고 동장회의에서도 간곡히 개발사업에 대한 의의를 강조했습니다.

柳穆基 : 처음부터 괴로웠습니다. 이 사업에 대한 이해가 전연 없었으니까요. 그러니까 우선 계몽운동부터 해야 했습니다. 다만 현지 주민들의 협조와 열의만 있으면 성공할 수 있을 것 같아요.

사　회 : 여러분의 계몽운동이 결국 결실을 맺었다고 자부할 수 있겠군요.

韓瑛洙 : 그렇죠. 그리고 국토개발의 시기는 역시 농한기農閑期가 적당하다고 봅니다.

朴鍾鉉 : 사업상 요원들이 일주일 동안에 정부의 계획을 이해한다는 것은 무리입니다. 그런데 출발 당시만 하더라도 애국이 무엇인지를 몰랐으나 직접 일에 부딪쳐보니 책임감이 생기고 하는 김에 잘하자는 생각이 나더군요.

사　회 : 위원들에 대한 현지주민들의 기대는 어떤 종류의 것이었으며 개발기술자를 원하고 있는지 또는 임금 분배자로서 원했는지? 말씀해 주십시오.

姜基洪 : 우리들 구세주로 알고 있었다면 과언이라 할까요?(웃음) 자기들이 필요한 것 예例하면 다리를 놔달라든지 길을 닦아달라는 엉뚱한 소리도 할 때가 있었습니다.

朴鍾鉉 : 당국에서 책정한 사업계획이 현지 주민들에게 혜택을 주는

경우는 괜찮았으나 아무런 혜택을 입지 못하는 주민들은 오히려 원망들 하고 있어요.

李秀實 : 이 사업으로 당장 낙토樂土가 되는 줄 믿고 있습니다.

사 회 : 현지 주민을 관장하고 있는 관리들의 움직임은 어떠했나요?

黃義杓 : 이 사업은 개발요원들만이 하는 것처럼 알고 있어요. 이들부터 계몽해야 될 줄 믿습니다.

蔡弘植 : '피라미드'를 거꾸로 세운 것 같아요. 내려가면 갈수록 열熱이 낮으니 말입니다.

사 회 : 열의 없는 사람을 앞으로 어떻게 했으면 좋을까요.

李範鼎 : 중앙에서 강력한 명령계통으로 다스려야 할 것 같습니다.

사 회 : 탁상공론卓上空論이라고 평을 받는 중앙의 공정표工程表에 대해 주민들은 어떻게 보고 있나요?

韓瑛洙 : 현지답사를 안 한 것이 그대로 드러나고 있습니다. 그러니까 탁상공론卓上空論에 불과하지요.

柳穆基 : 사업대상의 책정이 모순덩어립니다. 급하고 늦은 것을 구별 못한 것처럼 보이더군요.

黃義杓 : 위정자들이 농촌 실정을 도무지 모르고 있는 것은 안타까운 일입니다. 그러나 국토개발사업으로 인한 효과는 꽤 큰 것으로 보고 있습니다. 실업자 구제 절량絶糧 구제 등에도 말입니다. 좌우지간 돈(노임)이 떨어지니까요.

사 회 : 장기개발계획과 단기개발계획에 상호 모순되는 점은 없던가요?

李範鼎 : 급한 것이 많기는 하나 역시 단기개발로는 효과가 적을 것 같습니다. 중점적으로 큰 공사를 해야죠.

黃義杓 : 그러나 당장 자기 손에 쌀 한 톨이나 돈 십 환 들어오는 것을 원하고 있는 사람이 많아요. 때문에 장기와 단기를 잘 배려해서 이들에게 희망을 잃지 않게 하는 것이 양책良策이라 봅니다.

柳穆基 : 이러한 계획은 어느 특정인이나 정당의 연명책으로 해서는 안 되겠습니다. 정치를 떠나서 순수한 국가적 사업으로 시종하는 것이 첩경이겠지요.

사　회 : 국토개발사업을 성공리에 끝낼 방안은 무엇입니까?

李範鼎 : 먼저 국민의 인식을 촉구하는 것입니다.

李秀實 : 먼저 윗사람들의 정신을 개발해야겠구요. 또 강력한 국가의 뒷받침이 필요할 뿐입니다.

蔡弘植 : 먼저 신문에서 여론을 환기해 주어야겠고 일부지역의 일을 전체인양 취급하지 말아야겠습니다.

사　회 : 공정한 기사를 써야 되고 또 여론을 '리드' 하라는 말인 줄 믿습니다. 숙식문제에 불편이 있었다던데?

姜基洪 : 그건 문제가 아닙니다. 지방민의 생활상을 보고 있는 이상 이들과 호흡을 같이 한다는 견지見地에서도 이것은 아무런 문제가 되지 않습니다.

사　회 : 여러분이 진짜 애국자라고 하겠습니다.

韓瑛洙 : 동감입니다. (웃음)

사　　회 : 요원들이 상경한다는데요 그 원인은 어디 있습니까?

趙庚穆 : 졸업을 앞두고 한번 올라와 서울 공기라도 알고 동료들도 만나겠다는 것뿐입니다. 곧 임지로 떠날 것입니다.

韓瑛洙 : 이 국가적인 사업을 위해서는 빨리 차출하지 말고 좀 더 일할 기회를 주는 것도 좋다고 봅니다.

李秀實 : 지방민들과 이 사업을 같이 하자고 약속까지 했기 때문에 빨리 올라오면 농민을 배반하는 결과가 될 것 같아 두렵습니다.(일동 찬성의 소리)

柳穆基 : 한국의 실정을 모르면서 외국 이야기만 하는 측들이 있습니다. 우리의 실정으로는 3개월의 기간은 짧고 3·4년 동안 장기적으로 농촌에 스며들어가야 목적을 이룰 것 같습니다. 다만 "한국을 알자"고 부르짖고 싶습니다.

사　　회 : 오랫동안 좋은 말씀 많이 해 주셨습니다. 아무쪼록 맡은바 일에 정진해 주십시오. 감사합니다.

(1961. 3. 28. 경향신문)

6장
고향 안동

- '근약독륜' 조상의 뜻 가훈삼아 무실독행한 안동인
- 안동정신의 '일신우일신' 日新又日新을
- 인간이 태어나서 하고 싶어하는 것 다 하며 살 수는 없다
- 나의 고향 '안동'
- 安東鄕友會 20年史

'근약독륜'謹約篤倫 조상의 뜻 가훈家訓삼아
'무실독행'務實篤行한 안동인

합리성과 인화人和의 덕으로 탁월한 경영인 평판 받아

영가회永嘉會 회장 류목기(한솔저축은행 사장)

'인다안동人多安東'이라는 말은 유교를 근간으로 한 사류士流 중심 사회로 정착 5백년 왕조를 누렸던 조선조에 찬란한 인문문화의 주류를 이루었던 영남사림이 안동을 중심으로 형성된 데서 유래했다고 봐야 한다.

우리나라의 산천은 그 어느 곳 아름답지 않은 곳이 없을 정도로 미려美麗한 금수강산임에 틀림없겠으나 특히 안동고을은 산수山水가 기묘하고 낙동강 물줄기가 비단처럼 휘감아 흘러 빼어난 풍치를 이루고 있어 골골이 모두 한 폭의 그림인양 아름답다. 산과 산이 첩첩하되 악하지 않고 물이 많되 탕만 하지 않으니 그 속에서 나고 자란 사람들의 마음 또한 곧고 슬기로우며 지조가 굳고 순후하여 정이 많으니 동방의 무릉이 바로 이곳이라 할만하다.

그래서인지 고려가 태동할 때 삼태사三太師가 있어 왕조를 굳게 세우는 기초가 되었고 고려가 망할 지음에는 학문을 사랑하고 지조가 굳은 많은 의사들이 이곳으로 낙향하여 터를 잡아 살게 되니 선비의 고장으로 차츰 자리를 잡아가게 되었다.

역동易東 선생, 농암 선생, 백죽당 등이 그 두드러진 예라고 할 것이나 그 외에도 수를 헤아리기 어렵도록 많은 현사들이 모여 정착하므로 전국에서도 파조派祖가 가장 많은 고장이 되기도 했다. 그러다가 조선 중엽에 이르러 퇴계가 낳으므로 해서 우리나라의 성리학이 찬란한 빛을 발하게 되고 영남학맥도 안동을 중심으로 큰 물줄기를 이루어 오늘에 이르렀으니 4백년 깊은 전통은 개화 이후 현대에도 학문을 탐구하기를 즐기며 지조를 중히 여기는 고장으로 확고하게 자리 잡았다 할 수 있다.

그래서 '인다안동人多安東'은 이조시대에만 국한되지 않고 오늘에도 확고한 안동의 닉네임으로써 아무도 부인할 자 없게 되었으니 얼마 전까지만 해도 한 고을에서 현직 국무위원이 4명씩이나 자리를 함께 하였을 만큼 많은 장·차관들이 나왔고, 이사관급 공직자가 기백명, 대학교수 기백명, 재계, 학계, 법조계, 언론계, 금융계에서 국가 사회에 기여하고 그 이름을 빛내는 인물들이 수를 헤아리기조차 어려울 정도이니 이러한 것을 일컬어 '인다안동'이라 할 것이다.

지금 서울에는 안동의 옛 이름을 따서 모임을 이루고 있는 영가회永嘉會가 있다. 이 모임은 창립된 지 21년째를 맞이하는 안동 출신 이사관급 이상 공직자 출신과 학계, 재계 등등 기타의 분야에서 중진급으로 활약하거나 퇴임한 분들을 망라한 모임으로 '인다안동人多安東'이라는 말을 실증으로 보여주는 재경 안동인들의 핵심체이다.

지난 7월 10일 이 영가회의 회장이 새로 바뀌어 류목기柳穆基 씨가 추대되었다. 이 모임의 구성원이 되고 있는 하나 하나 모든 회원이 모두 훌륭한 인물들이고 보면 이 모임에서는 일반 모임처럼 특출한 역량을 갖춘 돌출한 인물이 회장이 되는 것은 아니다. 그러나 이 모임에 회장이 되는 절대적인 요건이 있다. 그것은 바로 '화합과 조화'의 능력을 발휘해 원만하게 회를 이끌어 나갈 수 있는 인사이어야 한다는 것이다. 관록이나 학식, 재력 등 나름대로 각자가 갖추고 있는 역량이 대단하고 그러므로 해서 각기 개성도 강한 회원들을 화합과 조화로 결집시키는 일은 난사 중에 난사로 여겨져 20년간을 수고하면서 회를 성장시키고 잘 이끌어 온 김해길金海吉 회장의 후임자에 어떠한 분이 들어설 것인가는 오래 전부터 큰 관심사였다. 그래서 회원들이 많은 고심 끝에 그러한 덕목을 갖춘 적임자로 류목기柳穆基 회장을 지목한 데는 깊은 뜻이 있다고 봐야 한다.

원만하고 합리적이며 큰 모임을 맡아 무난히 잘 이끌어 가고 모임을 더욱 발전시킬 수 있는 인물로 많은 재경인사들 간에 일찍부터 회자되던 류목기 회장…….

그는 어떠한 사람인가?

류목기 회장은 안동시 임동면 박곡동(박실)에서 무실 류씨柳氏 삼가정三檟亭파 용와공慵窩公 휘승현諱升鉉의 10대손으로 출생했다.

부친 필희必熙 선생은 지방 관리로서 인자한 성품에 매사에 성실하고 합리적인 성격의 인물로 알려져 있었고 왜정 때의 어려운 시절 주민들을 위해서 돕고 보살피는 일에 남다른 봉사적 활동을 했던 분이었다. 그는 가정적으로 윗대어른들의 유훈을 받들어 후예들을 훈육하는데 매우 관심을 기울여 6대조인 성헌공省軒公―휘諱―치후致厚의 좌우명이었던 근약독윤謹約篤倫을 가훈으로 삼았다. 근약독윤謹約篤倫이란 삼가하고 부지런하고 절약하는 등 성실한 생활을 해야 한다는 것과 윤리를 돈독히 한다는 여러 가지의 의미를 함축한 말로써 여초(如草·서예가) 선생이 경탄하며 아끼는 절구節句로 삼겠다고까지 했었다는데 류 회장은 지금까지도 근약독윤을 가훈으로 간직하고 있다.

 모친 조씨(본관―한양―영양군 주실 탄생)는 류 회장이 10살 때에 일찍 별세했다.

 3형제 중 둘째인 류 회장은 넉넉지 않은 살림과 어머니의 별세로 더욱 어려워진 환경이었지만 학업은 정상적인 코스를 밟아나갈 수 있었는데 류 회장은 그 공을 전적으로 맏형의 부인인 형수에게 돌리고 있다.

 형님(직기)은 후에 중학교 교장, 교육장을 역임한 분이었으나 당시는 평교사로 넉넉지 않았고 그래서 갓 결혼했을 신혼 때에 두 동생(목기와 만기)을 신혼 방에서 데리고 자야 했다. 형은 형이라 그렇다 치더라도 신혼인 형수에게는 나이어린 류 회장 형제였으나 미안하기 짝이 없는 노릇이었다.

형수(정봉순)는 교사 출신으로 교육열이 대단한 분이었다고 한다. 그러나 본인이 낳은 자식이라면 몰라도 제살기도 어려운 판에 시동생들에게 바친 그분의 교육의 열정은 눈물겨운 것이라 아니할 수 없었다. 그분은 "풀을 뜯어 먹는 한이 있어도 시동생들은 공부를 시켜야 한다"고 말했다고 한다.

류 회장이 어릴 때…… 모두가 살기 어려웠던 시절이었는데 그러한 형수의 덕과 교육열에 힘입어 류 회장은 임동초등, 안동동림중, 안동사범, 그리고 서울대 사범대학으로 교육의 코스를 제대로 밟아 올라갈 수 있었다.

류 회장은 초·중·고까지는 공부벌레라는 말을 들어가며 열심히 공부했고 늘 수석을 차지하거나 처져야 2등쯤으로 우수한 학업성적을 올렸다. 그러나 대학교로 진학을 하면서는 상황이 달라질 수밖에 없었다. 학비와 서울에서의 숙식비 해결은 그리 쉬운 문제가 아니었기 때문이었다. 그는 4년제 대학을 7년 만에 졸업했다. 대학에 진학해서는 가정교사 그룹지도 아르바이트 등으로 돈을 벌어가면서 공부했고 그도 어려울 때는 휴학을 하고 인천에 있는 영연방군 '에딘바라 캠프의 나피(NAF : 미군PX 같은 것)'에서 일하면서 등록금을 마련하기도 했고 중간에 군대에 입대하기도 하여 대학교는 결국 7년 만에 졸업을 하게 된 것이다. 류 회장은 그때를 회상하며 "그때의 고생과 경험은 나의 인생길에 큰 양식이 됐다"고 했다. 그때는 스스로 산전수전을 혼자서 겪는 듯했고 외로움과 고통을 느끼면서도 강인함을 길렀으며 어려운 사람들과 고통을 함께 할 수 있는 인간성을 기르고 세상 살아가는 밑바탕 '인생'을 터득했다는 것이다. 어려움을 모르고 산사람이 남의 어려움을 이해하기란 어렵고 그들과 고통을 함께 나눈다는 것은 거짓말 같은 얘기라는 것이다. 그는 그때의 경험을 통해서 얻은 교훈으로 어떠한 형극의 길도 헤쳐 나갈 수 있다는 굳은 신념과 대인관계에서 자신의 의사전달의 미숙 등 처신의 미숙함을 극복할 수 있는 대처능력 배양이라는 큰 소득이 있었다고 자평한다.

류 회장은 사범학교 출신으로는 사범계통에 진학할 수밖에 없는 당시의 제도 때문에 사범대학에 진학했으나 정치에 뜻이 있었던 듯 월간 『사상계』를 한 회도 빠짐없이 사서 탐독하고 웅변연습에 열중하고(자신이 스스로 눌변이라고 판단, 이를 극복하기 위해) 각종 정치모임, 세미나 등에는 열심히 참여했었다.

류 회장은 대학을 졸업하면서 장면 정권이 대학졸업생으로 참신한 인재를 대거 발굴 사회개혁의 첨병으로 활용하기 위해 실시한 신인등용시험에 합격해 내무부 소속으로 충남 홍성지역의 소류지와 도로공사사업 감독 임무를 맡아 내려간다. 장면 정권은 부정이 만연한 공직사회의 비리를 막고 척결하기 위해서 젊은 인재들이 필요하다고 생각했던 정책의 일환으로 류 회장도 그때 등용되었던 것이다.

류 회장은 혼신의 정열을 다해 임무에 충실했을 뿐 아니라 당시 민주당 정책개발본부장이었던 장준하 선생이 주관한 토론회에서 "한국인은 먼저 한국인을 알아야 한다"는 주장을 하여 언론에 대서특필 각광을 받았고 장준하 선생의 소개로 장면 총리와 개인면담까지 하게 된다. 이를 계기로 당시의 중진들로부터 참신한 인재로 촉망받아 기대를 모으기도 했는데 오래지 않아 5·16군사혁명이 일어났고 류 회장은 서울시청 총무과의 인사담당 부서로 전보되었다. 이는 바로 촉망받던 인재에서 일개 평범한 하부직 공무원으로 전락한 것이었으며 류 회장 생애의 전기가 되었는지도 모른다. 류 회장은 임무의 변동에 따른 회의감과 대졸자로서의 희박한 대우에 대한 불만 등으로 사표를 내고 유진오 박사가 이끌던 재건국민운동본부요원 모집에 응시하여 합격하고 그곳에 들어갔으나 그 역시 하는 일이 시답지 않게 여겨져 2개월여 만에 사표를 내고 만다. 그리고는 행정고시 공부를 다시 시작해서 1차 시험에 패스, 2차(최종시험) 시험을 준비 중에 행정고시제 폐지로 그의 꿈이 깨어지고 만다.

그는 그때 홍성 근무시 사귀어 결혼한 중학교 교사 출신인 오종수吳鍾洙 여사와의 신혼시절이었는데 방황이나 다름없는 세월을 오래 지속할 수 없다고 판단하고 고려병원에 취직하게 된다. 류 회장은 스스로 자문하기를 '네가 가진 것이 무엇이냐'고 한다면 '정직과 성실'이 전부라고 자답할 수밖에 없다고 실토하듯이 오로지 정직함과 성실로 근무하였다.

15년의 고려병원 근무, 병원사무국장은 사실상 병원의 모든 이권관계 업무를 총괄하는 자리였다. 가끔 비리의 노출로 말썽이 나기도 하는 예가 많았던 곳이다. 그래서 그룹본부의 감시는 보통이 아니었다. 그룹의 이미지를 유지하기 위한 방침 때문이다. 한번은 6개월간 장기감사를 받기도 했다. 류 회장에 대한 비리나 문제점을 단 1건도 잡지 못한 그룹본부나 감사들의 신임은 더욱 두터워지는 계기가 되었다.

"거래와 관련해서 타인의 금품은 한 푼도 받아본 적이 없다"고 말하는 류 회장은 자신의 애경사시에는 거래처에 알리지도 않았고 혹시 간접적으로 알고 와서 과다하게 부조하는 사람에 대해서는 나중에 불러서 다시 되돌려 주는 까다로움을 펴기도 했다. 과다한 부조는 순수한 성의가 아니라 뇌물성을 띤 것이라고 생각했기에 그랬으리라.

류 회장이 고려병원에서 15년간 근무를 계속하고 있을 때 어쩔 수 없이 병원을 떠나지 않을 수 없는 상황을 맞는다. 친구인 공영토건 회장이 부도를 당하고 투옥되면서 공영그룹 내의 여행사를 맡아달라는 공영 회장의 간곡한 부탁을 받았기 때문이다. "다른 사람은 도저히 믿을 수 없으니 자네가 맡아 달라"는 옥중행 친우의 권유를 물리칠 수 없었기 때문……. 할 수 없이 고려병원을 사직하고 여행사를 인수 운영했으나 한솔그룹에서 한솔상호신용금고를 인수하면서 15년간 고려병원에서 모셨던 조운해 이사장(삼성창설자 이병철 회장의 맏사위)이 한솔금고의 운영을 부탁했다. 그것 또한 물리칠 수 없는 자리였다.

류 회장은 여행사를 인계하고 3년 임기의 한솔상호신용금고의 대표이사 사장을 맡아 4년간을 근무하고 2세경영자들의 전면부상과 세대교체 추세에 따라 대표이사를 퇴임하고 현재는 상담역(고문역할)을 맡아 오늘에 이르고 있다.

류목기 회장이 이번에 영가회의 회장으로 추대된 데는 류 회장의 지금까지의 생활역정 속에서 쌓아온 많은 음덕과 결코 무관하지 않다. 류 회장을 직접 상대했던 안했던 간에 안동인들 간에 떠도는 류 회장에 대한 좋은 평판이 크게 작용했다고 볼 것이다. "류목기씨는 좋은 분이다"라는 소문이 파다한 것을 기자도 수없이 많은 사람들로부터 들어왔다. 그와 접촉이 별로 없었던 기자도 그러한 연유는 잘 모른 채 '좋은 사람—덕이 있는 분'으로 여겨왔었다. 그래서 어려운 환경을 스스로 일찍 체험한 분으로서 그동안 어려운 사람들에 대해 인정을 베푼 것에 대해 궁금해 이모저모로 캐물었다. 그는 특별히 생각나는 게 없다고 했다. 소문과 그의 답변이 상치(?)되는 감을 느끼면서 '사이드에서—취'를 시도했다. 류 회장을 좋은 사람이라고들 말하는 사람들에게 알아보기로 한 것이다.

그는 자질구레하게 사람들을 도와주는 일을 부지기수로 했다고 한다. 어떤 일이든지 가령 삼성그룹에 관한 일, 병원에 관련된 일 등 문제성이 없는 일들에 대해서는 귀찮아하거나 마다하지 않고 여일하게 보살펴주고 도와주기를 즐겨했다고 한다. 형편이 어려운 환자들이 왔을 때의 상담에서도 가급적 수술을 하지 않고 치료하는 방법으로 권유하고 유도하면 "병원에 가면 무조건 수술하라"하여 바가지 씌운다는 일반통념을 깨는 류 회장의 상담을 보호자들은 선의로 받아들이고 나중에 또 찾아오고 다른 환자들을 소개해 온다고 했다.

학비가 없어 곤란한 도움 요청자에게 기백만 원씩의 등록금을 대준 일도 부지기수.

그러저러한 소문들이 입에서 입으로 전해져 '류목기씨는 좋은 분'이라는 말이 파다하다는 것을 알게 됐던 것이다.

류목기 회장이 그토록 존경하고 고맙게 여긴다는 형수 정봉순 여사에 대해서 몇 가지 부연하지 않을 수 없다. 어머니를 일찍이 여읜 류 회장에게 모친의 역할을 한 교육열 강한 정여사는 아들 며느리 8명 중 5명의 박사를 배출시킨 '박사어머니'라 한다.

정여사의 큰아들은 의학박사로 미국에서 암연구가이며, 외교관(미애틀란타 총영사)인 둘째의 아내는 성신여대 교수로 박사, 셋째아들은 미국에서 경영정보학을 연구한 박사로 현재 삼성데이타시스템(SDS)의 전산총괄 임원이고, 넷째아들은 철학박사이고 그의 부인은 유전공학 박사이다.

류목기 회장댁도 충절의 고장 홍성의 교사출신인 부인과 고결 호학의 전통이 맥맥이 흐르는 선비고장 안동정서의 접목으로 네 따님 모두 곱고 착하게 성장하여 2명은 박사 아내가 되었고, 셋째는 삼성그룹의 간부에 출가하고, 막내는 아직 미혼으로 이화여대를 나와 미국에 들어가 금속디자인 공학을 공부하는 등 다복한 가정을 이루고 있다.

류목기 회장은 영가회에 대해 "이제 영가회도 친목위주에서 한 단계 넘어 생산적이며 진취적인 모임으로 방향을 잡아 보다 좋은 일을 해야 되지 않겠는가 생각한다"고 어떤 암시적인 뜻이 담긴 말을 했다. 류 회장은 재경안동인의 대표적인 결집체인 영가회는 고향사랑운동의 핵심적 역할을 해야 한다고 강조한다. 우연이든 옛 윗대로부터 전승되어 온 안동인들의 의지에서든 현존하는 많은 문화유산과 영남학맥의 주류를 이루었던 명현거유들의 빛나는 유적과 유훈을 간직한 안동과 그 고장에서 태어나고 자란 안동인들의 진정한 자긍심을 또다시 상고하고 그 뜻을 기리고 빛내는 작업이 영가회를 중심으로 꽃피워져야 한다는 것이다. 그러기 위해서는 모든 회원들이 첫째로 돈목하고 화합 협력해야 한다는 논리를 펴면서 류 회장은 그토록 무거운 소임을 잘 해나갈지 걱정된다며 자신은 그 심부름꾼으로 열성을 다할 결심이며 회원들의 배전의 협력이 없이는 불가능한 일이므로 회원님들의 이해와 공감으로 이 뜻이 꽃피우고 좋은 열매 맺기를 간절히 바란다고 했다.

안동인들의 고향사랑운동이나 긍지회복운동은 결코 지역이기주의가 팽배한 이 시대에 있어서 배타적인 것이 아니라 안동의 선비정신을 바탕으로 한 순수하고 건설적이며 미래지향적인 애향운동으로 승화되어야 한다고 주장하는 류목기 회장의 봉사의지가 영가회의 발전과 더불어 안동발전으로 이어지고 나아가 국가와 사회에도 기여하는바 되도록 기대해 본다.

(1998. 8. 12 안동향우신문)

안동정신의 '일신우일신'日新又日新을

지난 해 10월의 일입니다. 안동문화원에서 졸고를 부탁받은 후 자료를 찾다가 고양의 한 중학교 운동장에서 한 하회별신놀이 등 공연 행사가 진행됐다는 글을 인터넷을 통해 봤습니다. 맑게 갠 가을 날씨에 학생들 1천여 명이 운동장에 나왔습니다. 박수를 치며 즐거워하는 사진이 참 좋았습니다.

학생들은 하회별신굿과 노국공주 놋다리밟기 등 공연에 완전히 몰입된 모양입니다. 총각탈을 쓰신 분의 덩실덩실 춤사위에 교장선생님도 신이 나서 따라하셨습니다. 학생들에게 제대로 된 "우리 전통문화를 학생들에게 가르치는데 이만큼 좋은 강의가 없다."고 말씀도 남기셨습니다. 함께 행사에 참여하셨던 학부모님들도 매우 좋아하셨습니다. 공연 장면을 일일이 사진으로 찍어 블로그에 올리셨습니다. 그리고 이런 공연을 기획하신 분들께 감사하다는 말도 잊지 않으셨습니다.

저는 이 글을 보고 마치 제가 이 행사를 주최한 것처럼 매우 자랑스러워졌습니다. 그리고 김준식 안동문화원장님과 통화를 했습니다. 원장님은 이 행사가 올해부터 시작한 '찾아가는 문화재 공연'이란 것으로 벌써 열세 번이나 했다고 하셨습니다. 대구·부산·포항 등 가까운 곳부터 시작해 서울과 경기도 등 전국 각지를 대상으로 활동범위를 넓혀갔다고 하십니다. 감수성이 예민하고 또 교육효과도 큰 청소년층을 주 대상으로 했고 원하는 분들이 있다면 어디든지 달려갈 것이라고도 말씀하셨습니다. 김 원장님은 이 행사 외에도 안동의 문화 활동을 진작하기 위한 다양한 사업을 소개하셨습니다. 꿈꾸시는 사업도 매우 알차보였습니다. 저는 이 말을 듣고 안동문화원이라는 곳에 대해 다시 생각하게 됐습니다. 비록 한 사람이라 하더라도 뜻이 있다면 매우 큰일을 할 수 있다는 것을 저는 알고 있습니다. 한 사람이 아니라 하나의 단체라면 할 수 있는 일이 훨씬 커지고 많아질 것입니다. 그리고 그런 사실을 바로 안동문화원이 입증하고 있다고 생각했습니다. 안동문화원은 나의 고향 안동의 문화를 진작하고 전파하는 큰 역할을 하고 있는 소중한 곳이란 사실을 분명히 알게 됐습니다.

굶어도 버리지 않는 고집

그리고 이 글을 빌어 바로 그 안동문화원 창립 50주년을 축하드립니다.

저는 안동문화원은 안동 지역 문화 창달의 요람이 돼왔다고 확신합니다. 많은 분들이 저와 공감을 하고 계셨습니다. 안동문화원은 문화 예술인들의 사랑방이었으며 시민들에게는 문화적 요구를 충족시키는 한마당이 됐습니다. 반세기 동안 축적한 지역 문화 자산의 폭과 깊이는 전국 각 지역의 문화원 가운데 단연 돋보입니다. 또 지역 문화 자산을 발굴하고 이를 계승 발전하며 국내외에 알리는 등 그 성과도 적지 않습니다.

안동 사람의 하나로 제가 우리 문화원에 자부심을 갖는 이유 중 또 하나가 그 오랜 역사입니다. 아시다시피 안동문화원은 1960년도에 설립됐습니다. 도내에서 가장 먼저 발족된 지역문화원입니다. 서울 등 대도시를 비롯해 전국적으로 유례가 드문 것입니다. 이때는 보릿고개가 엄존했고 전쟁의 참화마저 가시지 않았던 시절입니다. 세끼 밥걱정이 다른 모든 시름에 앞서던 때 이미 우리 지역에서는 지역의 빛나는 문화유산을 발굴하고 공유하며 내외에 알리는 일이 시작됐습니다. 지방문화사업법이 제정된 것이 1966년이며 지방문화원진흥법이 제정된 것은 1994년입니다. 세계적으로는 '최대한 많은 사람들이 다양한 문화적 활동을 하게 하는 것이 인간적인 기본 가치와 개인의 품위를 발전시키는데 필수불가결하다'라고 명시한 유네스코 나이로비 선언이 1976년에 있었습니다. 안동에선 정부 기관의 관심이나 지원이 시작도 되기 전, 문화 활동의 가치에 대한 세계적인 관심이 명문화되기 이전에 이미 자생적인 지역문화원이 자리를 잡았습니다. 그런 사실 자체가 극심히 어려운 때에도 '추로지향鄒魯之鄕' 정신적 자존심이 우리 지역과 지역민의 가슴에 생생히 살아 있다는 것을 보여주는 증거라고 생각합니다.

엘리자베스 여왕이 안동에 온 까닭

제가 알아보니 안동문화원이 지역 문화를 창달한 공로는 일일이 열거하기도 어려울 정도로 많았습니다. 엘리자베스 여왕이 한국을 방문했을 때 안동을 찾은 것도 우연이 아니라고 생각합니다. 안동의 문화가 그만큼 널리 알려진 것 자체가 안동문화원의 업적을 증명하는 증거일 것입니다. 안동문화원은 각종 문화행사의 개최, 문화자산의 계발·보급·보존·전승 및 선양, 그리고 향토사의 조사·연구 및 사료의 수집·보존, 전통문화의 국내·외 교류, 지역문화에 대한 사회교육활동 등 다양한 활동을 했습니다.

문화 행사는 2008년도까지 38회 개최한 '안동민속축제'가 대표적인 예입니다. 지역의 다양한 민속이 소개되며 시민화합한마당 등 시민이 함께 참여하는 축제입니다. 역사만 해도 전국에서도 다섯 손가락 안에 듭니다. 이를 통해 차전놀이, 놋다리밟기, 저전농요 등 30여 가지의 우수한 안동민속을 선보였습니다. 1997년부터는 안동국제탈춤페스티벌과 동시에 개최함으로써 매년 수십만 명이 참여하는 시너지 효과를 거두고 있습니다. 지역 단위로 국내 유일한 여성축제인 '여성민속한마당'도 주목할 만한 행사입니다. 지난해까지 8회째 개최됐습니다. 절기 행사로는 정월대보름 달맞이행사, 한가위한마당이 매년 빠짐없이 열립니다.

이들 행사를 통해 안동문화원은 민속 문화를 보존·전승하면서 동시에 지역 주민들이 '안동사람'으로서의 정체성을 확인케 했습니다. 주민이 함께 어울리는 놀이의 장을 마련해줬습니다. 지금까지 이들 행사에 참여한 연인원은 수백만 명에 이릅니다. 이제 안동의 문화행사는 지역주민들 뿐만 아니라 전국의 모든 국민, 그리고 갈수록 높아지는 한국의 문화에 대한 관심을 충족시켜주는 세계인의 잔치가 됐습니다.

안동문화원은 발굴하고 전승한 문화 자원의 가치도 적지 않습니다. 국내 최고의 민속축제인 한국민속예술축제에서 '하회가면극'(제1회), '안동차전놀이'(제9회)가 대통령상을 수상했으며 '저전동농요', '안동웅굴놋다리', '하회별신놀이', '한두실행상소리' 등이 입상을 하기도 했습니다.

문화원은 향토사료 조사와 발굴사업에도 성과가 큽니다. 이는 다양한 저술 작업으로 이어졌습니다. 『안동김씨와 소산마을』 등 마을지 4권, 『안동의 분묘』 등 역사문화 관련 자료집 25권 등이 대표적인 예입니다. 안동문화원은 『안동의 뿌리 찾기』 등 안내 자료집 10권, 그리고 매년 발행되는 『안동문화』를 16집까지 발간하였으며, 분기마다 발행되는 「안동문화회보」를 28호까지 냈습니다. 이들 간행물은 지역의 문화, 예술인들의 활동 무대가 됐습니다. 이를 통해 주민들이 문화적 호기심을 채울 수많은 문화콘텐츠가 생산됐습니다. 지역의 설화와 민담을 비롯해 각종 구전 전승들이 소개되기도 했습니다.

퇴계 선생 운동법도 되살리고

안동문화원에서는 사회교육사업으로 1992년 문화학교를 개설해 사군자, 서예, 분재, 국악, 의상나염, 다도예절, 꽃꽂이, 전통음식, 한문, 사진, 문예창작, 전통문화를 교육해 왔습니다. '향토사료 발표회' 및 '명사초청 강연회' 등도 개최했습니다. 퇴계 선생의 운동법인 '활인심방 배우기' 라는 프로그램도 개발됐습니다.

이들 강좌들을 통해 시민들이 향유하는 문화 활동의 수준이 크게 높아졌습니다. 수강생 중에는 중견 예술인으로 활동하는 사람도 상당수입니다. 1998년 문화예술진흥법에 의한 한국문화학교로 지정을 받기도 했습니다.

방학기간 중 지역 중·고등학생을 대상으로 여는 하계충효교실은 청소년선도 프로그램의 모범이 됐으며, 평생학습프로그램으로 '규방교실', '안동문화가이드교실', '경전송독교실' 등을 개설하여 시민들에게 평생학습 기회를 제공했습니다.

2009년 개설한 '전통문화아카데미' 강좌는 지역을 홍보하는 '이야기꾼'을 양성하는데 역점을 두고 있다고 합니다. 기존 관광가이드들이 하는 일률적인 해설에서 벗어나 들을 만한 이야기를 골라 들려

주는 향토문화의 알림이로 소양을 쌓고 있는 분만 60여명이라고 들었습니다.

지역문화 교류 사업으로 회원들의 문화 유적지 답사를 매년 2~3회 실시한다고 합니다. 2007년 조성된 문화공원에서 '해설이 있는 열린음악회'를 한 달에 두 번씩 열고 있다고 합니다.

이 밖에도 안동문화원의 주요 사업으로 소개해야 할 것이 2004년 12월부터 2007년 9월말까지 추진한 '안동 군자 문화·역사 마을 가꾸기'입니다. 아시다시피 안동 군자마을은 예안에 뿌리를 둔 광산김씨 여러 문중의 종가를 모아 놓은 곳입니다. 외내라 불리는 오천烏川에 있던 고택들이 안동댐 건설로 수몰될 위기에 처한 후 이곳으로 옮겨졌습니다. 안동문화원은 이곳을 유학儒學과 접목된 전통문화와 예전 반가班家의 다양한 생활상을 체험케 할 수 있는 곳으로 바꾸었습니다. 군자마을 일대의 유·무형 역사 자료를 수집하고, 50여 가지의 체험프로그램을 개발했습니다. 그리고 이곳에서의 숙박 프로그램을 문화관광 상품으로 만들었습니다. 조경공사도 새로 했고 체험장인 회관을 건립하는 등 다양한 노력을 기울였습니다. 그 결과 군자마을은 국내의 대표적 고택 체험 시설로 평판을 얻게 됐습니다. 군자마을은 2007년 8월 전국 13개 문화·역사 마을 중 가장 먼저 마을 개관식을 가진 이후 수많은 국내외 유수의 신문·방송, 뉴미디어 등 언론의 조명을 크게 받았습니다.

안동문화원은 지난 2007년 안동시 동부동 공원부지에 새 원사를 건립했습니다. 건평 120평 규모인 이 원사의 건립은 안동 문화계 인사들뿐만 아니라 모든 시민들의 오랜 염원이었습니다. 50년의 역사를 자랑하는 안동문화원이었지만 그동안 시설 인프라는 매우 열악했습니다. 오랫동안 컨테이너 박스를 건물 대신 사용했었고 임대사무실은 좁고 불편해 문화원의 수많은 행사와 강좌를 열기에 불편함이 컸습니다. 새 원사의 준공으로 안동 시민이 쉽게 접근하고 활용할 수 있는 여건이 마련됐습니다.

컨테이너 박스에서 꿈 실어

이 같이 안동문화원의 큰 발전과 공헌을 할 수 있었던 것은 안동의 찬란한 정신문화 유산을 이어받은 주민들의 성원이 있었기 때문이지만 일찍부터 문화사업의 중요성에 눈을 뜨고 한발 앞서 뛴 선구자들의 역할이 컸습니다.

김진동 원장님은 사설문화원인 안동문화원을 설립하였습니다. 미 공보원의 지원을 받아 농촌계몽을 벌인 김 원장님의 활동은 연 1백만 명이 넘게 참여하는 거대한 문화 사업의 연원이 됐습니다.

1966년 안동문화원이 지방문화조사업법에 의한 사단법인으로 재출범한 이후 초대 및 2대 원장을 역임하신 이상년 원장님은 현재 안동문화원의 토대를 닦으신 분이십니다. 안동읍장을 지내신 이상년 원장님은 재임기간 동안 안동민속축제를 열어 정례화하셨습니다. 안동과학대학 설립자이기도 한 3대 권휴장 원장님은 지역문화 행사에 공공기관의 협조를 이끌어내 그 질과 양을 더욱 성대하게 하신 공로가 있습니다. 교편을 잡으셨던 4대 권영호 원장님은 문화원 사무국을 확대해 사업의 영역을 더욱 넓히셨습니다. 4대부터 8대까지 16년간 원장을 지내신 류한상 선생님은 하회탈·병산탈의 국보지정에 공헌하셨습니다. 민속향토사학자로도 유명하신 류 원장님은 하회별신굿탈놀이와 차전놀이의 중요무형문화재 등록에도 이바지하신 바가 큽니다. 경북 북부 지역에 최초로 사군자를 보급하셨고, 『안동문화』를 창간하셨습니다. 이 같은 공로로 2006년 '안동의 날'에 '자랑스러운 시민상'을 수상하셨습니다. 9대, 10대 김인한 원장님은 사료 발굴에 큰 역할을 하셨습니다. 경안학교재단 이사장을 지내신 김 원장님은 『징비록』, 『영가지』, 『선성지』 등을 국역하는 사업을 하셨습니다.

김준식 현 원장님은 문화원사 건립, 지역 문화 행사의 주관, 향토사료의 발굴 및 지역 사회 교육 활동, 문화 역사 마을 가꾸기 사업 등을 활발하게 펼치고 계십니다.

이 밖에 1960년부터 1999년 퇴임까지 39년 동안 안동문화원 사무국장으로 역임하신 이해선님과 현 사무국장이신 정광영님도 안동문화원의 발전을 위해 큰일을 하셨고 또 하시고 계십니다.

이분들의 수고는 반세기를 두고 이어져 왔으며 덕분에 안동문화원이 국내에서도 손꼽히는 지역 문화원이 됐다는 사실을 밝히지 않을 수 없으며 또 감사의 말씀을 드립니다.

가죽나무 세 그루의 교훈

　문화라는 것 자체가 삶의 모든 것을 포함하는 포괄적 개념입니다만 문화원 역시 그 역할이 다양하게 퍼져 있습니다. 때문에 문화원이 어떻게 발전해야 하는가 하는 문제도 우리가 어떻게 살아야 하는가 하는 막연한 측면이 있습니다. 다만 문화원은 많은 사람들의 문화생활을 풍요롭게 만드는 계기를 마련해 주고 함께 즐길 수 있는 터전이 돼야 한다고 생각합니다. 저는 안동문화원이 안동의 문화를 보다 많은 사람들이 즐길 수 있는 촉매가 되길 바라면서 몇 가지 당부를 드리고 싶습니다.

　저는 비록 약관에 출향해 50년을 넘게 서울에서 살아왔습니다. 그러나 스스로 안동사람임을 잊은 적이 한 번도 없습니다. 안동은 제가 태어나고 자란 곳입니다. 또한 저의 부모님과 또 그 위와 또 그 위를 여러 번 연이어 저의 집안 누대에 걸쳐 살아오신 곳입니다. 안동에 선영이 있고 면면히 이어오는 조상의 가르침이 있는 곳입니다. 저의 선조께서는 집 앞에 가죽나무 세 그루를 심어 후대에 학學과 행行을 가르치셨습니다. "한자를 배우면 한자를 행行하라 하셨고 한구를 배우면 한구를 천踐하라"고도 하셨습니다. 부하고 귀해지는 법을 가르치지 않으셨고 대신 인간이면 마땅히 해야 할 도리를 가르치셨습니다. 높을 때 교만치 않고 낮을 때 비굴해지지 않는 변함없는 정신을 가르치셨습니다. 저의 인격은 이런 환경에서 형성됐다고 생각합니다만 이는 안동이란 저의 고향이 대변하는 정신적 특징이 아닌가 생각합니다.

　제가 굳이 저의 사적인 가족사를 말씀드린 이유는 안동사람의 하나로 자부심을 가지고 있는 '안동의 정신'을 현창하는데 안동문화원이 적극적으로 나서주셨으면 하는 바람에서입니다.

　안동시에서는 이런 안동의 정신을 빛낸다는 의미로 '정신문화의 수도'라는 말을 쓰고 있습니다. 이미 '안동학'이라는 용어가 학문적으로 용어로 자리를 잡았습니다. '안어대동安於大東'이라는 말로 안동의 역사가 기록될 당시부터 안동은 그 지조와 절개가 빛났습니다. 위기에는 우국열사가 줄을 이었습니다. 멀리 고려시대 홍건족의 난이 있었을 때도 그랬으며 가까이 나라가 일제의 침탈을 당했을 때도 또 그랬습니다. 국가의 크고 작은 변란에 반드시 선봉 의사가 나와 안동의 정신을 빛냈습니다. 조선시대 퇴계 이황, 서애 류성룡, 학봉 김성일 등 거유巨儒들이 '유교적 인본주의'로 수세기에 걸쳐 시대정신을 이끌었습니다. 국가가 위기에 처했을 때 지사가 줄을 이은 곳이 안동인 것처럼 평화로울 때 치세의 도와 인간의 길을 밝힌 곳도 안동입니다.

　저는 이와 같은 안동의 정신이 현대인들에게 매우 소중한 가치로 다가설 것으로 생각합니다. 안동문화원이 설립될 당시 한국은 먹는 때보다 굶는 때가 더 많았던 세계 최빈국의 하나였습니다. 그러나 불과 50년 후인 이제는 세계의 가장 주목받는 신흥 경제의 한 축이 됐습니다. 그러나 급변하는 사회는 부작용도 많이 남겼습니다. 물질적인 풍요 속에 현대인의 생활은 오히려 더 팍팍해지고 있습니다.

큰 집에 살아도 가족은 적어졌고, 가진 것은 많아졌으나 가치는 줄었으며, 지식이 많아져도 판단은 안 되고, 버는 법은 배워도 사는 법은 배우기 어렵습니다. 자유는 늘었는데 정열은 식었고, 쾌락은 늘어도 행복은 줄고 있습니다.

가치관의 혼란이 우리의 삶을 뒤흔드는 이 시대에 안동의 정신은 사람들에게 자신의 내면을 돌아보게 하고 스스로 중심을 잡게 하는 힘이 있다고 생각합니다. 그것이 진실로 오늘날의 현대인에게 필요한 가치라고 생각합니다. 저는 안동문화원이 이런 안동의 정신을 바탕으로 상처받은 현대인의 가슴을 치유하고 삶에 힘을 주는 역할을 했으면 하는 바람을 항상 가지고 있습니다.

그러기 위해서는 안동의 정신이 좀 더 현대인의 가슴속에 와 닿을 수 있도록 정리돼야 합니다. 이 분야는 '안동학'이라는 이름으로 개념을 만들고 이를 전파하시는데 노력하시는 분들도 적지 않습니다. 안동연구원이 이 같은 작업에 더욱 주도적으로 나서주길 바랍니다. 이를 위해 학계와의 협력도 더욱 확대해야 하며 교육프로그램도 다각적으로 개발해야 하는 등 많은 노력이 필요할 것입니다. 안동시를 비롯해 관계기관과도 논의가 진지하게 이뤄져야 할 것입니다. 안동문화원이 안동의 정신을 전파하는 보루가 되기를 바라마지 않습니다.

지식기반사회에 문화가 사는 법

 안동문화원에 또 한 가지 바라고 싶은 것은 스스로 새로워지는 것을 멈추지 말아달라는 것입니다. 일신우일신日新又日新이란 대학大學의 말씀을 우리 안동문화원의 나아갈 길로 제시하고 싶은 것입니다. 우리가 말하는 안동의 정신이란 것도 창의적 사고에 의한 일신우일신이 없다면 과거의 영화를 곱씹는 초라한 현실을 보여주는 것 이상의 것이 되기 어렵습니다.

 20세기를 기계적 대량 생산의 시대라 한다면 21세기는 개인의 창조적 지식기반 사회라고 합니다. 안동문화원은 무엇보다 지역주민을 위한 문화공공서비스의 공급 주체입니다. 그 역할과 프로그램도 지역 주민의 문화예술욕구에 부응하고 지역 사회에 기여할 수 있도록 설계돼야 합니다. 모든 사람들이 삶이 문화적으로 윤택해지도록 하는 것이 안동문화원의 기본 임무입니다. 이를 위해서는 과거의 전통을 보존하는 것도 중요하지만 이를 어떻게 새로운 문화로 창조해 나갈 것인가 하는 것은 더욱 중요한 문제가 됩니다. 특히 문화라는 것은 보이지 않는 것, 관리하지 않으면 쉽게 사라지는 것이 그 특징입니다. 항상 새로운 시각으로 접근해 우리의 생활 속에 파고들지 않는다면 쉽게 사라지고 소멸하는 것이 많을 것입니다. 문화의 진작을 위해서는 창의력의 역할이 무엇보다 중요하다고 하는 것도 이 때문일 것입니다.

 제가 일신우일신의 정신이 필요하다고 말씀드렸는데 생각나는 것이 두 가지가 있습니다.

하나는 앞서 말씀 드린 군자마을사업이 그 예입니다. 안동의 많은 문화유산들을 현대인들이 공유하고 즐길 수 있도록 한 것이 이들 사업의 요체입니다. 그 방법 또한 참신합니다. 과거의 유산을 그냥 과거의 유산으로 돌리기보다 현대 사회의 흐름을 읽어 이에 적절히 변화시켰다는 것입니다. 군자마을을 그대로 두었다면 고택들은 급속히 쇄락해갔을 것입니다. 역사적 가치 때문에 보존하려 한다면 유지비도 만만치 않았을 것입니다. 자칫 골칫거리가 될 수도 있었습니다. 그러나 한편으로 고택은 많은 도시인에게는 한번쯤 찾아보고 머물러 보고 싶은 자원입니다. 또 그런 경험을 위해서 적절한 비용도 지불할 각오가 되신 분들도 많습니다. 그런 수요를 읽고 그 수요에 맞는 서비스를 찾아내 공급했다는 것이 중요합니다. 군자마을 사업은 문화원의 사업이 재정적으로도 지속가능한 사업임을 입증했습니다. 문화가 반드시 소비지향적인 것이 아니라 다른 어떤 산업보다 부가가치가 큰 산업이라는 사실을 인지해 보다 새로운 서비스를 개발한 결과일 것입니다.

오랫동안 기업을 경영하는 일을 해왔던 저는 문화인들과도 적지 않은 교류를 했습니다. 문화 사업을 하시는 분들은 다양한 사업을 기획해서 제게 오시기도 합니다. "우리 단체가 이런 일을 할 터이니 이렇게 참여하거나 지원해주면 고맙겠다."라는 말도 자주 듣습니다. 그런 사업 계획을 듣고 저도 공감해 기꺼이 지원에 나선 일도 적지 않습니다. 그러나 막연히 기업이나 재력가에게 손을 벌리시는 분도 있습니다. 그때 저는 그분들의 행사에 많은 분들이 기꺼이 참여할 수 있는 방법을 찾아보라고 충고를 드렸습니다. 문화의 생명력은 스스로 새로워져야 확보할 수 있다는 생각에서였습니다.

또 하나 떠오르는 것이 안동문화원 옆에 있는 안동문화콘텐츠박물관입니다. '유물 없는 박물관'이라는 이름으로 널리 알려진 시설입니다. 유물은 없지만 관람객들은 다른 어떤 형상화된 유물보다 안동의 역사와 전통을 잘 보여준다고 합니다. 첨단디지털 기술을 이용해 실감나게 볼 수 있도록 꾸며져 있다는 평을 듣습니다. 특히 안동의 가장 빛나는 유산이 물질적이 유산이 아니라 무형적 정신문화 유산이라는 사실을 웅변적으로 말해주고 있다는 면에서 시사점도 큽니다. 그런 시설을 기획한 창의적 사고가 박물관의 가치를 높인 결과라고 생각합니다.

저는 안동문화원이 지역 문화를 발전시키고 전파하는 문화촉매자로서 역할을 다하기 위해서는 항상 새로운 안목을 갖추어야 하며 창의적 사고가 필요하다고 생각합니다. 그리고 그런 창의성을 발휘하는 일이 그치지 않길 바랍니다.

태산은 한 줌 흙도 사양치 않아

안동문화원에 당부하고 싶은 또 하나는 안동문화원의 발전을 위해 주변의 다양한 인적 자원을 효과적으로 활용해 주시길 바란다는 것입니다.

안동문화원은 안동의 문화적 구심입니다. 안동이란 지역 정체성 확보의 근거입니다. 지역 사회 평생교육의 한 축이며 안동문화진흥의 핵심주체입니다.

이 단체가 제 역할을 하기 위해서는 지역 사회를 구성한 다양한 분들의 참여가 있어야 합니다. 문화원이 지방자치단체와의 협력 체제를 갖춰야 하는 것은 기본일 것입니다. 많은 주민들이 회원으로 참여하고 적극적으로 참여해야 하는 것도 중요합니다. 이와 함께 안동 지역 사회를 이루고 있는 각종 사회단체와 기업체, 지역의 문중도 안동문화원의 주요 구성원이 돼야 합니다.

이 같은 참여의 확대를 위해서는 모든 지역 구성원들과 원만한 관계를 형성해야 합니다. 지역의 모든 분들이 거리낌 없이 안동문화원을 찾을 수 있는 분위기가 무엇보다 중요할 것입니다. 정치적으로 혹은 이해관계에 의해 지역 사회 구성원들 간에 생각이 다르다고 서로를 배척해 파벌이 형성된다거나 그로 인해 지역 사회에 불신이 조장된다면 그만큼 위험한 일은 없을 것입니다. 서로가 서로를 이해하고 용납할 수 있는 관용의 정신이 문화원 안팎으로 넘쳐나길 바랍니다.

다양한 인적 자원의 수용의 문제에서 또 하나 중요한 것이 있습니다. 굳이 전문가들의 의견을 따르지 않더라도 문화원의 발전을 위해서는 각 분야 특히 문화예술분야의 전문 인력을 확보해야 한다는 오래된 과제가 있습니다. 흔히 지방문화원의 한계를 꼽는 것 중에 대표적인 것이 전문 인력의 부족입니다. 전문 인력의 부족은 주민들의 다양한 문화 수요를 충족시키지 못하는 요인이며 문화원을 주민과 유리遊離시키는 원인이 된다고 합니다. 특히 전문 문화예술인들의 참여는 매우 중요합니다. 이들이 문화원의 활동에 구심점이 돼야 합니다. 명망 있는 문화예술계 지도자들이 많아야 하며 참신한 신예들도 발굴돼야 합니다. 이들은 수많은 주민들의 문화적 수요를 충족시키는데 결정적 역할을 합니다.

 문화예술 분야의 전문 인력 확보를 위해서는 문화 기획 능력이 필요합니다. 좀 더 가치 있고 참신한 기획은 보다 많은 문화예술인을 수용할 수 있는 틀을 마련합니다. 다행히 안동문화원은 원장님부터 참신한 기획 능력을 발휘해 많은 전문가들이 모이고 있다고 들었습니다. 이 같은 추세가 계속되고 더욱 발전되길 바랍니다.

 그리고 한 가지 더 욕심을 낸다면 출향인사들을 더 많이 활용해 달라는 것입니다. 안동사람으로 우리 모두가 자랑하는 것은 우수한 인적 자원입니다. 안동의 인적 자원은 고향에 계시는 분들도 많지만 또 출향인사들 중에도 적지 않습니다. 이들은 정계, 관계, 학계, 문화계, 언론계, 재계 등 사회 전반에 없는 곳이 없을 정도로 다양한 분야에서 고루 활동하고 계십니다. 사회지도층에 계신 분들도 많을 것입니다. 이들을 하나의 거대한 인력풀로 활용하는 작업을 해주시면 그 효과가 적지 않을 것으로 보입니다. 물론 많은 분들이 현업에 몰두하시느라고 바쁘실 것입니다. 그러나 안동 사람으로 수구초심의 마음이 없는 분은 없을 것입니다. 이분들은 우리 사회 각 분야의 최고 전문가들로 문화원 운영의 소중한 인적 자원이 될 것이며 문화원의 활동이 더욱 번창케 할 자원이 될 것으로 생각합니다.

끝으로 저는 안동문화원이 안동 주민들 뿐 아니라 우리 국민, 그리고 넓게는 한국을 찾는 외국인, 한국에 관심이 있는 모든 세계인들이 필요한 문화적 욕구를 충족시켜 주는 곳이 돼야 한다고 생각하며 또 그렇게 될 것으로 믿어 의심치 않습니다. 지난 50년이 그랬던 것처럼 앞으로 50년 아니 수백 년 동안 안동문화원이 무궁히 발전해 나가길 충심으로 빌겠습니다.

감사합니다.

(2010. 안동문화원50년사)

인간이 태어나서 하고 싶어 하는 것 다 하며 살 수는 없다

투지와 강직성이 번득이는
류목기 (주)풍산총괄부회장 · 안동향우회장

안동시는 면적으로는 경북에서 가장 넓은 지역이지만 상주하고 있는 인구는 18만 명뿐이다. 출향민이 50만 명이나 된다.

이것은 무엇을 뜻하는 것일까? 경북 내륙 지방의 요충지이며 생활하기에 불편함이 없었던 과거의 안동을 떠올리면 쉽게 납득이 가지 않는 부분이기도 하다.

그것은 생산도시가 되지 못하고 있다는 답을 쉽게 얻을 수 있다. 기업은 보따리를 싸 안동을 떠났고 그곳에 종사하던 종업원들은 뿔뿔이 흩어져 안동을 버렸다.

경쟁력이 떨어져 활력을 잃은 도시, 새 삶의 터전을 찾아 훌훌 털고 떠난 그들의 자리는 휑하니 뚫리고 말았다.

내 고장 안동의 향수를 잊지 못하여 출향인들이 애상을 달래는 역할을 맡은 향우회 류목기 회장. 100%의 타의라면 설득력이 없겠지만 고향 안동을 사랑하는 마음으로 그는 타의 90% 자의 10%로 향우회장직을 맡은 것이다.

류 회장이 제일 먼저 서둘러야 할 일은 출향인들의 정확한 데이터베이스를 작성해 각처에 흩어진 출향인들의 소재파악이 급선무라는 절대 절명의 명제가 류목기 회장이 창안한 향우회의 우선 업무다.

태어난 고향에 관한한 우리 국민은 애향심과 향수에 가장 강한 민족성을 지녔지만 선뜻 앞장서서 내가 해야 한다는 선도 정신이 부족한 민족이 또한 국민성이랄 수도 있다.

그러나 삶의 짐을 얼마큼 덜어내고 나이가 들면 더욱 고향에 대한 그리움은 강렬해지는 것을 어찌하랴. 그래서 출향인들의 소재를 행정망을 이용해 찾는 쉬운 방법도 있지만 선출직 기관장들은 민원인이 건의하면 거침없이 OK하지만 실행의 단계까지는 어려운 점이 한둘이 아니다. 류 회장은 그 문제점을 해결하기 위해 고심하고 있다.

류 회장은 학문과 예절의 고향 안동에서 태어났다. 안동사범을 졸업한 그는 대학 입학을 위해 처음으로 고향을 떠나 서울로 왔다.

그 당시 경쟁력이 하늘을 찌를 듯 하던 서울대학교 사범대학에 합격했을 때만 해도 온 천지를 다 얻은 듯했다. 그러나 학비며 숙식이 쉽게 해결될 리 없었다. 온갖 지혜를 다 모아 학비조달을 위한 고학의 길은 험난했고 불규칙적인 식사와 정신적인 강박관념의 벽을 넘지 못한 그는 위장에 병을 얻고 말았다.

그러나 거기에서 주저앉을 수 없다는 강력한 의지력의 정신으로 위장병은 굶는 것이 상책이라는 주변의 말을 생각하며 15일을 단식하였다.

지금 생각하면 조금은 무지에서 비롯된 상식이었지만 방학을 이용해 형님 댁으로 내려간 기회에 그 뜻을 실행했다.

단식 15일 아침, 형님의 간절한 단식중단의 요청과 두 무릎을 꿇고 밥상머리에 앉아 빌고 또 비는 형수님의 눈물겨운 만류도 있었지만 밥을 먹고자 하는 강력한 욕구는 결국 단식 15일 만에 밥그릇 앞에 항복하고 말았다. 비몽사몽으로 밥을 먹으며 밥의 위대한 힘에 인간들의 육신이 한없이 왜소해 보였다고 설명한다.

일본의 단식검증 요법에는 하루에 물 2ℓ 만으로 단식을 한다는 책도 발간되었지만 인간의 기본 욕구를 억제하는 것은 생존 그 자체를 포기한다는 것을 뜻했던 것이라는 걸 깨달았다는 류 회장.

그 결과였는지 집요하게 괴롭히던 위장의 통증은 기적처럼 말끔히 가시었고 175cm의 키에 겨우 56kg의 체중이 되었다는 설명이다. 그 탓인지 지금까지도 알맞은 체격을 유지하고 있다는 류목기 회장은 이순耳順을 겨우 넘긴 듯 젊음이 넘쳐나 건강미가 눈길을 끈다.

아침이면 집 가까이에 있는 산을 무리 없이 30~40분 오른다는 류 회장은 집을 옮길 때면 꼭 주변에 산이 있는지를 먼저 살핀다며 산은 녹색종합병원이란다.

산에서 시작된 하루가 열리면 출근은 7시 30분~40분이면 충무로의 극동빌딩 주식회사 풍산 사무실에 도착한다는 류목기 총괄 부회장의 설명이다.

창업주 류찬우 전 회장이 타계하기 2개월여 앞서 간곡한 전 회장의 권유로 주식회사 풍산의 총괄 부회장직을 맡게 되었다.

인간이 태어나서 자기가 하고 싶어 하는 것을 다 하며 살 수는 없는 것이다. 사랑의 매가 사라진 교육현장. 더욱이 인격형성이 이뤄지지 않은 기초교육 현장에서 사랑의 매를 몰아낸다는 것은 개탄할 일이라며 한심한 우리의 교육현장은 앞으로 어떻게 해야 할 것이냐고 취재진에게 암담한 우리의 교육을 지적한다.

기술과 두뇌만이 우선시 되는 우리의 교육현상. 그래서 인성교육과 생활교육이 상실된 이 사회. '매 끝에 효자난다'는 옛말도 있듯이 사랑의 매는 한 인간의 바른 길의 지침서인 것이다. 그 역할이 소멸된 현실, 젊은 어머니들은 스스로 자녀들의 종이 되었다.

어른은 어린아이들의 본보기이며 산교육의 교과서이다. 그냥 내 아이만이 소중하고, 내 아이만이 1등을 하여야 한다는 자기 욕심의 충족을 위해 과잉보호와 꽉 짜인 학원 옮겨 다니기 스케줄로 인해 지친 아이들의 힘겨움 따위는 애써 외면하고 있다.

서울대학교 사범대학 교육자 출신다운 고뇌의 빛이 역력하다. 때문에 한국사회가 제대로 이루어지려면 학교교육에 앞서 어머니 교육이 우선이 되어야 한다며 삼보컴퓨터 이용택 박사의 말을 되새긴다.

류목기 안동향우회 회장은 출향인사들의 모임인 '영가회'(안동의 옛이름) 회원이며 2백여 명으로 형성된 상공인들의 모임에 4년간 회장직을 맡기도 했다. 현재는 금창태 시사저널 회장이 그 직을 승계

하고 있다고 한다.

　공직자 중 사무관 이상으로 결성된 '상낙회'는 회원이 3백이 넘으며 김종갑 특허청장이 회장직을 맡고 있다는 설명이다.

　'동연회'는 학술계의 저명인사들의 모임이며 이준오 숭실대학교 전 학장이 회장으로 있다. 그 또한 3백이 넘는 회원이라고 한다.

　이와 같이 안동은 과거 교육의 도시이며 예절의 도시였음을 말해주지 않는가. 각계의 요직마다 안동 출향인사들의 뛰어난 두뇌는 한국의 어느 지역보다 우세함을 향수만으로 자위해서는 아니 될 것이다. 그래서인지 류목기 회장은 향우회를 맡고 보니 욕심이 생긴다며 스스럼없이 웃는 모습이 소년을 닮았다.

　우선 향우회 홈페이지를 신설해 고향사랑운동으로 농축산물 대도시로 팔아주기 운동을 전개해 질 좋은 농축산물을 고향에서는 생산만 하면 되게 할 계획이란다. 그러기 위해서는 출향 지도층이 앞장을 서야 한다는 대목에서 강한 톤으로 목소리에 힘을 준다.

　또한 학자들의 저서나, 문학인들이 출간한 서적, 서예가나 화가들의 작품을 고향에 전시하여 자연히 고향을 생각하고 고향으로 모여드는 행사가 꼭 필요하다는 점을 강조한다.

　고향에서도 출향기업인들에게 후원만 강요하지 말고 그들 스스로가 찾아주는 고향이 되게 해주면 좋겠다는 뜻도 빼놓지 않는다.

　또한 가시적 활동을 하는 것이 현실로나 육안으로나 느끼게 하기 위하여 꿈에도 잊을 수 없는 향토음식을 동·면별로 만들어 서로 나누며 옛 추억을 되새기는 기회도 가지고 싶다는 류목기 회장.

전주 류씨 가문에 태어난 류목기 향유회장은 서울대 사범대학을 졸업한 후 교직에 종사하지 않고 외도를 했다. 잠시 교직에 섰으나 이내 사임하고 공무원 채용시험에 응시하였고, 합격 후 첫 부임은 내무부였다.

민주당의 장면 국무총리와 윤보선 대통령 시절, 국토개발 사업에 투입되어 현장 감독으로 보직 받아 도로 개설과 도로 확장 현장에 투입되었다.

불의에 타협하지 않고 정직을 몸으로 실천하는 그의 투명한 정신에 부정부패의 온상이던 산업현장의 적임자로 정부에서는 그를 신뢰했던 것이다.

다시 5·16 후 서울 시청에서 재건운동본부로 자리를 옮겼다. 시 공무원보다 모든 면에서 우선의 기회가 주어졌기 때문이다. 하지만 33:1이라는 엄청난 관문이지만 상위급에 속하는 성적으로 그 관문을 뚫었다.

한때는 정치에 관심이 많았던 젊은 꿈도 가져보았다. 막강한 정치 배경과 금력으로 무장된 상대 앞에 스스로 정치에 염증을 느껴 꿈을 접었다.

뒤늦게 고등고시에 집착하여 공부를 시작하면서 산간벽지의 오지로 보직을 요구했지만 부처에서는 성적이 우수한 직원을 군郡에서도 수십km를 걸어서만이 갈 수 있는 달성군의 산골을 원한다고 그렇게 할 수는 없었던지 그 뜻도 이뤄지지 않았고 가장 번잡하고 민원이 줄을 잇는 면으로 배치되었다.

고시공부 1년 반의 사투 끝에 1차로 합격을 하였지만, 2차에 낙방의 고배를 들고 말았다. 그 후 잠시 행정고시 제도가 폐지되었고, 그 기회에 삼성그룹 부설 고려병원 사무국장으로 자리를 옮겼다. 그곳에서 서울대 부설 병원 연구소 수석연구원을 역임하기도 했다.

국제관광연구회 회장직도 잠시 거쳤다.

그 후 한솔제지의 전신 전주제지에서 인수한 제2금융권에서 그의 정직성과 불의에 타협하지 않는 강직성을 인정하여 5년 동안 사장으로 일했다.

대출과정에서 층층이 부정과 비리가 난무하던 그 현실의 부정을 뼈저리게 통감한 류 사장은 어느 누구도 대출인에게 검은 손을 내밀지 못하게 했고 만일 그 사실이 드러나면 직위 고하高下를 막론하고 사직과 함께 당국에 고발하는 강력한 제재에 자연 부정은 뿌리 뽑히고 업체는 3배로 확장되는 성과를 올렸다.

노조 또한 갖가지 시비를 앞세워 분규를 일삼던 그들도 류 사장의 투명경영과 상당한 처우개선에 스스로 해산하고 마는 웃지 못 할 촌극도 있었다.

류목기 안동향우회 회장의 지금까지 삶 중에 가장 어려웠던 일은 대학시절의 건강과 학업을 마칠 때까지의 경제적 어려움이었으며 가장 감명 깊었던 일은 방학 때면 고향을 찾아 입시문제 책자를 팔던 때라고 한다.

그 당시 상당히 권위 있던 선진문화사의 입시문제 책자를 안동여고가 가장 많이 팔아준 것에 지금도 고마움을 느낀다고 한다. 서울대학교 교복과 빼지가 큰 역할을 했을 수도 있었을 것이라는 말로 여담을 맺었다.

한참의 세월이 흐른 뒤 서울사대 출신보다 더 명철한 두뇌를 이용한 사기꾼에게 걸렸던 매우 어려웠던 때도 있었다며 후일 기회가 주어지면 자서전에 이 대목을 꼭 넣겠다며 여운을 남겼다.

류목기 부회장은 슬하에 네 자매를 두었으며 세 딸은 출가해 모범적인 가정을 꾸리는 이 시대에 보기 드문 신세대 여성으로 살고 있다. 막내딸은 아직 성혼하지 않았다. 이 모든 것은 가정이 안정되어야만 남편이 투명한 사회인으로 봉사할 수 있다는 생각의 부인 덕택이라는 부회장의 은근한 부인자랑이다. 그는 한 번도 월급 이외의 봉투를 부인에게 전해준 적이 없으며 늘 봉투의 액수에 맞게 살아온 부인이 한없이 고맙다는 그의 얼굴에 순간 평온함이 자리 잡는다.

그는 늘 구구에게나 '돈을 벌려면 장사를 해라', 월급쟁이로 돈을 모을 생각을 한다면 부정이 따를 수밖에 없다는 논리다.

기업들 또한 이익 창출을 위해 평등분배를 원칙으로 해야 이 사회가 밝아진다고 살짝 귀띔한다. 그러면서 콘크리트의 강도는 적당한 배합이 기본원리이듯이 다양한 인재가 모여 형성된 이 사회에 CEO의 능력과 책임은 적재적소에 인재를 배치하는 능력이 있어야 한다는 류 회장은 항상 기본과 원칙을 중시하는 향우회장이 되겠다는 의지로 불타고 있었다.

(2005. 7. 28. 경북신문)

나의 고향 '안동'安東

고향은 모든 사람들에게 삶의 안식처요, 인간 존재의 근원입니다. 또한 어머니의 품입니다.

명절마다 귀향행렬로 온 나라가 몸살을 앓는 것도 인간에게 고향은 삶의 원천이요, 보편적인 그리움의 대상이기 때문입니다.

자랑스러운 우리의 고장 안동은 어떤 곳인가? 참고 문헌을 통해 정리해봅니다.

안동安東은 예로부터 추로지향鄒魯之鄉으로 일컬어진다. 공자가 노나라 사람이고 맹자는 추나라 사람이라는 데서 '예절이 바르고 학문이 왕성한 고장'을 이르는 말이다.

안동은 우리나라 성리학性理學의 큰 별인 퇴계退溪 이황李滉 선생을 위시해 서애西厓 유성룡柳成龍, 학봉鶴峰 김성일金誠一, 농암聾岩 이현보李賢輔 등 수많은 명현거유名賢巨儒를 배출했다.

안동은 '충절忠節의 고장'으로도 이름 높다. 일찍이 후삼국시대 고려의 왕건王建과 후백제의 견훤甄萱이 안동에서 대회전을 벌였을 때, 이 고장의 대표적 지식인들인 권행權幸, 김선평金宣平, 장길張吉 등 삼태사三太師가 위기에 처한 왕건을 도와 결국 후삼국통일의 위업을 달성케 했다. 또 고려 말 홍건적의 침입 때 안동(당시는 고창군)으로 몽진蒙塵한 공민왕과 노국대장공주를 충성을 다하여 모셔 안동부安東府로 승격함과 동시에, '안동웅부安東雄府'라는 친필 사액현판을 하사받기도 했다.

조선조 임진왜란 때 영의정을 지낸 유성룡은 명장 이순신李舜臣을 발굴, 천거함은 물론, 뛰어난 대명對明 교섭활동과 전쟁으로 지친 백성들을 성심으로 보살펴 나라를 구한 명재상名宰相으로 유명하다.

구한말과 일제 강점기 나라와 겨레를 위해 몸을 던진 우국지사憂國之士를 많이 배출한 것도 빼놓을 수 없다. 상해임시정부 국무령을 지낸 이상룡李相龍 선생과 일송一松 김동삼金東三, 동산東山 류인식柳寅植, 추강秋江 김지섭金祉燮 선생 등 일일이 매거枚擧할 수 없을 정도다.

이렇듯 안동은 '인다人多의 고장'이다. 예부터 '동국東國 인재人材의 반半은 영남嶺南이요, 영남 인재의 반은 안동'이란 말이 회자膾炙되고 있다.

안동은 또 '문화유산의 고장'이기도 하다. '유교문화와 양반문화의 고장'답게 도처에 서원書院과 정자, 누각, 종택宗宅 등이 즐비하며, 각종 유·무형 문화재가 수없이 많다. 국내 목조건물 중 가장 오래된 국보 15호 봉정사 극락전을 비롯, 가장 오래된 전탑(塼塔;흙벽돌로 쌓은 탑)인 신라시대의 법흥동 전탑, 고려 때의 목조 탈인 하회별신굿놀이

고향 안동 293

의 하회탈(국보 121호) 등 우리나라에서 가장 오래된 세 가지 문화유산이 안동에 있다는 사실에 안동인들은 긍지를 느낀다. 현재 지정문화재만 235점을 헤아린다.

또한 영국의 엘리자베스 2세 여왕이 안동의 하회마을과 봉정사를 찾은 것도 우연한 일이 아니다. 여왕이 다녀간 후 하회마을은 국내는 물론 세계적 명소로 알려졌다.

안동에는 '삼다三多 삼무三無'가 있다.

우선, 삼다三多 중 첫째로는 인재가 많다는 뜻의 '인다人多' 둘째로는 서원이 많다는 의미의 '원다院多' 도산서원과 병산서원 등 안동에는 지금도 27개의 서원이 있다. 셋째는 '산다山多' 산이 전체 면적의 73.6%를 차지한다.

'삼무' 중에선 첫째로 만석거부萬石巨富가 없다. 그만큼 청빈하고 학문을 숭상한다는 말이다. 둘째, 송덕비頌德碑가 없다. 임금의 명을 받아 부임했으면 선정善政을 베푸는 것이 당연한 것이거늘 송덕비를 세우는 것은 이치에 맞지 않는다는 것이다. 셋째 향리鄕吏의 성내거주城內居住가 없다. 지방수령을 보좌하는 아전들이 성 밖에 살며 주민들과 동고동락해야 민의를 제대로 수렴할 수 있다는 것이다.

이런 것이 우리 안동의 참모습이요 정신문화의 수도 안동의 자랑이요 긍지다.

◇ 安東鄕友會 20年史 ◇

제7대 柳穆基 회장
향우회 디지털시대 열었다

1. 향우회 인터넷 홈페이지 개설
2. 향우회 여성위원회 발족
3. 회원 화합·소통의 종결자
4. 내 고장 돕기…향토문화 보전에 앞장
5. 애향심의 DNA…기부·협찬 '내가 먼저' 실천
6. 70대 CEO…'나이는 숫자에 불과'
7. 고향 방문행사…안동시와 유대 강화
8. '자랑스러운 안동인 상' 수상…안티 없는 친화력
9. 대기업 '풍산'의 대부, 영가회 회장 4년
10. 행동하는 언행일치…안동향우장학재단 이사장

安東… 전통을 이어 세계로 미래로

鄒魯之鄕… 선비의 고장… 한국정신문화의 수도 안동… '천년의 꿈'을 그리며 '백년의 주춧돌'을 놓아가는 안동…

안동향우회 회장 선거에는 투표가 없다. 후보자는 여럿 있다. 다만 추대가 있을 따름이다. 역대 회장 선거에서 한 번도 투표해 본 적이 없다. 그러면 다른 지방 향우회 회장선거는 어떤가. 투표를 통해 회장을 선출한다. 우리고장 안동은 양반, 선비를 내세운다. 그러나 민주방식이 아닌 추대에 반발하는 사람들도 있다. 작은 소란은 있지만 대부분 안동향우는 공감한다.

2005년 5월 8일 잠실 아시아공원 야외공연장에서 개최된 안동향우회 제16차 정기총회에서 柳穆基 풍산 총관부회장은 만장일치로 제7대 회장에 추대된다.

대의원들의 박수로, 반대 발언 없이 선출된 것이다. 영가회 회장을 연임하고 일찌감치 차기 회장으로 내정된 상태였다. 그동안 고향 안동을 위해 수많은 기여를 해 왔기 때문이다.

1. 향우회 홈페이지 개설…디지털시대 열다

재경안동향우회 제7대 柳穆基 회장은 재임 4년(2005~2009) 동안 어느 누구보다도 헌신적으로 일하면서 향우회의 디지털시대를 열었다. 그의 첫 번째 공적으로 안동향우회의 인터넷 홈페이지(www.andongin.or.kr) 개설을 꼽는다. 이는 시대변화에 따른 향우회의 활성화를 위한 최상의 적절한 조치였다.

선비의 고장 안동의 후예들인 신세대를 위한 향우회 홈페이지는 재경향우회 소개(인사말씀/향우회 소개/역대회장/향우회조직/정관/영가회·상락회·동연회/연락처/오시는 길/재경향우회 임원명부), 안동의 문화와 역사, 내 고향 안동, 안동시 특산물, 재경안동향우회 소식, 장학재단, 효부 장한 어머니상, 게시판, 고향 안동News, 시읍면 향우회소개, 향우회 행사사진, 향우회VOD, 향우회 사진첩, 향우회 경조사, 고향까마귀 논단, 향우회 20년의 발자취 등 매뉴얼을 갖추고 있다. 사이트에는 하회별신굿 탈놀이, 영호루, 차전놀이 등 안동의 상징성 전통문화도 소개하고 있다.

柳穆基 회장은 7대 회장에 취임하자 사무국장 柳昌植에게 인터넷 향우회 홈페이지 구축을 위한 실무 팀을 만들 것을 지시했다. 여자 사원까지 고용하는 열의를 보였다. 일일이 인터넷을 검색하며 개선해야 할 것을 찾기도 했다.

제5대 姜玫昌 회장 때부터 발행하던 '안동향우회보'를 복간하자는 주장도 있었으나 류 회장은 시대 변화의 흐름을 감안해서 온라인 인터넷 홈페이지가 걸맞다고 결단을 내렸다.

디지털세상, 스마트시대에 대비해서 안동문화와 안동정신을 계승 발전시켜 안동향우회의 새로운 패러다임을 마련하자고 강조했다.

우리시대에는 안동의 젊은 후예들이 한 단계 업그레이드된 시대정신으로 인터넷을 통해 소통하고 화합하는 계기를 마련하자는 취지가 반영된 것이다. 그리고 출향인사들 중 지도층에 있는 많은 안동인이 향우회를 외면하고 있는 현실을 직시하고 그들에게 애향심을 일깨우기 위해 홈페이지 개설을 당연시했다.

2. 향우회 여성위원회 발족

2005년 11월 28일 서울 앰버서더 호텔 2층 중식당에서 안동향우회 여성위원회 발기인대회가 열렸다.

'억센 여성'으로 표현되는 안동출신 여성들은 애향심이 남다르다. 향우회 여러 모임에 참여하는 데도 남자들보다 훨씬 적극적이다.

류 회장은 이점에 착안 여성위원회 발족을 서둘렀다. 전임 吳景義 6대회장은 재임기간 출향 여성들을 대거 향우회에 집결시켜 그 세가 대폭 늘어났다. 향우회 행사 때마다 앞장서서 실무를 담당해 왔다. 류 회장은 향우회 활성화를 위해 여성위원회를 만들어야겠다는 필요성을 통감하게 되었다. 이날 발기인대회에는 류 회장과 權源吾 상임부회장 그리고 金在玉 안동여고 동창회장 등 여성회원 다수가 참석했다. 그 후 여성위원회는 '안동인 그들은 누구인가' 특강을 압구정 강당에서 개최하는 등 매년 향우회 송년의 밤 행사 때는 합창단을 구성 콘서트 발표회를 선보였다. 각계각층에서 활동하는 향우 여성들의 합창단은 아마의 경지를 넘어선 노래솜씨에 수많은 향우들의 박수와 찬사를 받았다. 고향 방문 행사 때도 여성회원들은 참가자 수가 남자들보다 훨씬 많아 역시 활동적이고 거침없는 안동여성이란 덕담을 듣기도 한다. 정기총회 때도 각종 경기, 노래자랑, 게임 등에 내가 먼저 출전해 향우들의 단합과 화합에 활력소 역할을 해오고 있다. 우리는 과거 우울했던 역사의 터널을 벗어나 디지털 문명을 이끌어 가는 시대에 살고 있다. 여성은 어느 때보다 큰 경제력을 가지게 되었고, 구매행동의 주체가 되거나 큰 영향을 미치고 있다. 기업도 여성적 사고로 변신을 꾀해야 한다. 柳 회장의 여성위원회 활성화는 안동문화의 계승 발전에 크게 기여하게 될 것이다.

3. 회원 화합·소통의 종결자

안동출신 출향인사들 어느 누구도 류 회장과는 허물없는 대화와 소통을 한다. 4년의 영가회 회장시절 그는 회합 때마다 일일이 손수 전화를 걸어 참석을 간청했다. 특별한 인사가 아니더라도 진정성에서 우러나는 애향심의 발로였다. 그리고 집행부와 현안을 협의하기 위해 모임을 자주 마련했다.

안동인이라면 개인적 애로사항에 귀를 열고 최선의 방법을 찾아 머리를 맞대기 일쑤였다. 시읍면 회장, 총무 연석회의를 열어 향우회 활성화 방안을 함께 토의하고 매년 열리는 안동시민체육대회에도 다수의 회원들이 참가하자고 신신 당부한다. 안동시 투자유치 설명회를 서울 여의도 중소기업중앙회 국제회의실에서 개최, 안동 金暉東 시장과 출향 기업인들간에 기업들의 안동 유치 및 내 고장 돕기 한마음 캠페인을 벌이기도 했다. 또한 안동시 농축산물 임시직판장을 서울 송파구청(구청장 李裕澤) 마당에 개설하고 많은 출향 안동인들이 내 고장 특산품 팔아주기 행사를 열었다.

2005년 10월 3일 안동의 날을 맞아 관광버스 2대에 재경향우회원들이 초만원을 이룬 가운데 고향 안동으로 향했다.

　문경새재를 넘어 풍산읍 안동한우 직판장 음식점에서 모두가 점심을 먹고 참가회원들이 안부 인사를 나누었다. 마중 나온 안동시 직원들이 일일이 영접해서 뜻 깊은 고향나들이가 됐다.

　탈춤공원에서 성대하게 거행된 '안동의 날' 행사에서 金宗吉(고려대 명예교수)와 權寧禹(세명대 설립자 명예총장) 두 회원이 제3회 명예로운 안동인 상을 수상했다. 행사 뒤 만찬회를 열어 출향인사들과 시장을 비롯 재안동인 간 화합과 수인사의 한마당을 마련하기도 했다. 류 회장은 10월 23일 육사 을지구장에서 열린 재경안동 9개고 동창회 체육대회에 참석, 축사를 하고 협찬도 전달했다. 이날 행사에는 김휘동 안동시장을 비롯 권오을 국회의원 등 고향 출향인사들이 대거 동참했다.

　12월 15일 안동향우회 송년의 밤이 서울 하림각에서 안동향우 1,200명이 참가한 가운데 성대히 열렸다. 향우회 사상 초유의 대성황을 이루기까지는 류 회장의 친화력이 밑거름이 됐다는 분석이 나왔다. 김휘동 안동시장도 참석, 재경향우회의 류 회장이 읍면 향우회장단과 혼연일체가 되어 내 고장 돕기에 앞장선 결과 획기적인 발전을 실감한다고 축사를 했다.

　모처럼 안동인의 한마당에서 서로 고향 안부를 전하고 웃음꽃이 활짝 핀 송년잔치를 만끽했다.

　2006년 3월 14일 안동시청 대회의실에서 안동시와 KM그린(대표 姜聲龍) 청정개발사업 조인식을 가졌다. 류 회장은 안동출신 기업인들이 고향 발전에 동참해 줄 것을 당부하는 축사를 했다.

향우회는 許東鎭(수석부회장), 林輝一(리버파크 관광호텔 회장)의 제작비 부담으로 재경안동향우회 임원수첩(2006년)을 제작해 회원들에게 배포했다.

6월 20일 재경향우회 제17차 정기총회를 이례적으로 안동시 공설운동장에서 개최했다. 900명이 참석하는 등 뜨거운 관심을 보여주었다. 류 회장은 향우회 무궁한 발전을 위해 기부금 1,000만원을 협찬하기도 했다. 파격적인 애향심의 발로인 것이다.

6월 30일 권오을 의원 협찬으로 지역발전을 위한 간담회를 개최, 안동발전의 구체적인 프로그램을 만들기로 합의했다. 8월 11일 향우회 임원단 하계단합대회를 북한산 샘 휴게소에서 가졌다. 이날 행사에 권우석 북후면 향우회장이 일금 100만원과 개 3마리를 협찬했다.

류 회장은 임원단이 단합 협심해서 향우회 활성화에 앞장서자고 당부의 축사를 했다. 10월 3일 '안동의 날' 기념행사가 탈춤공원에서 열렸다. 재경향우회선 관광버스 2대로 회원 90명이 예년처럼 고향 나들이 길에 올랐다. 탈춤공원에서 열린 기념행사에서 琴昌泰(전 중앙일보 사장), 金容稷(서울대 명예교수)이 제4회 명예로운 안동인 상 수상의 영광을 안았다. 탈춤 한마당과 놋다리 밟기, 동태싸움 등 안동의 전통 민속놀이가 펼쳐지고 수만 명의 관광객이 국제 탈춤페스티벌에 원더풀을 외쳤다. '한국 정신문화의 수도 안동'을 찾는 외국 관광객 100만 명을 목표로 더욱 민속축제를 세계화 하자고 결의를 다졌다.

10월 22일 재경 안동고 동창회 주관으로 재경 안동 9개 고교체육대회가 서울산업대 운동장에서 열렸다. 류목기 향우회장은 축사에서 자랑스러운 안동인들의 단합과 친목을 다져 우리 고향의 위상을 드높이자고 당부했다. 물론 협찬도 잊지 않았다.

4. 내 고장 돕기…향토문화 보전에 앞장

영가회 회장을 연임하면서 柳穆基 회장은 안동의 전통문화 계승발전을, 한국정신문화의 수도 안동을 국제화하기 위해 '영가문화대상'을 제정하고 안동문화지킴이, 하회탈춤보존회, 안동문화원 등을 선정 포상한 업적을 갖고 있다. 우리나라 전국 축제 중 문화관광부 최우수축제로 7년 연속 선정된 '안동국제탈춤페스티벌' 100만 관람객 돌파에 기여했으며 안동을 유네스코 세계문화유산 도시회원 인증도시로 인정받기까지 물심양면의 지원을 아끼지 않았다.

사이버 안동장터 운영에 향우회가 동참, 서울에서 농수축산물 직거래 장터를 매년 열어 회원들로 하여금 내 고장 특산품 팔아주기 행사를 직접 나서 챙기기도 했다. 오랫동안 순수전통을 이어가는 맛의 고장 안동을 한 단계 업그레이드 시키는 사업에 김휘동 시장과 함께 했다. 안동간고등어, 안동소주, 안동찜닭, 헛제사밥, 안동건진국수, 안동식혜, 안동한우와 참마돼지, 풍산김치 등의 브랜드 가치와 세계화에 애향심으로 전력투구했다. 특히 유교문화권 관광개발

사업에는 지대한 관심을 보이면서 안동시장의 행사에 참여 협찬을 아끼지 않았다. 2005년 하회마을 중점정비 사업에도 꾸준히 열성을 보였다.

5. 애향심의 DNA…기부·협찬 '내가 먼저' 실천

2006년 12월 22일 전국 소년소녀가장돕기 행사가 과천 경마공원 신관 컨벤션홀에서 열렸다. 이 행사는 전임 吳景義 향우회장이 연합회 총재로서 마련한 자리였다. 그러나 류 회장의 독려로 안동향우회원들이 대거 참여해서 기부금을 기탁하고 격려했다.

12월 29일 안동향우회 2006송년의 밤이 세종문화회관에서 열렸다. 시읍면 향우회원 1,000여명이 참석한 가운데 고향 까마귀끼리 친목과 화합 그리고 덕담을 나누는 축제의 한마당을 연출했다.

출향 기업인들 모두가 이 행사에 십시일반 협찬하였다. 이는 류 회장이 솔선수범 기부, 협찬에 앞장섰기 때문이다.

안동시에서 협찬한 고향 특산물을 비롯 푸짐한 경품 추첨으로 향우회 송년의 밤 행사는 해를 거듭할수록 고향축제로 자리매김했다. (주)풍산의 柳津 회장은 안동을 위해 출향기업인 중 가장 많은 기부와 협찬을 해오고 있었다. 류진 회장은 (주)풍산 창업주 고 柳纘佑 회장의 차남으로 1997년부터 그룹의 대표이사 사장을 맡아왔다. 세계 소전시장에서 제1위의 경쟁력을 가진 회사다. 우리나라 방위산업계 대부이던 풍산그룹 고 柳 회장은 안동향우회 고문을 지내기도 했다. 소문처럼 알려진 일화로 아버지 류 회장이 돌아가시기 전 아들의 防風역할을 위해 류목기 상임고문을 모셨다는 이야기도 있다. 고 류 회장은 하회마을에서 태어나셨고 고향 안동을 위해 평생을 기부와 봉사 지원을 다 바쳤다고 한다. 이 사실은 안동인이면 누구나 주지하는 애향심으로 승화된 사랑의 열매라고 칭송하고 있다. 뿐만 아니라 고향 젊은이들의 일자리 창출에도 스스럼없이 기회를 마련해 주기도 했다. 류 향우회장은 풍산 류 회장의 Mentor로 '총괄'이란 명칭에 걸맞은 경영CEO 역할을 톡톡히 하고 있다는 평을 듣고 있다. 안동향우 누구라도 사업상 류 회장을 찾아가 부탁하면 자기 일처럼 경청하면서 실제로 불가능한 것까지 최선을 다해 방법을 상의해 주는 애향심의 DNA를 타고난 인물이란 평가를 받고 있다. 오랜 경제CEO 경력이 축적된 노하우를 발휘하는 것이 아니겠는가… 그 후 70대를 훌쩍 넘긴 나이에도 대기업 (주)풍산의 대표이사 부회장으로 위상을 높인 것도 그의 성실한 추진력과 친화력의 결실이라고 볼 수 있다. 21세기 스마트시대를 맞아서도 거침없는 하이킥을 계속하고 있다.

 눈코 뜰 새 없이 바쁜 와중에도 향우회 사무실에 누구보다 많이 들려서 업무를 독려하고 임원진들과 소통을 해왔다.

 향우회 원로, 선배들에게 일일이 전화를 걸어 자문을 구하고 많은 관심과 참여를 당부하기도 했다.

 2007년 5월 2일 안동향우회 이사회는 서울 프레지던트호텔 19층

신세계홀에서 대의원 총회를 열었다. 차기 회장을 선출하기 위한 모임이었다. 다음 회장은 누가 되나… 관심이 고조되고 여러 후보들이 거론되고 있었다. 몇몇 대의원들이 모 후보를 차기 회장으로 선출하면 어떻겠느냐며 의견을 내놓았다. 그러나 대세는 류 회장의 연임이었다. 익명의 대의원이 발언을 통해 "류목기 7대 회장은 안동향우회 사상 가장 고향을 위해 많은 업적을 쌓고 향우회 발전에 기여한 공로가 지대하므로 유임하는 것이 좋겠다"고 연임하도록 설득하자고 목소리를 높였다. 장내는 옳소! 찬성의 메아리가 물결쳤다. 사회자는 결국 만장일치로 류 회장의 연임을 발표했다. 대의원 총회에서 이같이 유임 결정이 내려진 것이다.

6. 70대 CEO… '나이는 숫자에 불과'

2007년 5월 20일 안동향우회 제18차 정기총회가 서울 능동 육영어린이대공원 동편 운동장에서 열렸다. 초청장은 16개 시읍면 회원 3,000명 참석을 목표로 야유회를 겸하는 시읍면대항 노래자랑, 체육대회 등 다채로운 행사로 축제의 한마당을 예고했다.

각 시읍면향우회서 텐트를 치고 고향사람끼리 옛정과 친목을 다지는 먹고 마시는 잔치를 벌여 운동장은 하루 종일 웃음꽃을 피웠다.

이날 정기총회는 류목기 회장이 연임으로 추대되어 취임을 발표하는 날이기도 했다. 그런데 류 회장은 연임을 고사했다. 원로회원들과 협의 끝에 수락은 했지만 임기 2년 중 1년만 회장을 하겠다고 조건부 취임을 고집했다. 이날 연임 취임사에서 '人多安東' 우리 고장에는 빼어난 인물이 많은데 불초 소인이 향우회장을 연임하게 되어 송구하다면서 이는 향우회와 안동 도약을 위해 더 열심히 일하라는 채찍으로 알고 배전의 성원에 힘입어 최선을 다하겠다고 밝혔다. 천여 명의 향우들이 우레와 같은 박수로 연임을 찬성했다. 각 시읍면 향우회를 돌며 모든 향우들을 만나서 인사를 나누기도 했다. 류 회장은 당시 70을 넘긴 나이지만 '나이는 숫자에 불과' 건강과 경륜이 CEO로서 절정기에 이른 전성시대를 구가하고 있었다. 안동병원 姜普英 이사장은 안동출신 저명인사 중 70이 넘고서도 서울에서 지도층으로 활약하는 원로 대표로 류 회장을 초빙 '오늘의 우리시대를 살아가는 첨단방법론' 특강을 열기도 했다.

뿐만 아니라 (주)풍산의 총괄부회장으로 기업마다 골머리를 앓고 있는 노사갈등을 진정성을 갖고 원만하게 타결해서 그 공로로 고용노동부로부터 장관 표창장을 받게 되었다. 친화력과 배려하는 마음이 크나큰 성과를 낳은 것이다. '노사쟁의 없는 풍산' …일간 신문들은 류목기 대표이사의 획기적인 노사화합을 이끈 대 타협 노력에 대한 수상을 보도했다. 필자가 축하드린다고 전화하니 할 일을 한 것뿐이라고 몸에 밴 겸양의 미덕으로 화답했다. 그는 누구보다 학구적이다. 바쁜 일상에도 항상 시대의 흐름을 읽고 아날로그를 넘어 디지털 사고를 행동지침으로 실천한다.

그래서 경제계 CEO들의 각종 모임에 참석, 강직하고 고루한 선비와 첨단세계와의 융화를 내세운다. 시간만 나면 관계서적과 인터넷을 뒤적이며 오늘의 디지털시대 기업문화 창출에 혼신의 노력을 다하고 있다.

7. 고향 방문 행사…안동시와 유대 강화

2007년 6월 2일 향우회원들을 태운 관광버스 2대는 안동시민체육대회에 참가했다. 지난해 보다 더 많은 회원들이 고향 나들이 길에 올랐다. 김휘동 시장은 서안동 톨게이트까지 안내원들을 보내 영접했다. 기념식에서 류 회장은 축사를 통해 재경향우회가 고향발전을 위해 시와 힘을 합쳐 지원 사업을 추진하고, 안동을 떠나 있지만 마음은 수구초심 고향에 있다고 말했다. 6월 5일에는 안동병원 새 병원 개원식에 참석하고 LCD TV를 기증 축하했다. 9월 15일 향우회원들과 서울 북한산 승가사 등산대회에도 함께 했다. 가을 야유회 같은 즐거운 향우끼리의 산행이었다. 어떤 향우회 행사에도 함께 하는 회장이다.

10월 3일 안동의 날 기념행사가 안동 탈춤공원에서 열렸다. 올해 자랑스러운 안동인 상은 제5회를 맞는다. 제6대 재경안동향우회 吳景義 회장과 沈宇永(전 총무처 장관)이 수상의 영광을 안았다. 5회째 시상하는 '자랑스러운 안동인 상'은 고향 안동을 빛낸 그리고 고향을 위해 혁혁한 이바지를 한 저명인사에게 주어지는 최고 품격의 대상으로 안동시와 향우회, 영가회 등에서 후보를 추천해 객관적인 공정한 심사를 거쳐 만장일치 후보에 시상해 왔다.

안동시와 출신 국회의원(권오을) 그리고 향우회가 삼위일체가 되어 고향 안동 발전의 새로운 패러다임을 구축하는데 제일 선배인 류 향우회장이 항상 앞장서 리드해 왔다. 자주 만남의 자리를 마련하고 주도적으로 소통하면서 일단 합의가 이루어지면 실행에 전력투구하는 실천형이었다.

10월 21일 2007 재경 안동 9개 고교 동창회 체육대회가 경안고 동창회 주관으로 잠실 올림픽 주경기장에서 열렸다. 매년 개최하는 체육대회에는 출향 고교선배들과 향우회장, 안동시장, 국회의원 등이 모두 참가해서 안동인의 축제 한마당을 연출했다.

류 회장은 대표 축사를 통해서 학창시절을 회고하고 서울에서도 단합과 안동발전에 힘을 모으자고 당부했다.

12월 27일은 향우회 송년잔치가 서울 하림각에서 1,400여 명의 향우들이 참석한 가운데 화기애애한 분위기 속에 개최되었다.

해를 거듭할수록 참가 향우들이 늘어나 하림각 제일 큰 연회장이 넘쳐날 정도였다. 안동시는 물론 류 회장과 많은 출향인사들이 협찬을 해서 참가 회원들에게 푸짐한 선물과 가전제품 등 경품이 나뉘어졌다.

8. '자랑스러운 안동인 상' 수상…안티 없는 친화력

　류목기 향우회장은 2004년 10월 3일 영가회장 시절 제2회 '명예로운 안동인 상'을 수상했다. 姜玟昌 제5대 향우회장과 함께 영광을 안은 것이다. 향우회장과 영가회장이 나란히 고향 안동의 위상을 높이는데 헌신 노력한 공로를 높이 평가해서 시상한 것임을 자타가 인정한 흐뭇한 논공행상이었다. 제1대 '명예로운 안동인 상'도 역시 안동향우회 權相澈 초대회장과 金海吉 영가회 초대회장이 수상했다. 지금까지 면면히 이어오는 이 상은 출향 안동인으로서 최고의 영예이고 자랑스러운 가치의 표상이다.

　류 회장이 영가회장으로 4년간 안동사랑, 향토문화 계승 발전, 내 고장 돕기, 지역경제 살리기, 경북도청 유치, 한국정신문화의 수도 안동, 유교문화권관광개발사업, 안동국제탈춤페스티벌 등 사업에 봉사 기여해온 숱한 업적은 일일이 헤아릴 수가 없을 정도인 것을 자타가 주지하고 있다. 그에겐 적이 없다. 그렇다고 무골호인은 아니다. 그가 거쳐 온 경제 사회활동을 되짚어 보더라도 선의의 경쟁에서 결코 패하고 물러서는 일은 없었다. 시대감각을 뛰어넘어 한발 앞선 드라이브로 스펙트럼을 구축, 위대한 존재감을 보여줄 정도로 정상을 향해 올인 해 온 집념의 화신이었다. 풍산의 류진 회장이 70을 넘긴 그를 멘토로 지금까지 지근거리에 모시는 것은 아마 이런 출중한 CEO이기 때문이 아닐까… 글로벌 경제시대에 과거의 성공에 매달리는 구태를 벗고 스마트시대에 걸맞은 새 패러다임을 위해 류-류 국제화 전략은 힘찬 하이킥을 내지르고 있다.

　류 회장은 풍산을 위하는 열과 성보다 고향 안동을 위하는 마음가짐이 한수 위일 것 같다는 생각은 필자 혼자의 편견일까…

　2008년 4월 19일 안동시민체육대회가 안동시 공설운동장에서 열렸다. 류 회장을 비롯 재경향우들이 관광버스 2대로 참석했다.

　이날 류 회장은 축사를 통해 안동인의 화합잔치를 축하한다며 승용차 1대를 경품으로 내놓았다. 향우회장으로선 전에 없던 기부였다. 고향사랑의 진면목을 보여준 선행이었다.

　내가 태어나서 자라고 학교 다니고, 어린 시절의 아련한 추억을 회상하며 애향심을 승화시킨 감성적인 사랑의 표출인 셈이다.

9. 대기업 (주) '풍산'의 대부, 영가회 회장 4년

　"永嘉會는 향토 안동을 사랑하고 향토문화를 기리면서 안동인으로서 긍지를 되살리는 우정의 모임입니다." 1977년 3월 25일 고고의 성을 울리고 안동 출향인사들의 구심체로 탄생, 올해로 창립 34주년을 맞는 대표적인 안동인 단체이다. 류 회장은 영가회 창립 20주년을 맞은 1999년 초대 金海吉 회장에 이어 제2대 회장으로 취임했다. 영가회는 출향 저명인사 200여 명으로 구성된 노블레스 오블리주를 실천하는 대표적인 안동인 모임이다. 류 회장은 회장에 취임하면서 회의 활성화와 제2도약을, 회원들에 의한 회원을 위한 영가회가 되도록 열과 성을 다할 것을 다짐했다. 그리고 지금까지 스폰서에 의존해오던 각종 행사를 회비로 대체하는 등 시스템의 개편을 단행했다. 정기모임 외에도 회원이 장관, 국회의원, 사회 지도층 등에 발탁되었을 때 축하연을 열어주었다. 또한 신년하례회를 해마다 열어 200여 회원들이 참석해서 상호간 친목과 화합을 다지는 만남의 한마당을 마련 새해의 희망찬 설계와 덕담을 나누는 친교의 모임으로 자리매김도 했다.

영가회의 활성화를 기치로 새로 개편한 집행부와 머리를 맞대고 안동을 위한 지원 사업에 많은 아이디어를 내놓았다. 영가문화상 제정, 문화유적탐방, 저명인사 초청 특강, 퇴계탄신 500주년 기념특강, 고향행사 참석 등 도약 프로젝트에 앞장서왔다. 연부역강한 신입회원 영입에도 문호를 개방, 임기동안 50여 출향인사의 회원가입을 이룩했다. 그래서 영가회의 세대교체에도 획기적인 기여를 했다.

필자가 영가회보 편집을 맡아 제작 발행했지만 류 회장은 편집인의 자율성을 보장하면서 보다 회원들을 생각하는 회보가 되도록 독려를 아끼지 않았다. 특히 회원동정에 관심을 보여 서로 소통하는 계기를 마련했다.

2001년 영가회장 2년 임기를 마칠 즈음 조선호텔 그랜드볼룸 정기총회겸 만찬회에서 류목기 회장을 다음 회장으로 연임하도록 만장일치 통과시켰다. 그러나 본인은 한결같이 고사했다. 이날 林輝一 부회장이 1차 임기로 회장직을 물러나려는 류목기 회장의 중임 고사를 만류, 영가회 제2도약의 발판이 되라는 회원들의 바람을 수용하도록 촉구했다. 총회에 참석한 100여 명의 회원들은 류 회장의 중임을 박수로 통과시킨 것이다.

이날 정기총회 조선호텔 만찬경비는 (주)풍산의 류진 회장이 전액 부담했다.

연임 수락 후 열린 이사회에서 새 부회장에 金啓顯, 감사에 權五澈, 사무국장에 權源吾, 총무간사에 金啓東 등을 선임하고 許東鎭, 琴昌泰, 姜載牛, 林輝一, 沈義用 부회장과 孫永煜 감사 그리고 千相基 편집주간은 유임키로 했다. 이로써 류 회장은 새로운 각오로 제2기 업그레이드 전환을 맞은 것이다. 2002년 신년하례회는 세종문화회관에서 열렸는데 안동병원 이사장 姜普英 회원과 세명대학교 權寧禹 총장이 후원 및 협찬을 했다.

鄭東鎬 안동시장은 2002년 새해를 맞아 출향인사들의 구심체인 영가회 회원 제위께 신년 인사장을 보내왔다. 상임고문 및 회장단 회의를 정기적으로 세종호텔에서 열어 모든 행사에 대한 전체 합의를 도출 빈틈없는 행사진행을 조율했다. 또한 (주)풍산의 총괄부회장에서 대표이사 부회장으로 멘토의 역할을 더 확대하게 됐다. 축적된 경영 노하우가 글로벌CEO로서 독보적인 비즈니스 기법을 전수했기 때문이 아닐까… 한편 영가회 회장으로 4년간이나 애향심 고취에 앞장선 공적으로 안동향우회 회장으로 추대된 것은 첫 번째 케이스였다. 선비의 고장답게 투표로 지도자를 뽑지 않고 또 본인이 고사해도 적임자면 만장일치로 추대하는 선출방식을 지금까지 고집스럽게 이어오고 있다. 그래서 영가회장 4년 향우회장 4년 등 연

임을 해온 것이다. 혹자는 민주방식이 아니라고 토를 달기도 한다. 그러나 결과를 가늠해보면 하나같이 직무를 완전 원만하게 수행했음을 인정하고 있다.

10. 행동하는 언행일치…안동향우장학재단 이사장

영가회 명예회장, 안동향우회 명예회장으로서도 끊임없는 고향 사랑의 행보를 지속적으로 이어오고 있다. 안동향우장학재단 李準昇 초대 이사장이 물러나자 琴昌泰 회장은 당연히 류목기 명예회장에게 후임 이사장을 맡아달라고 했다.

그는 안동을 위하는 일이라면 어떤 직책이라도, 어려운 일이라도 외면하지 않는 말과 행동이 일치하는 인물이다.

2008년 6월 19일 대구 경북도민회 임원회 참가, 안동향우회의 위상을 과시하기도 했다. 10월 3일 안동의 날 기념식에 100여 회원들을 대동하고 참석했다. 제6회 명예로운 안동인 상엔 李準昇 전 대법관과 許東鎭 영가회장이 영광을 안았다. 해마다 안동인으로서 애향심을 보다 많이 그리고 우리 사회에 공헌한 인물에게 주어졌다. 11월 7일 서울시청 앞 서울광장에서 경북 시군 특산물 직판장터가 열렸다. '오이소 경북으로'… 안동도 부스를 열고 특산물 직판장을 마련했다. 류 회장은 향우들과 함께 들려 내 고장 특산품을 팔아주기에 솔선수범을 보였다. 12월 18일 2008 안동향우회 송년회가 서울

하림각에서 열렸다. 연임회장의 마지막 송년회였다. 안동시에서 간고등어 등을 특별협찬, 참석한 모든 향우들에게 선물로 나누어 주었다. 김휘동 시장은 매년 만사를 제치고 안동향우회 송년의 밤 행사에는 반드시 참석해서 고향사람들과 일일이 인사를 나누고 자랑스러운 안동인이 되자고 격려사를 했다. 시읍면 향우회를 찾아 반가운 인사를 나누었다.

류 회장이 4년간 연임하면서 서울, 인천, 수도권에 사는 안동향우들을 수소문으로 찾아내 정기총회와 송년회에 참석을 종용한 캠페인 결과 그 숫자가 종전보다 파격적인 증가세를 보였다. 그래서 김휘동 시장은 축사를 할 때도 전국에 '60만 안동인'을 내세우면서 뿌듯해 했다. 지금 안동시 인구가 17만 명 정도이니 더욱 그런 마음이 들었을 것이다.

그의 하회마을에 대한 애향심은 엘리자베스 영국여왕 방문과 조지 부시 전 미국 대통령의 방문에서도 남다른 영향력을 보여주었다. 영가회, 향우회 회장으로서 안동의 세계화에 내 고장의 자랑스러운 문화유산을 기리 보존하고 국제화해야겠다는 홍보의식이 남달랐던 것이다. 이처럼 투철한 애향심은 동향의 사회 인사들에게도 깊은 감명을 주었고 많은 후배들에도 귀감이 되었다.

선행에 앞장서고 기부도 내가 먼저, 화합과 소통의 종결자로서 향우회를 이끌어왔으니 안티가 있을 수 있겠는가…

영가회 4년, 향우회 4년… 명예회장까지 합하면 15년의 긴 세월 오로지 고향 안동의 발전과 안동인의 단결 화합을 제1과제로 사랑

봉사정신으로 전력투구해온 그의 공로와 업적과 친화력에 대해 찬사를 보내는 것은 당연지사가 아니겠는가… 안동의 숙원이던 경북도청 유치에서도 물밑 작전으로 성공하는데 기여했다.

류목기 회장은 우리시대 노블레스 오블리주를 실천한 언행일치의 선비정신 안동인으로 오래 기억될 것이다.

千相基(경기대 초빙교수/언론학)

7장

삶의 자서

- '예'와 '아니오'의 철학
- 더 늦기 전에 우리분수를 찾자
- 경영자로서 군자의 자세
- P그룹 R회장
- 헌신·솔선수범, 큰 빛 발하다
- 훈병 생활
- 단식투병기

'예'와 '아니오'의 철학

　사회생활을 하고 있는 우리들에게 가장 소중한 덕목德目은 서로 믿고 살 수 있는 사회일 것이다. 모든 일에 상호신뢰하고 살 수 있을 때 그 얼마나 기쁘고 또 평안하겠는가. 그러나 주고받는 이야기, 사고파는 상거래, 서로가 맺는 약속 등 모든 일을 믿을 수 없을 때, 그 사회가 얼마나 불안하고 살벌하겠는가.

　아직도 우리나라는 불신풍조 추방운동에 목청을 높이고 있으니 무엇인가 서로 믿지 못하는 일들이 잔재하고 있음이 사실이 아니겠는가. 그렇다면 서로 믿지 못하는 일들이 무엇인가? 물론 여러 가지 있겠지만 그 중에도 가장 많고도 흔하게 볼 수 있는 것이 바로 서로 주고받는 대답이라고 할 수 있다.

　우리가 아주 쉽게 대답하는 "예"라는 한마디는 생활용어에서 가장 간단한 말이다. 그러나 그 말 한마디에 자기의 인격이 나타나고 마음가짐도 표현된다.

상사가 명령을 내릴 때 "예"라고 대답하면 그것을 지키겠다는 뜻이 있는 것이다. 그러기 때문에 어떤 사람들은 자기가 대답한 한마디 "예" 때문에 자기의 재산을 바치고 생명까지도 내놓게 되는 일이다.

그러므로 "예"와 "아니오"는 언제나 분명히 해야 되고 또 그대로 실행해야 한다. 어떤 일을 당할 때에 그 일이 마음에 들지 않을 뿐만 아니라 반대하고 싶지만 어떤 체면 때문에 "예"라고 대답하는 일이 있는가 하면, 어느 때는 그 일이 옳은 줄 알면서도 자기의 권위와 상대방이 미워서 고의적으로 반대하는 "아니오"를 하는 때도 없지 않을 것이다. 그렇게 될 때 이와 같은 대답을 어떻게 믿을 수 있고 따를 수 있겠는가 말이다.

우리가 알다시피 영어에 있어 "YES"와 "NO"의 사용이다. 대화에 있어 언제나 긍정과 부정의 표시가 먼저 대답에 앞서야 되는데 동양적인 사고 때문에 "예스" "노"가 바뀌어지므로 상대에게 결례를 하는 때가 허다히 나타나는 것이다.

대답에는 책임이 따른다. 이와 관련해서 서양 사람들은 "예스"와 "노"가 언제나 분명하다. 그러므로 자기의사도 분명히 표시된다. 그러나 우리는 이것이 분명치 못한 때가 많이 있고 거기에 따라 인간의 개성도 희미해지는 것을 볼 수 있다. 또 우리 민족성은 순종하는 마음이 미덕이어서 그런지 모르나 "예"라고 긍정하는 대답은 많지만 "아니오" 하는 부정은 많지 않은 것이 사실이다.

그러나 정正과 의義가 아닐 때에는 "아니오"라는 부정적인 대답이 분명해야 한다. 이것이 바로 구별되지 못하면 불의不義와 비진리非眞

理에 "예" 하고 따라가는 것이나 똑같은 결과를 가져 올 수밖에 없는 것이다. 프랑스 대혁명이나 미 합중국 건국은 그 국민들이 불의에 "아니오"를 말할 수 있었기 때문에 성공한 것이다. 독일의 종교 개혁자 '마르틴 루터'도 자기 생명이 좌우되는 순간 "야(Ja)"와 "나인(Nein)"을 똑바로 말했기 때문에 자기도 살고 종교개혁도 성공시켰을 것이라고 본다. 이와 같이 "예"와 "아니오"의 한마디를 올바르게 사용할 수 있다면 어찌 여기에 불신이 조장될 수 있겠는가.

필자도 가끔 결혼주례를 맡은 경험이 있다. 결혼식에는 반드시 신랑과 신부가 서약을 하는 순서가 있다. 그 서약의 내용은 두 사람이 한 평생을 살아갈 때 어떠한 고난과 역경에 부딪친다 하더라도 서로 사랑하며 돕고 정조를 지키겠느냐 하는 다짐이다.

이때 신랑 신부는 무거운 입을 열어 "예"라고 대답한다. 생각하면 한 평생을 지켜야 할 서약이기 때문에 그 한마디 대답은 천금보다도 더 귀한 대답이 아닐 수 없다. 만일 이 서약의 대답이 변한다 할 때 저들의 장래는 어떻게 될 것인가. 상상만 해봐도 끔찍한 일이 아닐 수 없다.

오늘 자기 입으로 말해 놓고도 식언하는 사람들이 얼마나 많은가. 지킬 수 없는 일이라면 처음부터 하지 않는 것이 옳으련만 철석같이 굳게 약속해 놓고도 언제 했느냐는 듯이 입을 씻을 때 어찌 믿어질 수가 있겠느냐는 것이다. 그러기 때문에 어려서부터 "예"와 "아니오"의 교육을 분명하게 시켜야 한다고 본다. 어려서부터 대답의 책임을 느끼지 못하면 성장해서도 반드시 이것도 저것도 아닌 얼간이 인생이 되고 말 수밖에 없기 때문이다.

　사람은 말과 행동이 일치될 때 인간으로서의 가치를 더욱 빛내게 되는 것이다. 그러나 환경에 따라 대답과 행동이 다른 때가 얼마나 많은가.

　어떤 때는 면전에서 입에 침이 마르도록 칭찬을 하는가 하면 돌아서서는 입에 담지 못할 욕설과 저주를 퍼붓는 일이 있다. 이런 사람이 표리부동한 사람이요, 또 그것을 면종복배라고 말하지 않는가! 나는 어렸을 때 '나폴레옹과 이발사'라는 글을 읽은 기억이 난다.

　프랑스가 전쟁이 한창이었던 어느 때였다. 어느 날 이발소에 젊은 이들이 모여 앉아 시국에 대한 이야기꽃을 피우게 되었다. 옛날부터 남자는 이발소에 모이면 못할 말이 없고, 여자는 샘터에 모이면 무슨 말이고 털어놓는다고 한다. 이날 이발소에 모였던 젊은이들도 예외가 아니었던지 화제는 전쟁이야기로 불이 붙어 나폴레옹 성토대회로 변했다. 언제나 어느 나라고 전쟁이 일어나면 젊은 남자들은 모두가 전쟁터로 나가기 마련이기 때문에 거기서도 이구동성으로 나폴레옹을 원망하게 되었다.

　그런데 그 중에서도 이발사가 제일 흥분하여 소리치기를 "만일 나폴레옹이 여기 있다면 내가 이 면도칼로 당장에 그놈의 목을 도려내겠다"고 칼을 손에 들고 휘둘렀다. 그러다가 모두가 헤어져 돌아가고 어떤 손님 한 분이 들어왔다. 그러나 아직도 그 이발사의 흥분은 완전히 가라앉지 않았다.

　그리하여 이제는 이발사와 손님과의 대화가 계속 되었다. 그 손님은 이발사에게 "국운이 그래서 그렇지 어찌 전쟁이 나폴레옹 한 사람의 책임이겠느냐"라고 대꾸를 한다. 그러나 이 이발사가 더욱 흥분하여 "아니오, 그 녀석이 여기 있다면 내가 이 칼로 당장에 그놈의 목을 베겠다"고 야단이다.

이와 같이 대화가 오고가는 동안 면도할 때가 되었다. 이때 그 손님은 이발사에게 "여보게 한 세기의 영웅 나폴레옹의 생명이 자네 손에 달렸네, 조심해서 면도하게" 하고 한마디 던졌다. 이 말을 들은 이발사가 그때서야 그의 얼굴을 바라보니 그가 바로 나폴레옹이 아닌가. 이때부터 이발사는 숨이 막히고 손이 떨리기 시작했다.

그때 나폴레옹은 다시 한마디 기압을 넣었다. "떨지 말고 조심해서 면도하게" 이발사는 비지땀을 흘려가며 겨우 면도를 끝냈고 나폴레옹은 "잘 있으라"고 인사하고 이발소를 떠났다.

그 후 이발사는 제 친구를 만나 "여보게 이래뵈도 내가 이 나라 영웅 나폴레옹의 이발을 해 드린 어른일세"라고 뽐냈다는 것이다. 그러나 이 이발사와 같은 사람들이 우리 주변에는 없을는지.

마음과 마음을 주는 것이 믿지 못하고 불안에 떨며 살아가는 것보다 더 행복하지 않을까. 지극히 간단한 한마디의 대답 "예"와 "아니오"를 분명히 해서 자손만대에 서로 믿고 살 수 있는 내 나라를 이룩할 수 있어야 하지 않을까.

(1998. 4. 영가회 소식)

더 늦기 전에 우리분수를 찾자
정부와 국민, 이렇게 일하고 이렇게 써도 되는가

　우리 경제의 이모저모를 아무리 뜯어봐도 나라의 운세가 기울고 있다는 판단을 바꿀 수가 없다. 경제난의 본질인 산업경쟁력의 위기에 대한 경고와 개탄만 되풀이 될 뿐 이를 타개할 국민적 에너지의 동원과 열의의 결집은 한없이 지연되고 있다. 일터를 메워야 할 열기가 아직도 과소비와 행락의 현장에 가득 차 있다.
　'대외경쟁력에 있어서 한국인은 절벽 끝에 서 있으면서 절벽 끝인 줄도 모르고 있다.' 서울에 주재하는 한 일본 언론인의 지적이다. 옳은 말이다. 세계의 주력시장에서 우리 산업의 대표상품들이 계속 밀려나고 국내에서조차 야금야금 시장을 잠식당하고 있다. 지난주 부산에 있는 신발끈 제조업체의 한 경영자가 제품의 판로를 잃고 분신자살을 기도했다는 보도는 사실 그 자체로서보다, 그것이 지니는 상징성으로 인해 더 큰 충격을 던져준다. 수출전선에서의 퇴각이 계속되면 우리는 살아남을 길이 없는 것이다.

경제전쟁의 가열화를 예고하는 바깥 정세의 변화가 거칠게 전개되고 경쟁력의 쇠잔衰殘을 증명하는 현상들이 눈앞에 질펀한데도 먹고 쓰고 노는 판을 우리는 아직도 벗어나지 못하고 있다. 소비의 단물에 탐닉하는 모습은 여전히 우리의 자화상으로 남아 있다. 이 추한 그림에 외국 언론이 붙여준 제목은 '너무 일찍 샴페인을 터뜨린 국민'으로 돼 있다.

샴페인을 터뜨리는 소리는 이 가을에도 요란하다. 명산名山과 온천의 숙박업소마다 주말객실은 동이 나고 관광업체의 전세버스를 전부 동원하고도 모자라 예비군 수송차량과 자가용버스까지 관광객 수송에 나섰다는 소식이다. 공장의 인력난이 심각해질수록 관광지의 인파는 불어난다.

기름 한 방울 안 나는 나라의 비좁은 도로에 수출품을 싣고 항구로 가는 트럭과 나들이의 자가용이 함께 발이 묶여 서있는 광경에 우리 모두가 태연해도 되는가. 기름 한 방울 안 나는 나라의 거리에 자동차가 넘쳐 밀리는 것을 보고 우리는 부국富國이라고 얘기해야 할 것인가.

불건전하고 비합리적인 소비지출의 관행은 우리의 생활문화 속에 넓고 깊게 뿌리박고 있다. 값비싼 외식, 수백만 원짜리의 의복, 수천만 원짜리의 가구, 흥청거리는 환락가의 풍물은 일그러진 소비사회의 작은 한 부분에 불과하다. 팁으로 뿌리는 돈과 경조금·선물·회비·찬조금·촌지寸志의 단위가 터무니없이 높아지고 어린학생들에게 주는 부모의 용돈도 예사롭지 않다. 멀쩡한 옷가지들과 조금만 손보면 쓸 수 있는 가구들이 아파트촌의 쓰레기장에 즐비하다.

지위 고하를 가릴 것 없이 번져나가는 자기과시형과 한恨풀이식 소비에다 집장만의 꿈을 날려 버린 자포자기형 소비, 한 평이라도 더 큰 집을 선호하는 자산증식형 소비, 청탁·접대용 지출, 호화판 해외여행 등이 한데 어우러져 경제난과 사회악은 끝없이 깊어만 간다.

정부의 돈 쓰는 방법에도 절제와는 거리가 멀고 우선순위에도 맞지 않는 경우가 비일비재하다. 유엔 가입 때의 대규모 사절단 파견은 민간부문의 자기과시형 소비와 맥락을 같이 한다. 대전 엑스포행사·경부고속전철계획·올림픽3주년 기념행사·주택 2백만 호 건설 등은 설령 그 부분적인 타당성이 인정된다 하더라도 축제형祝祭型 또는 기념비형 사업에 연연하는 정부의 공적 과시욕을 드러낸 것들이다.

사회전체가 과소비로 들떠있는 가운데 사회의 한부분인 일터만이 차분하게 남아 있을 턱이 없다. 과거 오랫동안 노동규율을 지탱시켜준 강권의 통제가 빠져나간 후 자율과 평등계약에 의거한 노동질서가 정착되지 않은 채 과도기의 진통은 좀체 끝나지 않는다. 국운이 뻗쳐오르던 시절에 모험과 도전의 기백으로 충만했던 기업가 정신에도 군데군데 흠집이 나 있다. 새 시장과 새 기술의 개발의욕이 전반적으로 움츠러들고 부동산 투기와 재財테크에 열중하는 일부 기업인들에 대한 비난이 그칠 새가 없다.

관가의 일하는 모양이 예 같지 않다는 지적도 자주 들린다. 정책결정의 실기와 우유부단, 그리고 갈팡질팡하는 정책추진의 사례들이 한둘이 아니다. 소신과 책임감으로 일을 추진하기 보다는 몸 다치지 않는 선 안에 안주하려는 자세가 국민의 빈축을 사고 있다.

일에는 염슌(念)이 없고 쓰고 노는데 정신이 빠져 있는 사회가 오래 버틸 수는 없다. 대외적자, 고물가, 고임금을 근본적으로 해소하는 길은 소비의 절제밖에 달리 방도가 없다. 경쟁력 기반의 재구축에 필요한 새로운 결의도 소비의 열풍을 잠재운 뒤라야 솟아날 수 있다.

구호가 아닌 실천으로 이제 우리 모두 분수를 지키자. 오늘 일하고 내일 쓰겠다는 의식전환이 있어야 한다. 내일이 없는 것처럼 행동하는 민족에 내일이 열릴 까닭이 없는 것이다.

(1991년 11월 4일)

경영자로서 '군자'의 자세

논어에서 정사政事를 어떻게 하여야 하는 것도 많이 다루고 있으나, 동시에 정사를 담당하는 사람, 즉 군자가 어떤 마음가짐과 자세를 지녀야 하는가에 대해서도 많은 장章을 할애하고 있다.

여기서 우리는 현대 기업 경영자가 취할 가치관과 행동규범에 대한 시사를 많이 얻게 된다.

1. 경영자는 조직의 소유자가 아니라 수탁자이다.

   군자의 길은 어디까지나 맡아서 가꾸는 자. 군자는 선비와 동의어로 보아도 무방하다.

   우리의 선비정신은 민족정서로 뿌리내린 한민족을 상징하는 중심사상이다. 유럽의 기사도 정신이나 일본의 무사도 인본주의에 바탕을 둔 사회사상이다.

   인간 본성을 찾아 지키려는 마음을 갈고 닦아 이웃과 남을 위

해 봉사하며 살아야 한다는 수기치인修己治人의 선비정신

2. 경영자는 자리에 연연하지 않고 자기능력을 걱정하는 법

조직의 목적과 비전의 달성에 최선을 다하고 몸을 맡기고 조직의 안전과 발전을 도모할 책임을 져야 한다.

공자는 "군자는 이상의 실현을 우려하는 것이지 가난함을 우려하는 법이 아니다"라고 하였다.

3. 경영자는 스스로 책임을 질 줄 알아야 한다.

충忠이나 서恕의 생각에서 분명하듯이 군자는 성실하다는 것이 으뜸가는 덕목이다.

자기가 져야 할 책임을 회피하고 남에게 돌리려고 해서는 안 된다.

4. 경영자는 사람을 알아보고 잘 부리는 능력이 있어야 한다.

5. 경영자는 자신의 사명과 그 한계를 깨달아야 한다.

천명이나 조직이 부과하는 사명을 자신의 소명의식으로 일체화함으로써 경영자는 비로소 명을 깨닫게 되는 것이다.

6. '이利' 이상의 가치를 추구하는 경영자상

"기업의 경영자가 어찌 이로움보다 정의로움을 앞세울 수 있겠는가"라고 묻는 사람은 많을 것이나, 이익을 취하는 경영적 의사결정을 할 때에 언제나 사회정의에 비추어 생각해 본다는 것

은 현대 개방된 선진사회의 경영자로서는 반드시 지켜야 할 덕목德目이다.

7. 공자의 궁극적 군자상 내지 경영자상

아세아제국의 통치이념에 많은 영향을 행사하면서 동양의 핵심적 사상으로 자리를 굳혀온 유학의 조상인 공자는 송대 성리학의 확립 이후로 추종자들에 의해 신격적神格的 자리에 모셔졌다. 사상의 큰 줄거리를 보면 논어에서는 인仁과 의, 성 등 인성人性에 관해서 깊이 다루지 않고 그들의 현실적 정사에의 효용을 강조하고 있는데, 후세 유학은 그것을 인성에 관한 관념적인 사상체계로 만들어 놓았다. 경영자가 자기 자신의 한계를 모르고 지나친 욕심을 낸다면 옳은 경영자라 할 수 없다.

우리사회의 밑바닥에는 고유한 문화적 특성이 수천 년 전부터 면면히 이어 내려오고 있어 개인이건 집단이건 그 행동양식에 끈끈한 영향을 주고 있다. 국가나 기업체 같은 공동체의 경영은 이러한 토착적 문화 특성을 완전히 도외시 할 수 없다. 경제운용의 원리는 비록 서구적인 것이라고 하더라도 그 주체가 되는 사람이나 조직운영은 다분히 토착적 요소에 좌우되기 때문이다. 그런 뜻에서도 동양 고전사상의 이해와 활용은 약육강식, 무한경쟁을 펼치고 있는 자유시장 경제 체제하에서 우리 경영자에게 살아남는 길을 보여 줄 수 있다고 본다.

P그룹 R회장

　요즈음 일부 기업인들의 이른바 윤리부재가 새삼 거론되고 있다.
　'나'만 살겠다는 욕심이 결국 '나'마저 살지 못하게 한다는 당연한 결과를 불러일으키고 있고 이에 자성自省과 자탄의 소리가 드높아지고 있다. 더욱이 종업원들을 가리켜 '보따리 장사꾼'이니 '철새'니 하면서 격하시키는 등 어지러운 기업질서를 볼 때 서글픈 생각마저 든다.
　이런 상념에 이르니 생각나는 사람이 한 분 있다. 오랜 세월 살아가노라면 잊어서는 안 될 일, 또 잊어야 할 일이 있게 마련이다. 또한 누구나 어려운 일이 있고, 고민스러운 일이 생기며 판단에 자신이 없을 때도 있다.
　이럴 때마다 의견을 주고받으며 조언을 구하고 그래서 판단에 힘이 되어 주는 분이 또한 있게 마련이다. P그룹의 R회장은 그런 분 가운데 뇌리에서 사라지지 않는 분이시다.

나는 오랜 직장생활의 경험으로 어떤 업종이든 자영업을 해야겠다는 충동을 느껴 몇 가지 분야를 검토, 여러분에게 자문을 구한 적이 있다. 대부분 내가 참모로서는 적임이지만 경영자로서의 자질은 의문이라는 반응을 보이면서 더욱이 지금과 같은 경제 여건으로서는 모험이라는 대답들이었다.

그때 R회장의 말씀은 나에게 큰 용기를 주었다.

"한 직장에서 인정을 받는 사람은 물론 다른 직장에서도 칭송받는다. 따라서 한 업종에서 실패한 사람이 다른 업종에서 성공하기도 어려운 법이다."

이렇게 말씀하신 그는 이어 예외에 운명을 거는 것은 가장 어리석은 인간도박이라고 단정하면서 한 직장의 좋은 참모였으면 무슨 업종이든 상관없이 성공할 수 있다고 내게 용기를 불어넣어주셨다.

그러면서 일단 경영자가 되어서 결정권을 행사할 때 명심해야 할 것이 한 가지 있다고 했다. "아부하는 사람은 배신하지만 충언하는 사람은 배반하지 않는다"는 명구를 꼭 기억하라는 것이었다.

그는 또 작금의 경제 질서와 직업관에 관한 사려 깊은 지침을 주시기도 했다. 지금도 나는 R회장이 주신 말씀을 반추하면서 생활의 지표로 삼고 있다. 다시 한 번 그분의 말씀을 되새기면서 우리들의 자세를 반성해 본다.

우리는 흔히 직장생활에서 좋은 측면보다 나쁜 점을 잘 보게 된다.

'우리 회사는 환경이 나쁘다' '급료가 다른 회사보다 적다' '상사가 이런저런 결점을 가지고 있다' '아부하는 사람이 대우를 받는다' '그러니까 나는 이런 일은 하지 못 하겠다'—사사건건 불평이고 매사에 부정적이다.

이런 분위기에서는 자신의 발전은 물론 기술의 축적도 기대할 수 없다. 당연한 결과로 회사제품의 경쟁력이 뒤지고 서비스의 질마저 외면당하게 된다.

그래서 경쟁의 유일한 무기는 '덤핑'이요, 무분별한 '스카우트'로 경영전략을 풀어가는 악순환이 경제 질서를 어지럽히게 마련이다.

여기서 새삼 한번 생각해 본다.

과연 이 세상에서 충분한 조건, 완전한 환경, 그리고 이상적인 집단속에서 일하고 있는 사람이 얼마나 될 것인가.

"그러니까 나는 이런 일을 안 한다"—이런 소극적인 생각을 버리고 "그럴지라도 나는 일한다"라는 자세를 지향해야 할 것이다.

'그러니까'가 아니라 '그럴지라도'라는 적극적인 태도로 지금 하고 있는 일에 정진하도록 직장의 분위기를 유도해야 한다는 R회장의 결론은 정말 인상 깊은 것이 아닐 수 없다.

다시 한 번 R회장의 얼굴을 그리면서 그분의 예지에 또 한 번 경의를 표한다.

(1983. 11. 11. 한국경제신문)

500년 명문가에서 배우는 경영 - 풍산 류목기 부회장과 '엄마형 리더십'

헌신·솔선수범, 큰 빛 발發하다
시동생도 자녀처럼 뒷바라지, 생산성 향상 수단으로 각광

　퇴계 이황이나 청계 김진, 류봉시 등은 이미 500년 전에 요즘 지식 사회의 감성시대에 각광받는 엄마형 리더십으로 지속가능한 가문 경영의 초석을 쌓았다. 오늘날에는 이들처럼 아버지가 엄마형 리더십을 발휘하면서 자녀교육의 전면에 나서는 경우도 있지만, 이는 자녀교육에 열정을 가진 극히 일부 아버지들에게 해당되고 있다. 대부분의 가정은 어머니가 자녀교육의 CEO로 나서고 있는 실정이다. 이른바 '대치동 엄마'들처럼 자녀교육에 열정적인 어머니들이 스포트라이트를 받는 것도 이러한 연유에서다. 가정뿐만 아니라 정치, 경제, 사회, 문화 등 모든 분야에서 엄마형 리더십이 각광받고 있다.
　전주 류씨 삼가정파의 초석을 쌓은 류봉시의 엄마형 리더십은 오늘날 후손들에게 이어지고 있다. 류목기 풍산 총괄부회장은 전주 류씨를 대표하는 재계인사로 꼽힌다(풍산그룹 류진 회장은 서애 류성룡의 후손이어서 류 부회장과는 문중이 다르다).

류 부회장은 어머니를 일찍 여의고 할머니와 형수 정봉순씨의 보살핌 속에서 자랐는데, 특히 형수의 헌신적인 배려가 컸다. 형수는 "풀을 뜯어먹더라도 시동생 교육을 시켜야 한다"면서 안동의 신혼 단칸방에 류 부회장을 기거하게 했다. 초등학교 교사였던 형수는 시동생을 마치 자식처럼 열성적으로 뒷바라지한 것이다. 류 부회장은 서울대 사범대를 졸업하고 한솔저축은행 대표이사를 거쳐 풍산 부회장으로 6년째 재직하고 있다. 그는 "오늘의 류목기를 있게 한 것은 신혼 단칸방에 함께 기거하고 등록금을 대주며 공부시켜 준 형수님이다"고 말한다. 류 부회장은 우리나라의 전형적인 엄마형 리더십에 힘입어 대기업 CEO로 우뚝 설 수 있었던 것이다.

그의 형수는 자녀들도 열정과 솔선수범으로 키워내 전주 류씨 가문(삼가정파)에서 자녀교육의 성공사례로 회자될 정도다. 류 부회장의 친형은 김천교육장을 지낸 류직기씨로 슬하의 4형제 가운데 3명이 박사학위를 받았다. 장남 영석씨는 종양내과 전문의로 활약 중이고, 2남 광석씨는 서울대를 나와 외무고시(7회)에 합격해 현재 싱가포르 대사로 재임하고 있다. 3남 화석씨는 서울대를 졸업하고 미국 위스콘신대에서 박사학위를 받았고, 한솔텔레콤 대표이사로 있다. 4남은 프랑스에서 박사학위를 받았다.

이들 어머니의 자녀교육 방식은 다름 아닌 솔선수범이었다고 한다. 바쁜 와중에도 항상 책을 읽었는데, 늦은 밤 자녀들이 공부를 마칠 때까지 책을 읽었다. 특히 2남인 광석씨가 외무고시를 준비할 때는 직접 일본어 책을 번역하며 아들의 고시를 뒷바라지 했다고 한다. 70년대 초에는 외교사에 대한 책이 별로 없었고 일본어로 된 책이 필독서로 꼽혔는데, 일본어에 능통한 어머니가 직접 번역해 주었다는 것이다.

한편 보학의 권위자인 류일곤씨는 그의 선조인 류봉시처럼 엄마 같은 아버지 역할을 하며 2남 1녀의 자녀교육에 나섰다. 아이들은 수천 권의 보학 관련서가 있는 방에서 항상 책을 읽는 아버지를 보며 어린 시절을 보냈다. 공휴일이면 아이들과 도서관에 가 책을 함께 읽었다. 똑같은 노트를 사서 저녁때면 두 아들과 함께 일기를 썼다. 그는 아이들의 일기장뿐만 아니라 성적표 등 자료를 모두 모아두었다. 아버지의 솔선수범에 아이들은 서울대와 포항공대, 스탠퍼드대에 들어가며 보답을 했다.

지식사회에서는 권위적인 아빠가 아니라 '엄마 같은' 아빠를 요구한다. 목표를 향해 매진하는 산업화시대에는 '마초'적인 남성성이 제격이었지만, 산업화 이후의 감성시대에는 강한 것보다 섬세한 여성성이 시장을 지배하고 있다. 피터 드러커가 지적했듯이 기업에서도 부하들을 위해 헌신하며 부하들의 리더십 능력을 길러주기 위해 노력하는 '엄마 같은 리더'를 필요로 한다. 지식시대에는 기업 내에서 상하간 구분이 없어지는데 지시와 감독으로는 더 이상 생산성을 높일 수 없기 때문이다.

〈엄마형 리더십〉을 쓴 우경진 수원대 교수는 네트워킹 정보수집, 원만한 인간관계, 원칙적인 업무수행 등을 여성리더의 단점으로 지적하고 있다. 그렇다면 아버지는 '엄마 같은' 아빠로, 엄마는 '아빠 같은' 엄마로 서로를 벤치마킹하는 것이야말로 지식시대, 감성시대에 맞는 진화의 법칙이 아닐까!

(2006. 10. 30. Business)

훈병 생활
공포의식 없어졌다

　포연과 탄우를 헤치고 또 헤치며 전진하는 일선 병사의 면면들 그대로 그려낸 실전과 같은 훈련장 여기에서 체득하는 엄숙한 호흡이야말로 인간의 숭고한 열정의 결정이다.
　인간의 여과된 침전의 집약이다.
　적게는 '나'와 '나라'를 위한 크게는 '자유'와 '평화'를 위한 결정 집약이다. 그러기에 이곳에서는 일체의 잡념이 있을 수 없고 일리의 허망이 없어야한다. '이겨야 산다'는 지중한 명제는 이 열정에 의하여서만 이루어지리라. 그것은 시간과 공간 어느 것이나 일관된 맥박을 치면서 움직여지는 것이다. 철석같은 자유세계의 명일은 오늘의 이 정열에서 연역될 투지와 행동에 의하여 복 받은 광명이 약속되고 있는 것이다.
　그럼 과연 논산훈련소가 이러한 사기와 기백을 길러 주고 있는 곳인지 그 단면을 더듬어볼까 한다. 그곳은 두말할 것 없이 신병新兵을 훈련하는 육군의 유일한 기관이며 오늘날 그곳을 통과하지 않는 한국의 청년은 극히 소수밖에 되지 않을 것이다. 선악을 판단하는 감도에서 가장 예민한 청년들 거의 모두가 통하는 기관이므로 이곳에서 불미한 일을 목격하고 경험하게 된다면 그들도 그런 방식에 젖어 들거나 혹은 그에 대한 격렬한 반발심을 가지게 되는 것은 의심할 바가 없는 것이다. 그러나 그와 반대의 현상을 목격하고 체험한다면 좋은 결과를 가져올 것은 당연한 일이다.

첫째, 논산훈련소는 인권옹호를 표방하면서 훈병제일주의의 기치 아래 최대한의 자유가 보장되어 있었다. 이로 인하여 입영 전에 공포에 떨며 도살장에 끌려가는 우마와 같은 초조와 불안한 심경은 훈련생활에서 해소됨을 느꼈으며,

둘째, 교관단의 빈약성을 지적하고 싶었다. 얼마 전부터 사회에 일대 파문을 던져 입대 장정을 가진 부모로 하여금 공포증을 느끼게끔 물의를 일으킨 사건책임의 주인공은 훈병에게도 있겠으나 교관과 조교의 부덕에 기인될 것이다.

셋째, 훈병 간의 비협조적인 면이다. 이것은 군대는 요령제일주의라는 것이 지도 이념시 되어 훈련생활에 적지 않는 차질을 초치하고 있다. 한국인의 민족성은 모래알과 같다는 말을 외국인이 한 바도 있지만 아마 이런 것을 두고 말함이리라. 내무반 불침당번 교대를 요구하다 들어주지 않아 일어난 사건 역시 이러한 협조정신이 없는 데서 배태되었으리라.

끝으로 느낀 점은 한국민의 머리깊이 박혀있는 권위의식이다. 말하자면 한국사회의 일반적인 병폐는 금전과 권력을 부당하게 사용함으로써 질서가 더럽혀지고 있는 것이다. 사람들은 돈과 빽이 있으면 안 되는 일이 없다는 그릇된 생각을 가지고 있다. 이러한 사회풍에 편승하여 발생하고 만연하는 것이 군 사회의 권위의식이다.

(제5관구 공병시설대 근무)

단식투병기

　어떠한 생의 철학이건 인생으로서 최선의 노력을 다하여도 우리의 생은 흔히 빗나가는 수가 있다는 사실을 솔직하게 인정하지 않고서는 그 완전성을 기할 수 없을 것이다.
　우리들은 질병과 병고를 없애려고 갖은 수단을 다하였으나 아직 없어지지 않고 우리와 함께 존재해 있으며 앞으로도 어떠한 형태로든지 있을 것 같다. 또 어느 세대에 있어서나 얼굴이 흉측하거나 몸이 불구이거나 혹은 체력이 약하고 허약하다든가 본래의 어찌할 수 없는 흉악한 조건을 가지고 태어난 사람들이 얼마든지 있다.
　그러므로 세계는 실재實在 및 가능의 행복만이 있는 세계가 아니요 상당한 슬픔이 쌓여있는 세계이다. 우리는 그 세계 안에서 행복을 전취戰取할 수 있으나 한편으로 허다한 사람이 번번이 행복의 쟁취라는 점에서 실패하고 있다. 이처럼 소수인만이 행복을 얻기에 성공하고 나머지 다수인들이 실패하기 때문에 성공의 복음서는 찰나의 행복만을 들어 그럴듯하게 보이는 점만을 늘어놓았다. 우리의 행복관이란 점으로 보면 '복락원復樂園'으로서는 도저히 가질 수 없는 효능을 '실락원失樂園'이 가질 수 있다는 것이 얼핏 봐서 기이한 듯하다.

그러나 사실은 그렇지 않다. '가장 슬픈 마음을 노래해 주는 것이 가장 감미로운 노래'라고 말하는 것은 결코 시詩만이 가지는 감상이나 특권은 아니다. 단식도 이런 의미에서 고통으로부터 전화위복하는 영원의 복음이 될 수 있을 것이다.

단식이란?

평이平易한 말로 표현하면 FAST(굶다)를 의미한다. 그러나 단식은 성격상 구분이 있을 수 있으니 첫째, 자기의 주의주장과 사상을 관철하기 위하여 또는 사회의 여론을 일으키기 위한 최후 수단으로 이루어지는 류의 단식(흔히 신문 사회면에 대서특필하여 보도되는 정치성을 띤 투쟁). 둘째, 도학자들이 생에 관하여 명상하고 영감에 사로잡혀 인생철학의 심오한 세계에서 진리를 추구하는 류의 단식(독립을 상실한 인도의 삼백년 질곡은 간디 하나의 배출로 그 대상을 뽑고 말았다고 하는 간디옹의 단식). 셋째, 질병과 병고에 신음하는 나약한 사람들이 재생의 길을 터득하기 위하여 취하는 수단으로 이용당하는 류 등으로 규정지을 수 있을 것 같다.

단식을 하기까지

인생은 덧없이 무상한 것 하루아침에 이슬과 같이 사라지는 초로 草露인생이 아닌가?

참으로 허무하고 보잘 것 없는 것이구나! 하는 것이 나에게 막연하나마 진지한 운명의 첫 대결! 이것이 나의 독백?

시시각각으로 나의 뇌리에 사라지지 않고 엄습하는 것은 파상적으로 가해지는 육체적인 고통보다는 정신적인 고뇌가 도를 가하였다. 지금으로부터 4년 전 나에게 찾아든 병마는 지금 생각하여도 몸서리치는 고질의 위병이란 달갑지 않은 비운의 심판대에 오르게 되었다. 그때부터 나의 전 정력은 병치에 소모되었으며 금주, 금육, 금색의 세 계율을 금과옥조로 신봉하고 나의 신조인 냥 중히 여겼다.

짧지 않은 4년간 전전긍긍하면서 다투어 이 나라의 유수한 의사님들의 진단을 받았으나 이구동성의 진단이었다. 위산과다, 위확장, 신경성소화불량증, 만성위가다루, 위산결핍 걷잡을 수 없는 산발적인 진단이었다. 이것이 나의 경조부박 輕佻浮薄에서 오는 결과가 아니었는지도 몰라 이렇게 갈팡질팡 하면서 신문 약 광고에만 눈이 뜨이고 거리의 약상 藥商 앞에 발걸음을 멈추게 하며 병원, 약국, 약방 藥房을 나의 직업현장과도 같이 드나들게 되었다. 이리하여 머리에는 약방록을 이루고 온 신경은 위로 모여 나의 전 생애는 고스란히 위에 바치는 것 같고 전신은 위의 독무대화하였다.

거리에서 건강을 자랑하듯 활보하는 군상을 볼 때마다 부러워하면서 한편으로는 증오하는 것이 나의 상투적인 심리가 되고 말았다. 여기서 반비례하여 몸은 점차로 초췌하여지고 일에 용왕매진하는 씩씩한 기품은 찾아 볼 수 없었고 생에 대한 예찬과 자신을 희구하는 청춘의 웅지를 담뿍 실은 희망과 사랑은 차차 흐려지고 도저히 소생할 수 없다는 숙명론까지 나오게 되었다. 그럼으로 해서 신문 삼면을 더럽히는 염세자살자를 동경하게끔 되었으며 언제나 사형선고를 받은 사형수와도 같이 불안과 초조의 도가니에서 하루하루를 보내지 않으면 안 되었다.

이때에 마침 찾아든 한 가닥의 불빛 그것은 선구자의 고시故示에 따라 던져지는 청량제! 죽을 것이냐 살 것이냐? 살면 어떻게 할 것인가? 하는 절박한 의문의 기로에서 단식의 문을 두드리게 되었다.

단식의 키포인트

단식은 일언하여 심신의 개조이며 순결무구하고 천진한 동심으로 환원시키는 위력을 가졌다는 것이다. 그럼으로 단식을 결행하려면 첫째, 정신이 건전하여야 하고, 둘째 고래로 내려오는 남칠여구男七女九라는 것에 구애되어 불안과 공포에 사로잡히는 것은 실패의 원인이며, 셋째 신앙, 신뢰, 신념을 굳게 간직하고 있어야 한다는 것이다.

즉, 단식의 요체는 놀랄 만큼 민활하고 예리하고 명백하게 결정하는 능력이 있어야 하나 그것 보담도 자신과 희망에 있다는 것은 췌

언을 불요不要한다. 자신은 성취의 보장이 되며 희망은 추진의 저력이 된다. 자신을 갖기에 용으로써 일에 임하게 되며 희망이 보이기에 성을 기울여 노를 택하게 되는 것이다.

그러므로 자신을 잃은 자, 자포의 길을 택하게 되며 희망을 버린 자, 자기를 면치 못하게 되는 것이다. 자신과 희망은 사물에 대한 무사한 비판, 개개인이 지닌 역량의 공정한 평가와 노력에 합당한 물질적 정신적 대가가 보장되기 때문일 것이다.

단식 경과

단식을 할 때 먼저 생각하여야 할 것은 계절, 장소, 일수 등을 잘 고려하여야 할 것이다. 계절은 봄·가을이 좋을 것이고, 장소는 너무 소란한 곳을 피하여 비교적 고요한 곳이 좋으나, 너무 적막한 곳도 동시에 피함이 좋을 듯하다. 본本단식일수는 병의 경중輕重에 따라 차이가 있으며 경하면 일주일, 중하면 이주일이면 족할 듯하다(나의 경험에 비추어). 나를 표준하면 예비단식 일주일, 본단식 15일간이었다. 그동안 웃을 수 없는 여러 가지 에피소드가 있으나 지면의 제약을 받는 관계로 간략하게 그 개요만을 이야기하고 상론詳論은 피하기로 하겠다.

단식은 보통 삼단계로 나누어 예비단식, 본단식, 회식이다. 삼자 중 가장 중요한 기간이 회식 때이며, 예비단식 때는 평소에 섭취하던 음식량을 반감하여 4일간, 흰죽을 같은 양으로 2일간, 미음을 하루 이렇게 예비훈련을 하여 마음의 준비가 끝나면 내부의 불순물을 배설시키기 위하여 하제를 먹은 다음에 본단식에 들어간다.

음식을 일절 먹지 않는 것은 물론이나 냉수를 하루에 5, 6육합을 먹게 된다. 이리하여 새로운 활로를 개척하는 막을 올렸으며 악몽과 같은 나날의 혼미가 백귀百鬼를 난무시키고만 있었고 그로 인하여 인생의 의의를 상실한 채 고뇌를 한 적도 많았다. 이러한 혼돈 속에서 인생의 의미에 대하여 다시 한 번 진지한 반성을 게을리 하지 않았다.

초일과 2일은 막연하나마 병마의 굴레에서 해방될 수 있을 것이라는 기쁨으로 굶주림에 흐려진 정신이나마 이성은 주기적으로 가해 오는 동물적 발작증을 억제할 수 있었으나 3, 4, 5일째는 전신을 휩쓰는 통증을 참고 나가기란 아마 진통하는 산부 못지않으리라 믿어졌다. 때로는 이를 갈며 합장하여 신에게 기도하는 어리석은 자가 되곤 하였다.

이러한 시기가 경과, 6, 7, 8일에는 통증의 굴레에서 어느 정도 빠져나왔으나 이제는 지배자가 바뀌어 24시간의 짧은 하루가 그야말로 여삼추 같았다.

이에 비례하여 신경은 점점 날카로워지고 그렇게 잘 찾아주던 수면의 신은 자취를 감추고 하루에 불과 2~3시간만 찾아주었으나 그 동안 역시 안면安眠할 수 없이 찾아오는 신은 빵의 신이었다.

한 순간이라도 고통을 잊으려면 기습작전을 취하는 것이 그야말로 백일몽이다.

평소에 즐겨먹던 음식, 먹고 싶었던 음식들이 주마등같이 달리고 눈을 뜨면 또 한 번 실망의 구렁텅이로 몰아넣는 중매자가 되고 만다. 여기에서 초인간이 있다면야 극기할 수도 있었을 것이나 속인인 나는 몸부림치는 고통에 또 한 번 풍덩…… 9일, 11일은 나의 사생관을 결정짓는 단계인 냥 생각하게끔 만들 총결산기. 이 기간은 몸에는 살 한 점 찾아볼 수 없고 입술은 마르다 못해 몇 번이나 터져 새살이 나오고 앙상한 뼈는 방바닥을 침과도 같이 생각하니 신세를 져야 하는 것은 서너 채의 이불이었다.

그동안이나마 만고의 진리는 변함이 없이 하루 이틀 지구는 한 바퀴 두 바퀴를 돌아 15일째를 맞이하게 되었다.

그동안 온 집안의 신경과 시청은 나의 일신에 모이고 하루에 세 번씩 아이들이 즐길 수 있는 세끼의 끼니는 아이들을 못살게 구는 채찍이 되었고, 친지들과 우인友人들이 이곳저곳에서 걱정하는 소리가 밤의 적막을 깨트려 나의 귓전을 쟁쟁하게 울렸다. 15일째는 평시와 달라 맑았던 정신은 흐려만 가고 기력은 줄어만 가니 이 사실을 안 집안 식구들은 그만 그칠 것을 탄원하여 왔으나 아직 속은 완전을 바랄 수 없는 것 같아 당초에 예정했던 20일을 고수하자고 한 번 더 주먹을 쥐어 보았으나 주먹에는 혈액순환이 정지되는 것 같아 이로 인하여 불길한 예감에 사로잡혀 의지를 굽히고야 말았다. 그 순간 나는 다시 한 번 걸어온 길을 회상하니 눈시울이 뜨거워짐을 어찌할 수 없었다. 눈을 감고 명상에 잠기니 인간의 불행은 대개 인간 스스로의 소치인고로 인간의 노력여하에 따라서는 근절시킬 수 있지 않을까? 하는 반신반의의 천박한 자신이나마 가질 수 있는 기쁨을 맛보았다.

다음 단계인 회식 초일은 죽물 한 컵씩 세 번, 다음날은 농도를 높게 하여 같은 양으로 세 번, 이렇게 점진적으로 이런 단계를 거쳐 10일이 지난 후에야 비로소 죽 한 그릇을 먹게 되었는데 그것마저 마음대로 먹을 수 없이 시간 제약을 받아 25~30분씩 씹곤 하였다. 완전히 식물의 노예가 되고 말았으며 밥은 25일이 지난 후에야 묽은 밥을 먹고 차차 굳게 하여 먹었는데 3개월이 지나 평소에 나를 아끼고 염려하던 분들은 괄목상대刮目相對하며 자신 역시 그렇게 생각되며, 방약무인傍若無人 세계에 나 혼자만이 사는 것 같다.

물론 본단식이 끝났다고 해서 완치되는 것이 아니며 회식과 병행하여 점차적으로 치료된다는 것도 단식하는 사람들의 상식으로 알아둘 필요가 있으리라 믿는다.

특히 회식 중에는 부작용을 피하기 위해서는 과식과 급식은 금물이다. 단식을 일관하여 보면 본단식 때는 물이나마 마음껏 마셔보았으면 하는 것이 숨김없는 심리작용이었으나 회식回食 때는 모든 음식의 감미는 산해진미와도 같아 어떻게? 언제 한번 만복할 수 있을까 하는 이중고민의 교차로에서 허덕이는 기간이었다. 이런 것들이 모두 인간군의 진미가 아닐는지?

우리는 무엇을 알고 사나

덕택, 은혜, 은덕이 우리의 주위를 수없이 감돌고 있건만 이것을 참되게 인지하는 자 얼마나 있을까?

진리를 모르는 인간무지에서 오는 결과인가? 그러나 단식의 진리는 이를 제시하여 줄 것이다. 또한 사랑을 우리들은 이중형태로 구분할 수 있으니 EROS라고 하는 사랑과 CARITAS라고 하는 사랑이란 것이다. 전자는 고향을 희랍에 가지고 후자는 그 고향을 파레스타인에 가지고 있다. 전자는 이교적 플라톤적 사랑이며, 후자는 기독교적 바울의 사랑이라고 한다.

단식에서 받은 사랑은 어떤 범주에 속할지? 햇빛, 물, 공기 이 모든 자연의 사랑과 은혜를 완전 체득하는 날이 지상에는 여명기가 오지 않을까?

(1958. 8. 27. 매일신문)

8장

축사 격려사

- 나의 보금자리 '풍산' 그룹
- '기양지'를 꾸미면서
- '관연회' 제 2집을 내면서
- '수류회지' 편집을 마치면서
- '영가회' 회장을 맡으며
- (주)풍산 임시 주주총회
- Openning Speech
- '충의사' 건립에 감사
- 탄약관련 Seminar
- 2009년 새해를 맞이하여
- 노사협력선언 9주년 기념 및 무재해 결의대회
- '안동향우회장' 임기를 마치며
- 신동 발전 선도할 알찬 신문으로 발전하길
- '온계종택' 복원 준공식
- 기업이념 재정립 WORK SHOP 격려사
- 사랑하는 내 고향 안동시민 여러분

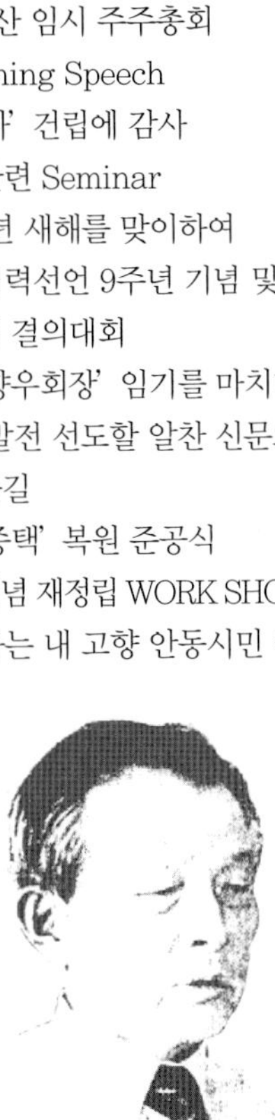

나의 보금자리 '풍산' 그룹

풍산 가족으로 일한지 20년이 가까워 온다. 풍산은 거대 기업은 아니지만 분명히 강한 기업이다.

풍산은 1968년 설립되었다. 制銅救世 · 自主國防 기치 아래 세계 제일의 伸銅 기업을 향한 집념으로 산업 발전의 기초 소재인 銅 제품 개발을 위해 시설을 현대화하고 첨단기술 개발에 전념해 왔기에, IMF 위기와 치열한 국제 경쟁 속에서도 흔들리지 않고 꾸준한 성장세를 유지하고 있다.

풍산그룹 故 柳纘佑 회장은 전문 인력도 기술도 자본도 없던 시기에 오직 사업 보국의 기치 아래 전기 · 전자 · 반도체 · 자동차 · 조선 · 원자력 · 건축 등 산업 전 분야에서 없어서는 안 될 필수 소재의 국산화를 이루었다. 특히 동전의 재료인 소전(素錢 : 주화에 도안(圖案)이나 액면가, 발행 연도 등의 무늬를 새기지 않은 원형 상태의 동전) 사업을 일구어 세계

시장을 석권하는 성과를 거두었다. 1973년 대만 수출로 세계 시장에 첫발을 내딛은 후 선진 유럽의 경쟁 업체들을 당당히 누르고 EU 각국에 유로화용 소전을 공급하는데 성공했다. 유로 소전은 구리, 아연, 주석, 알루미늄으로 구성된 4원 합금으로 위조 방지를 위한 전기 전도성을 지녀 제조가 까다롭다. 1997년 풍산그룹은 짧은 납기에도 불구하고 유로 소전 개발에 성공했고, 당시 유로화 발행을 책임진 스페인을 시작으로 유로 회원국 15개국 중 14개국에 수출 길을 열었다. 해외 60여 개국 35억 인구가 사용하고 있는 풍산그룹의 소전은 세계 소전 입찰양의 60%를 점유하는 우리나라의 대표 수출 상품이 되었다.

기초기술 개발에서도 큰 성과를 거뒀다. 1986년 반도체 리드프레임 소재인 PMC102 제조기술을 독일 스톨버거(Stolberger)사에 제공함으로써 '한국 첨단기술 수출 제1호'의 신기원을 이룩했다. PMC102는 독일, 미국 등 선진국에서 특허를 획득하며 풍산그룹의 첨단 기술력을 세계 속에 각인시켰다.

풍산그룹은 신동사업 뿐만 아니라 방위산업에도 괄목할만한 발자취를 남겼다. 1970년 경제 공업화를 위한 5대 핵심 공장의 하나로 지정되어 민간 기업으로는 최초로 방위산업에 진출했다. 1973년 국내 유일의 종합 탄약 공장인 안강 공장을 건립하고 각종 탄약을 국산화해 자주국방의 기틀을 다졌다. 1973년 소구경탄, 박격포탄, 곡사포탄 개발에 성공했으며 1975년 대공포탄, 1979년 직사포탄을 개발하는 등 1980년대 초, 군이 사용하는 전 품목의 탄종을 국산화 하는데 성공했다. 1982년에는 육군조병창을 인수, 부산사업장으로 가동하면서 소구경탄을 본격 개발, 생산했다. 탄약의 국산화 이후에는 기존 탄약의 성능 개량과 첨단 정밀 탄약의 개발에 매진해 우리 군의 전투력을 향상시켰고, 탄약 수출을 통해 우리나라가 방위산업 강국으로 발돋움하는데 기여했다.

풍산그룹은 신동사업, 소전사업, 방위산업 등을 단계적으로 성장시킨 뒤 해외로 눈을 돌렸다. 1992년 4월 가동을 시작한 미국 현지공장인 PMX를 시작으로 2000년 태국 Siam Poongsan을 설립했다. 홍콩, 중국, 일본 등지에 해외 현지법인과 공장을 속속 설립해 세계 최고 신동기업으로서의 입지를 굳혔다.

2008년 풍산그룹은 창립 40주년을 맞아 투명한 지배구조 확보와 책임경영을 위해 지주회사 체제로 새롭게 태어났다. 2011년에는 비철금속 업계 최초로 풍산 기술 연구원을 개원하고, 충정로 신사옥에 새롭게 입주하는 등 글로벌 기업으로서의 면모를 갖추었다. 특히 신사옥 '풍산빌딩' 은 글로벌 경영을 위한 전략 기지로서, 지주회사인 풍산 홀딩스와 풍산 등 관계사들이 입주하여 효율적인 조직 운영과 시너지 효과 창출로 풍산의 비전을 함께 실현해 나가고 있다.

풍산그룹은 다가오는 2018년 창립 50주년을 맞아 미래 산업 발전에 필요한 새로운 핵심소재 개발에 역량을 집중, 글로벌 경쟁력을 확보해 나갈 계획이다. 이를 위해 글로벌 생산기지와 해외 판매망을 확충하고 선진 업체와의 전략적 제휴, 과감한 설비 투자와 기술혁신 등을 추진하고 있다. 방산 부문에서도 연구개발 능력 강화를 통해 미래의 디지털 환경에 대비한 다기능 정밀 스마트 탄약 개발에 노력을 집중하고 있다.

풍산그룹의 성장 배경에서 CEO의 경영능력과 리더십을 찾아볼 수 있다. 흔히들 사회 지도층의 사회적 책임을 주문한다. 풍산 류진 회장만큼 이러한 요구에 화답한 CEO가 있을까? 노블리스 오블리제(noblesse oblige)의 표상으로 기억될 것이다.

류진 회장은 CEO로 취임하자 6·25전쟁 발발 50주년이었던 2000년에 UN참전국 전사자 6만 9천명의 이름을 새긴 명비를 제작해 전쟁기념관에 설치했다. 2011년에는 북한의 연평도 포격 도발로 부상을 당한 해병대원 전원을 정규직으로 채용했다. 육군사관학교에는 현대식 체육관을 건립, 기증했으며 군 자녀에 장학금을 지원, 부사관생에게 편의시설 제공과 자녀들의 장학금을 매년 전달하고 있다.

군에서 얻은 것은 군을 위해 쓰겠다는 의지의 표현이다. 그뿐인가, 폐교 직전에 있었던 풍산고등학교를 인수하여 지금은 명문고로 성장시켰다. 그동안의 아낌없는 투자의 결과다. 다문화 가족을 위해 펄벅 재단을 맡아서 도와주는 등, 누구에게나 존경받는 이사장으로 자리매김 하고 있다. 또한 2015년(10월 6일~10월 11일) 프레지던트컵 세계 골프 대회를 유치하여 역대 어느 대회보다 성공적으로 마무리함으로써 우리나라를 세계에 알리는 홍보 효과는 물론, 국위선양에도 큰 족적을 남겼다.

 이런 모든 일은 국력이나 재력만으로는 이룰 수 없다. 뛰어난 섭외력과 남다른 인간관계, 특유의 겸손함과 후덕함이 이루어낸 산물이라 생각한다. 같이 일하는 나로서는 더한 보람이 또 있을까?

〈편집기〉

'기양지' 岐陽誌를 꾸미면서

　누구나 선조의 공덕을 기리고 그 위업을 선양함에 인색하거나 뜻을 달리하지는 않을 것이다.

　고향을 그리는 향수 또한 그러하리라. 우리 선조 윤선공(潤善公·통례원인의通禮院引儀)께서 무실에 정착한지 반 천년. 숱한 영욕을 함께 하며 숨 쉬던 내 고향을 이제 물에 묻고 새로운 삶의 터전을 찾아 그 억울함을 달래고 있다.

　선조들이 생활하시던 혈통의 고향, 우리가 태어나 자란 삶의 고향이 이젠 마음의 고향으로 가슴에 담겨질 뿐 텅 빈 마음 무엇에 비할까?

　명절이나 경조시마다 으레 족친들이 함께 모여 선조를 흠모하고 공덕을 기리며 정을 주고받던 그 마당이 역사의 한 장으로 남게만 되었으니, 이 안타까움 또한 무엇에 비할까?

　이제 우리는 고향을 잃은 슬픔과 현대병의 이중고에 시달리게 되지 않았는가?

　족친모임이 있을 때면 으레 현대병으로 일컬어지는 친족관념이 희박해진 작금의 세태를 개탄한다. 이웃사촌은 알아도 친사촌은 모른다는 말로 비유되기도 한다.

　이는 자라나는 세대들의 가치관의 변화, 생활의식의 변천으로 기성세대에 거리감을 주어 두꺼운 벽을 쌓게 함으로써 현실적인 고민으로 등장시킨 것도 사실이다.

　그러나 이를 개탄하고 타매하기에만 입을 모을 수는 없지 않을까? 수용할 것은 수용하고 개선할 것은 개선하여 현실감각에 걸맞은 친족관, 윤리관을 갖게 하고 흩어진 힘을 핏길로 묶자는 처방에 모두 뜻을 함께 하리라 믿는다. 이런 것들이 바로 수류회지水柳會誌 발간의 발상이기에 그 의의를 다시 함께 생각해 본다.

　첫째, 잃은 고향 찾기의 한 장章으로 생각한다.

　고향의 향기를 한 권의 책에 담아 어느 곳에서 무엇을 하고 살든지 고향의 냄새에 취하게 한다. 이로 인해 친족 간의 거리가 좁혀지고 삶의 터전이 연결되어 결집력을 조성하며 더불어 친족관을 고취하여 우리를 발견하게 된다면 그 이상의 보람이 어디 있겠는가?

　둘째, 자라나는 세대의 친족교육 교재로 활용하게 한다.

　선조의 행적과 문장을 소개하여 훌륭한 조상의 후손이란 긍지를 갖게 함은 물론 높은 학문과 덕행을 본받아 올바른 삶을 개척하는 지침이 되게 한다.

　옛 성현은 자기 자신이라는 인간을 아는 것은 철학이고 자기의 계보系譜를 아는 것은 하나의 논리라고 하였다. 여기서 다시 한 번 음미하자.

셋째, 신구 세대의 만남이다.

족친이면 누구나 회지를 통해 자신의 뜻을 전할 수 있어 서로의 이해를 도울 기회가 주어진다.

때로는 지상토론을 통해 올바른 가치관을 발견하고 세대 간의 갈등을 해소하기도 한다. 회원 동정을 게재함으로서 안부를 대신하기도 한다.

넷째, 과거, 현재, 미래가 함께 투영되는 역사책이다.

회지를 우리의 귀중한 역사 자료로 간직하게 한다. 조상의 행적과 사상, 우리의 생활과 생각, 미래의 설계와 기대가 함께 하기 때문이다.

이러한 당초의 뜻이 결실하려면 회원 누구나가 손을 함께 잡고 한 줄로 연결되어야 한다. 물론 이 뜻이 기필코 이루어지리라 확신한다.

창간호를 펴내면서, 회원 여러분의 관심과 의욕, 조상을 흠모하고 친족을 사랑하는 정답고 밝은 뜻에 육친肉親의 정을 함뿍 느끼면서 감사드린다.

옥에도 티가 있듯이 기대에 미치지 못한 부분도 있을 것으로 생각한다. 회원 여러분의 이해를 바라며 갈고닦아 훌륭한 내용을 담은 회지로 발돋움 할 것을 함께 약속합시다. 더불어 오랜 산고 끝에 내놓은 회지에 쏟는 부정적인 시각도, 비판의 목소리도 기쁘게 받아 발전의 밑거름으로 간직하겠습니다.

끝으로 회지 발간에 협조를 아끼지 않으신 회원 여러분께 고개 숙여 감사드리며 특히 물심양면으로 성의를 다 해주신 류승번柳升蕃 회장님께 더욱 감사하는 바입니다.

아울러 밤낮을 가리지 않고 수고하여 주신 편집위원 여러분께 위로와 감사를 함께 드립니다.

감사합니다.

1989. 5. 8. 편집위원장 류 목 기

〈발간사〉

'관연회' 제 2집을 내면서

　창간호에 이어 각계의 성원과 격려로 제2집을 발간하게 되어 보람과 기쁨을 느낍니다.

　회고해 보면 7년 전 우리 업계의 인위적 개편이 이루어져 방향감각마저 잃고 좌고우면하던 그때 뜻을 함께 하는 회원들이 모여 상호 친목을 바탕으로 정보의 교환, 현안문제 타결, 국제간의 관광산업 발전연구 등을 목적으로 관연회觀研會가 발족되었습니다.

　그 후 여러 차례 현안문제에 대한 대책을 마련, 관계당국에 건의하여 정책에 반영토록 노력해 왔으며 해외연수를 통한 국제간 교류사업을 활성화해 왔습니다. 또한 외부 인사 초청강연을 통해 전문인의 자질향상에도 소홀함이 없었음을 자부하고 있습니다.

　사실 관광산업의 중요성은 외화획득이란 경제적 효과 이외에도 국제수지 개선과 고용증대, 그리고 세계인의 교류를 통한 이해와 인식을 넓히고 국제우호친선을 증진시켜 국위선양의 계기를 마련하는 데서 찾을 수 있다고 봅니다.

더욱이 우리나라와 같이 부존자원이 부족한 나라로서는 국가전략산업으로 육성해야 할 가치가 충분하다고 확신합니다. 그러므로 관광산업은 소비적인 성격에서 재창조 활동을 위한 생산적인 성격으로 인식되어져야 합니다.

이것이 바로 관광산업이 세계적으로 무공해 고부가가치산업으로 각광을 받고 있는 소이가 아니겠습니까? 그러나 우리의 현실은 어떠합니까?

정부는 지난 '75년 관광산업을 국가전략산업으로 지정하고 관광기본법을 제정, 시행해 왔습니다.

이에 따라 정부는 외국관광객 유치를 외화획득의 중요한 원천으로 인식, 각종 금융세제상의 지원을 포함한 대대적 정책지원으로 관광산업을 육성해 왔습니다. 이런 노력으로 오늘날 관광수입이 GNP 1.5~2%에 이르게 되는 기반이 마련되었습니다.

그러나 지난해 2월 정부에서는 이제까지 전략산업으로 육성해 온 관광업을 유흥과 오락을 목적으로 하는 소비성 서비스업으로 분류, 세제상稅制上의 혜택을 없애 버렸습니다. 또한 외국인에 대한 영세율 적용마저 폐지시켰습니다.

이러한 일련의 조치들로 인한 급속한 관광객의 감소로 관광수입이 크게 위축돼 급기야 정부에서는 이 조치를 금년 안으로 원상회복시키겠다고 하지만 이런 시행착오가 엄청난 혼란을 야기시키고 있습니다.

이제부터의 과제는 정부에서 하나의 산업으로 대접할 것인가가 문제입니다.

앞으로 우리는 꾸준한 자기개발과 내적 충실을 기함과 동시에 전문인으로서 꿈과 긍지를 가지고 관광발전에 정열을 쏟아야 할 것이라고 믿습니다.

그리하여 우리의 이정표를 제시해야 합니다. 관광에 대한 인식전환에 앞장서야 하며 관광은 과소비가 아닌 창조적 교육투자임을 함께 심어주어야 합니다.

그나마 자랑스럽게 생각하는 것은 이렇게 열악한 기업환경에서도 우리는 굴하지 않고 주어진 소임에 최선을 다해왔다는 것입니다.

관연회의 연구 사업에도 소홀함이 없이 문제를 진단하고 처방하면서 의욕적인 연구로 제2집을 내어놓게 되어 우리의 자긍심을 일깨워주고 희망을 잃지 않게 하고 있습니다.

앞으로 더욱 예리한 시각으로 정책대안을 제시하는 보람찬 역사를 엮어 갑시다.

끝으로 회지 발간에 귀중한 옥고를 송고해 주신 여러분께 감사드립니다. 아울러 물심양면으로 발간에 협조하여 주신 협찬사 여러분께도 충심으로 감사드립니다.

      1992. 11. 한국국제관광연구회 회장 류 목 기

〈편집기〉

'수류회'지 편집을 마치면서

　수류회지水柳會誌 창간호가 출간된지 꼭 1년 만에 또 한 권을 펴내게 되었습니다.
　이는 종친 여러분께서 보내주신 뜨거운 격려와 성원에 힘입은 결실이라 생각됩니다.
　1년 전 우리 종친회 임원들이 몇 차례 자리를 함께 하여 임하댐 건설로 사라지게 된 우리 고향, 그 어느 것도 소중하지 않은 것이 없는 내 고향, 선조의 숨결이 간직된 곳, 그 얼이 살아 숨 쉬는 곳, 너와 함께 손잡고 뛰놀던 옛 동산, 이제는 다시 만나보지도 읽어보지도 못하게 된 안타까운 심경을 달래면서 미래의 우리를 함께 그려보았습니다.
　의견이 백출하였지만 결론은 우리가 앞으로 어느 곳에서 어떻게 살아가든 혈족의 유대를 끈끈하게 이어가야겠다는 것이었습니다. 이의 매체로 충실한 회지의 발간을 해야겠다는 것이었습니다.

회지 발간의 기대효과는 이것뿐만이 아니라 도덕성의 회복과 정신 순화에도 한몫을 하리라는 바람도 함께였습니다.

사실 오늘날 우리 사회는 가치관의 혼란, 윤리규범의 붕괴라는 만성적 중병을 앓고 있습니다.

이로 인하여 혈족간의 공동체로서의 결속이 또한 위기를 맞고 있습니다. 이로 인하여 혈족간의 공동체로서의 결속이 또한 위기를 맞고 있습니다.

이런 현상이 어디에서 어떻게 연유되었을까요?

국력신장과 국민소득 향상을 위한 경제성장의 과열로 조상 전래의 문화유산의 보존은 말할 것도 없고 정신문화의 계승 발전마저 소홀해지고 퇴색, 쇠퇴되고 있는 현실이 그를 입증하고 있습니다.

이런 현상을 극복하기 위한 처방은 무엇일까요?

흐트러진 가치관을 되찾고 도덕성을 회복하여 나만이 아닌 공동체의 번영을 추구하는 풍토가 조성될 때 우리가 안고 있는 고민에 답해 올 것입니다.

이러기 위해서는 우리 가문이 지닌 전통과 자랑할 만한 뿌리를 찾아 가꾸는 정성이 돋보여야 하고 이것이 발전하여 향토애가 되고 나아가 진정한 나라 사랑이 되며 궁극에는 인류애 정신으로 승화될 것이라는 소신을 가져야 할 것입니다.

회지 발간의 소이를 여기에서도 찾게 될 것입니다.

더불어 자라나는 후손에게 조상의 얼을 길이 살려주고 선조의 공덕과 위업을 선양함으로써 자긍심을 일깨워 주는 몫을 또한 할 것입니다.

앞으로 우리는 선조의 현창 사업과 자손의 육영사업 그리고 족친의 돈목사업이 회지를 매체로 더욱 활성화되리라 믿어집니다.

끝으로 회지 발간에 보내주신 성원과 충고 그리고 비판을 하나하나 소중히 간직하여 보다 충실한 회지 발간을 위해 심혈을 기울였습니다만 아직도 미흡함이 없지 않을 것입니다. 계속적으로 고견高見을 기다리겠습니다.

모든 일이 그러하듯이 한사람의 힘으로 큰일을 할 수는 없습니다. 소수 또한 마찬가지기에 "피는 물보다 진하다"는 교훈을 상기하면서 흩어진 우리 족친族親의 힘을 모으는데 다함께 손잡고 노력하길 기대합니다.

두 번째 회지 발간에도 협조를 아끼지 않으신 회원 여러분께 감사드리며 편집위원 여러분의 노고에 또한 감사드립니다.

편집위원장 류 목 기

〈권두언〉

'영가회' 회장을 맡으며

　우리 고장은 예부터 '추노지향鄒魯之鄕'이니 '인다안동人多安東'이라 하여 선비의 고장으로 인물이 많이 난다고 하였는데 특히 우리 영가회는 재경 안동인들 중에서 국가 사회에 기여하면서 경륜을 쌓은 훌륭한 인사들이 대거 참여하고 있는 모임으로써 본인이 이번에 여러 회원님들의 간곡한 권유에 따라 본회 회장의 중책을 맡은 것은 분에 넘치는 일이라고 생각됩니다.
　우리 회원님들은 한결같이 지와 덕과 많은 식견과 경륜을 갖추고 계신데 천학 비재한 본인이 회장이 된 것은 우리고장 사람들의 전통적인 선비정신과 겸양지덕으로 앞에 나서지 않으시고 이 류목기가 회원님들의 뜻을 잘 받들고 열심히 심부름을 잘 할 사람이라고 생각하시어 앞에 내세운 것이 아닌가 생각합니다만 회장이라는 타이틀을 붙이고 보니 송구한 마음을 금할 길이 없습니다.
　여하튼, 영광스러운 영가회의 회장으로 추천해 주신데 대해 진심으로 감사드리며 미력이나마 성심 성의껏 봉사할 각오입니다.

주지하시는 바와 같이 지금 온 나라는 IMF 환란으로 엄청난 경제적 어려움을 겪고 있는데 더욱이 우리 고향 안동은 산업적 여건이 열악하여 개발의 사각지대에 놓여 있었을 뿐 아니라 '안동', '임하' 양개 댐의 건설로 많은 주민들이 수백 년 터 잡아 살던 땅을 잃고 출향하였으며 현재 고향에 거주하고 있는 향인鄕人들도 댐의 피해로 설상가상의 어려움을 겪고 있는 실정입니다.

이러한 가운데 고향에서는 재경 안동인의 결집체인 우리 영가회에 대해서도 음으로 양으로 고향을 도와주기를 바라고 있습니다.

영가회는 지금으로부터 21년 전 소수의 재경인사들이 친목을 목적으로 출범하여 장구長久한 세월을 꾸준히 모이다보니 유수한 재경인사들이 거의 망라되어 가입할 정도로 거대한 모임으로 성장하였고 재향인들의 관심의 대상이 되기에 이르렀습니다.

이는 모두 김해길金海吉 전회장님의 노력과 덕망의 소치라 여기면서 전임 김 회장님의 노고에 치하의 말씀을 올립니다.

본인은 자의이던 타의이던 회장이 되었으니 무거운 책임감과 함께 나름대로 소임에 충실해야겠다는 생각을 하면서 '소신'을 세우고 진력해야 되겠다는 각오를 새로이 하게 됩니다.

영가회永嘉會는 이제 단순한 친목모임으로써만 안주할 수 없는 외부의 관심과 주시의 대상이 되었으니 그에 부합한 목표설정과 이를 실행할 수 있는 체계의 확립이 필요하지 않을까 생각합니다.

영가회는 고향을 사랑하는 애향愛鄕운동의 모체가 되고 많은 명현

거유를 탄생시켰으며 그분들의 교훈과 문화향취가 가득한 고장의 후예로서 자긍심을 일깨워 선양하는 핵심체로서의 사명을 감당해야 되지 않을까 하고 생각합니다.

또 그러한 사명과 과제를 실현하기 위해서는 회원들이 더욱 돈목 화합하고 협력하는 적극적인 분위기 조성이 필요하다고 여기면서 그러한 활동체로서 틀도 마련해야 되리라고 봅니다.

본인은 다만 영가회라는 훌륭한 모임의 회장을 맡아 최소한도 회원님들의 체면을 세울 수 있는 심부름꾼으로서 역할을 다할 수 있도록 배전의 협력을 간곡히 바라마지 않습니다.

또한 본인은 이제 이순耳順을 넘어 사회적으로 더 바랄 것이 없는 무욕의 심경이며 순수한 봉사로써 저의 조상과 고향의 선현 그리고 우리 영가회원님들의 아름다운 이름에 누가 되지 않도록 노력할 각오임을 다시 피력하오며 이 뜻을 이해하여 주실 것을 간곡히 바라마지 않는 바입니다.

1998. 7. 영가회

회장 류 목 기

〈인사말〉

(주)풍산 임시 주주총회

존경하는 주주 여러분, 안녕하십니까?

그동안 회사에 변함없는 성원을 보내주신 주주 여러분께 깊은 감사의 말씀을 드립니다.

회사는 지난 4월 16일 이사회에서 결의, 공시한 '회사 분할'에 관하여 주주여러분의 승인을 얻고자, 오늘 임시주주총회를 개최하게 되었습니다.

오늘 총회의 안건 설명에 앞서 그동안의 회사 경영 성과와 활동사항을 간략히 말씀드리겠습니다.

지난 3월 정기주주총회에서 보고 드렸다시피 지난 한해 회사는 불확실한 경제 여건과 불안정한 주변 상황으로 인해 부진한 경영실적을 기록하였습니다만, 금년에는 수익성 향상을 최우선과제로 삼아 경영실적 개선에 전 임직원이 혼신의 노력을 다 하겠다고 약속드린 바 있습니다.

올해 1분기에 그 노력의 결과가 일부 나타나기 시작하면서 실적이 작년과 비교하여 상당히 개선되고 있습니다.
1분기에는 민수제품의 판매호조와 가격상승에 힘입어 매출액 4,713억 원과 당기순이익 203억 원을 달성하여 전년도 1분기의 적자를 딛고 다시 안정적인 수익을 기록하였습니다.
회사는 이에 만족하지 않고 올해 더욱 향상된 실적을 달성하여 주주님들의 기대에 부응할 수 있도록 최선을 다 하겠습니다.

회사는 글로벌 경쟁력을 갖춘 세계 초일류 기업으로 거듭나기 위하여 여러 가지 노력을 경주하고 있습니다.
대전지역의 대덕연구단지에 기술연구소를 설립하여 미래경쟁력 강화를 위한 R&D 기능을 보강하고, 해외시장 개척을 위한 새로운 거점을 추가 확보하는 한편, 신규 합작사업도 적극적으로 진행시키고 있습니다.
내부적으로는 회사 조직을 사업부 단위로 개편하여 책임경영이 정착될 수 있는 여건을 조성하고, 전 사업부문에 걸친 과감한 혁신을 통하여 수익극대화를 이룰 수 있는 효율경영을 체질화 하겠습니다.

주주 여러분

회사는 창립 40주년을 맞아 회사분할을 통해 '지주회사' 제도를 도입함으로써 경영 전반을 새롭게 일신하고자 합니다.

분할내용을 간략히 설명 드리면, 2008년 7월 1일을 기준일로, 주식회사 풍산을 인적분할을 통해 '풍산홀딩스'와 '풍산'으로, 그리고 물적 분할을 통해 '풍산특수금속'으로 분할코자 합니다.

지주회사인 풍산홀딩스는 새로운 사업을 발굴하고 사업 구조를 효율적으로 재배치하는 등 그룹 내 전략적 의사결정을 맡게 될 예정입니다.

'풍산'은 신동부문과 방산부문을 양 축으로 신제품 연구개발과 글로벌 네트워크 구축에 더욱 박차를 가할 것입니다.

'풍산특수금속'은 스텐레스 사업의 전문화 및 확대를 추진하며 나아가 연관 사업으로의 다각화도 적극 모색해 나가겠습니다.

이를 통하여 회사는 투자사업 부문과 제조사업 부문이 분리되어 사업 부문별 독립경영 및 책임경영 체제가 확고히 확립될 수 있습니다.

또한, 투명한 지배구조를 바탕으로 각 계열사별로 사업 경쟁력이 더욱 강화되는 한편, 전략적 합작이나 신수종 사업 발굴, 그리고 M&A를 통한 사세 확장 등 미래 경영 변화에 능동적으로 대처할 수 있는 토대가 마련될 수 있습니다.

궁극적으로는 회사의 경영자원이 더욱 효율적으로 배분되기 때문에 사업가치가 재정립 되어 주주 가치가 더욱 커질 것으로 확신하고 있습니다.

친애하는 주주 여러분
지난 40년간 회사가 끊임없이 성장할 수 있었던 것은 주주 여러분께서 베풀어주신 깊은 관심과 격려 덕분이었습니다.
이제 저희 풍산은 회사 분할을 통한 초우량 기업으로 발돋움하기 위해 새로운 출발점에 서 있습니다.

풍산 임직원들은 또 한 번의 도약과 성장을 위해 각고의 노력을 경주하여, 주주 여러분들의 기대에 부응해 나갈 것임을 약속드리오니 변함없는 애정과 격려를 부탁드립니다.
주주 여러분의 가정에 건강과 행운이 함께 하길 기원합니다.
감사합니다.

2008. 5. 29. 대표이사 류 목 기

〈인사말〉

Openning Speech

　오늘 이 자리에 참석하신 아산병원 이정신 원장님, 우준희 교수님과 LS니꼬 구자명 회장님, ICA Mr. 콜린메이 이사님을 비롯한 많은 내외귀빈과 관계자 여러분께 먼저 감사의 인사를 드립니다.

　금번 세계굴지의 시설과 뛰어난 의료진을 갖춘 서울아산병원과 함께, 국내 최초로 동을 기초소재로 하여 항균성을 입증하는 프로젝트에 참여하게 된 것을 무한한 영광으로 생각하는 바입니다.

　동을 기초로 하는 소재는 그 항균성이 이미 세계 여러 나라의 과학자와 의료진에 의해 검증이 되어 왔으며, 미국환경청인 EPA에도 항균성 소재로 등록되어 있습니다.
　특히 미국과 영국, 일본, 핀란드, 칠레 등 여러 국가의 병원에서 동의 항균성을 입증하는 임상시험을 실시한 바 있으며, 병동과 치료실에 다양한 동제품이 확대 적용되고 있습니다.

우리의 일상생활과 밀접하고 친환경금속인 동과 동합금은 MRSA 등 병원체를 단시간에 살균하는 매우 우수한 항균소재라는 것이 한결 같은 연구결과로 밝혀졌습니다.
우리나라에서도 병원 내 감염문제가 심각한 상황에서, 동과 동합금 소재는 각종 병원균의 활동이나 성장을 저지하는 친환경재료로서의 기능을 충분히 발휘하리라 믿어 의심치 않습니다.

(주)풍산에서는 그동안 미국현지법인인 PMX와 함께 항균성 동합금소재의 개발을 수행하여 국제특허를 받은바 있습니다.
이번 행사를 계기로 항균성소재를 다시 한 번 검증하는 좋은 기회가 될 것으로 확신합니다. 또한 항균성 동합금의 보급은 건강을 보급하는 길이기도 합니다.

아무쪼록, 금번 프로젝트가 성공적으로 수행될 수 있도록 서울아산병원과 ICA, LS니코와 긴밀히 협조하여 소기의 성과를 얻을 수 있기를 기대합니다. 이번 행사를 이끌어 주신 이정신 원장님과 우준희 교수님을 비롯한 관계자 여러분께 거듭 감사의 말씀을 드립니다.
감사합니다.

2010. 7. 27. (주)풍산 대표이사
부회장 류 목 기

〈인사말〉

'충의사' 건립에 감사

　오늘 충의사 기공식에 자리를 함께 하신 권영세 안동시장님, 김광림 국회의원님, 김근환 시의장님을 비롯한 내빈 여러분께 진심으로 감사의 말씀을 드립니다.
　또한 충의사 건립을 위해 예산 지원을 해주시고 지도와 후원을 해주신 여러분께 종원 모두는 고개 숙여 깊이 감사드립니다.
　우리 안동인은 우리 고장 안동을 '정신문화의 수도'라고 자랑합니다.
　420년 전 임란의병, 100년 전 일제시대 항일 독립의병을 비롯하여 역사의 고비마다 나라를 위해 기꺼이 생명을 바치신 무수한 선인先人들의 값진 희생이 타 지역보다 월등했으며, 선비 정신이 생활의 중심이었기에 '정신문화의 수도'라고 자임하고 있습니다.
　우리 기봉(岐峯;복기復起) 선조께서는 6세 때 조실부모하시고 아우 묵계공(墨溪公;복립復立)과 함께 무실에서 어렵고 외롭게 성장하셨습니다.

　1592년 임진왜란이 발발했을 때에는 공직자도 아닌 38세의 평범한 백성으로서 난리를 피해 몸을 숨길 수도 있었습니다. 그러나 당당하고 용감하게 떨쳐 일어나 6월 초1일 안동지역에서 가장 먼저 창의공모를 하시고 병사를 모아 참전하셨습니다. 전쟁 첫해인 임진년에는 17살 맏아들과 14살의 둘째 아들을 데리고 상주당교, 예천송현, 밀양, 경주 등지 전투에 나가셨습니다. 동생은 진주성으로 보냈습니다.

　계사년 1593년 진주성 함락 때 북문 수문장이었던 동생 묵계공은 순국하셨습니다. 병신년 1596년 9월 15일에는 팔공산 상암에서 영남지역 여러 고을 의병장 32명과 함께 회맹하셨습니다. 이때는 차남이 배행하였습니다. 전쟁이 계속되어 1597년 정유재란 때에는 아들들이 자라 장자부터 5자까지 모두 대동하여 창녕 화왕산성으로 입성하셨습니다.

　기봉선조께서는 온 가족이 희생을 당하더라도 나라를 위해 전쟁터에 전원 다 나가야 한다는 결행을 하셨습니다. 임란 7년 전쟁 동안 그 뜻이 일관하셨습니다. 한 남자로서는 위대한 용勇이요, 한 선비로서는 지극한 도리요, 한 백성으로서는 숭고한 위국헌신爲國獻身의 실천이 아닐 수 없습니다.

　기봉선조의 그 정신이 이어져 300년 뒤 당신의 후손들은 명성황후가 시해를 당한 후 일어난 의병을 필두로 일제강점기 내내 극렬한 항일투쟁을 벌이는 등 국란을 당할 때마다 구국열사가 되어 봉기 희생하였습니다.

　기봉선조의 이러한 창의倡義정신을 현창하기 위해 마침 2012년 정부에서는 기봉선조께서 사시던 무실마을에 충의사를 짓기로 결정하였습니다. 자손으로서는 이보다 더 기쁜 선물이 없습니다.

　현세 살아가는 우리도 마땅히 선조의 위국헌신의 가르침을 따라야 합니다. 우리 몸속엔 선조先祖의 이러한 피가 흐르고 있습니다. 나라가 우리에게 해준 만큼 우리는 당연히 애국을 실천해야 합니다.

　기봉선조께서는 당신이 남기신 임란창의록壬亂倡義錄에 의하면 임진년 1592년 8월 9일 전법사全法寺 송정松亭에서 여러 장정들과 함께 맹세할 때 '신사하석身死何惜'이라는 결의 말씀을 하셨습니다. "이 한 몸 죽음을 어찌 아끼겠는가?"라는 뜻입니다. 충무공 이순신 장군의 "상유십이(尙有十二 : 신에게는 아직 열두 척의 배가 남아 있습니다.)"라는 유명한 말을 국민들이 자주 일컫듯이 우리는 기봉선조의 신사하석身死何惜을 늘 외치고 그 결연한 애국정신을 받들도록 합시다. 또한, 전 국민에게 알립시다.

　그리고 칠의사(七義士 : 기봉岐峰, 묵계墨溪 형제兄弟 및 기봉선조岐峰先祖의 5자제子弟)를 모실 충의원이 충忠과 효孝의 메카로 전 국민의 교육장으로 활용되도록 해야 할 것입니다. 저희 후손들 역시 이번 충의원 건립을 계기로 옷깃을 여미고 좀 더 분발하여 나라를 위하고 사회 공동체를 위하여 더 많이 공헌할 수 있도록 노력해야 하겠습니다.

끝으로, 오늘이 있기까지 지원하여 주신 권영세 안동시장님, 김광림 국회의원님, 김근환 시의회 의장님께 거듭 감사의 말씀을 드립니다.

항상 건강하시고 행운이 함께 하시길 기원합니다.

2013. 5. 18 전주류씨 수곡파 종회장
사단법인 기산충의원 이사장 류목기 드림

〈환영사〉

탄약관련 Seminar

안녕하십니까?
주식회사 풍산 대표이사 부회장 류목기입니다.

국가방위를 위해 바쁘신 가운데에도 자리를 함께 해주신 육군본부 물자처장 장수길 장군님, 탄약사령관 박주한 장군님, 육군종합군수학교 이창권 장군님, 종합정비창장 정명구 장군님, 국방부, 방위사업청, 육·해·공군 관계관 여러분들의 방문을 진심으로 환영합니다.

주식회사 풍산은 1973년 국가방위에 일익을 담당하고자 경주에 안강공장을 설립하고, 1982년 민영화 조치에 따라 당시 육군조병창이었던 이곳 동래공장을 인수하여 소구경 탄약에서부터 대구경인 227미리 다연장 로켓탄까지 생산하는 명실상부한 탄약 종합 전문

생산업체로 탈바꿈 하였습니다.

 이로써 군에서 필요로 하는 모든 탄약을 개발, 공급함으로써 자주국방의 선도적 역할을 담당하고 있다는 자부심을 가지게 되었습니다.
 그리고 이러한 기술개발의 노력으로 품질의 경쟁력을 인정받아 2007년에는 미국, 유럽 등 전 세계에 8백억 원 이상의 수출을 달성하는 쾌거를 이루기도 하였습니다.

 이 모든 것들이 여기 계신 여러분의 적극적인 협조와 지원이 있었기에 가능할 수 있었습니다.
 하지만 여러분들도 잘 아시다시피 국방개혁과 더불어 진행되는 주 장비의 조기 전력화로 탄약 수요는 급격히 줄어 해당 생산라인이 사장되어 업체 가동률이 50%를 밑돌고 있습니다.
 여기 참석하신 여러분 모두가 물심양면으로 많은 지도와 협조를 부탁드립니다.

 오늘 행사는 탄약운영을 책임지는 정책 부서에서 탄약을 사용하는 야전군, 그리고 탄약을 생산하는 업체까지 모두 한자리에 모인 의미 있는 자리라 생각되며, 이러한 기회를 통해 서로의 입장을 이해하고 좋은 개선안을 마련할 수 있도록 마지막까지 적극적인 참여를 부탁드립니다.

끝으로 오늘 행사를 위해 참석해 주신 육군본부 물자처장님, 탄약사령관님, 국방부, 방위사업청, 육·해·공군 관계관 여러분께 다시 한 번 진심으로 감사드리며, 행사를 마치는 시간까지 의미 있고 보람된 시간이 되시길 바랍니다.

감사합니다.

2008. 4. 17. 대표이사 부회장 류 목 기

〈신년사〉

2009년 새해를 맞이하여

풍산인 여러분 2009년 새해가 밝았습니다.

2008년은 다사다난이란 말 그 자체라고 할 만큼 많은 어려운 일들이 있었고, 그 속에서도 우리 회사를 지키고자 많은 노력을 기울여 준 여러분의 노고를 진심으로 치하하고자 합니다.

새해를 맞아 가정에 만복이 깃들기를 바라면서 오늘 이 자리에서는 그동안 걸어왔던 과거를 돌이켜보고, 지금 우리는 어디에 있는지, 그리고 앞으로 우리 풍산은 어떻게 나아가야 할 것인지를 함께 생각해 보는 시간을 갖고자 합니다.

우리 풍산은 작년으로 설립 40주년을 맞이하였습니다.
요즈음의 기업 평균수명은 15년 또는 10년이라고들 합니다. 그런 의미에서 우리 풍산은 저력이 있는 기업입니다. 그동안 IMF사태, 노사분규 등 무수한 어려움을 겪었지만 그 모든 위기를 극복하고 오늘이 있기까지는 전적으로 우리 풍산에 몸담은 여러분의 힘이 아니었으면 불가능한 일이었습니다.

지난해 우리는 또 다른 다섯 번째의 10년을 준비하며 Vision 50 계획을 선포했고 10년 후의 우리 모습을 만들어가기 위한 절차를 진행하고 있습니다. 그러나 작년 하반기부터 시작된 금융위기를 시작으로 Vision 50의 첫 년도인 올해 우리는 전에 겪어보지 못한 엄청난 위기를 맞이하게 되었습니다. 지금은 눈에 보이는 위기의 크기가 엄청나고 그 앞에 또 어떤 더 큰 어려움이 있을지 모르지만 저는 우리 풍산인들이 그동안의 수많은 어려움을 극복했던 것처럼 이번 위기도 슬기롭게 대처할 수 있을 것이라고 믿습니다.

하지만 그 전에 우리가 걸어온 지난날들을 돌이켜봅시다. 지난해 창립 40주년을 맞았는데 지금의 우리와 과거 40년간을 비교해 보면 사람은 바뀌었지만 하던 일의 내용, 방식, 그리고 선배들로부터 물려받은 사고방식이 큰 변화 없이 계속되어 왔던 것 같습니다.

아마도 우리 회사의 주력 사업이 신동과 방산이라는 기간산업분야이다 보니 상대적으로 안정적이었고 우리는 이 안정성 위에 편안한 생각으로 편안하게 일을 하지 않았는지 생각해 봐야 합니다. 우리가 현재 직면한 위기의 극복뿐만 아니라 일류기업으로 도약을 위해서는 우리 스스로를 냉정하게 되돌아보고 무엇을 바꾸어야 하는지 어떻게 바꾸어야 하는지를 진지하게 생각해야 합니다.

앞에 상황 설명에서도 보았듯이 2008년 풍산의 실적은 막대한 손실을 기록했습니다. 작년도 3/4분기까지는 지분법을 제외한 풍산만 650억 경상이익을 실현했습니다만, 4/4분기에만 830억의 경상손실이 발생되어 연간으로는 180억여 원의 손실, 여기에 지분법 등을 감안하면 1,800억이라는 엄청난 손실이 발생될 것으로 예상됩니다.

한 분기 만에 이런 엄청난 변화가 있을 줄은 누구도 예측을 할 수 없었던 일이며, 그 정도로 지금의 Global 위기의 위력이 크다는 사실을 인식해야 합니다. 더 걱정인 것은 이 위기가 작년 4/4분기만으로 끝나는 것이 아니고 그 후폭풍이 금년 전반에 영향을 미치면서 구조적으로 취약한 기업들을 차례로 도산시킬 것이라는 사실입니다.

어떤 이들은 주가하락, 원자재가 하락, 환율상승 등 커다란 악재가 이미 2008년을 휩쓸었기 때문에 더 큰 위기요소가 발생하지 않으리라는 낙관적인 견해를 제시합니다. 또 우리 마음속 어딘가에는 불안한 현실로부터 도피하려고 더 큰 위기는 없을 것이라는 기대 섞인 전망을 믿고 싶어 할지도 모릅니다. 하지만 진짜 위기는 금년에 나타날 전 세계적인 경기둔화와 내수침체로 인한 장기간의 판매 감소입니다. 대규모의 일시적 손실뿐만 아니라 장기적인 적자 지속상황

하에서는 그 어떤 우량기업도 살아남을 수는 없습니다. 이것이 바로 금년 한 해 동안 헤쳐 나가야 할 장애물이고 그 성공 여부에 따라 우리의 앞날이 결정됨을 잊지 말아야 합니다.

그러면 우리는 당면한 위기를 극복하고 미래를 준비함에 있어 얼마만큼의 준비가 되어 있는지 봅시다. 첫째, 금년도 경영목표를 성공적 위기극복과 기업문화 혁신으로 정해 우리가 가야 할 방향을 명확히 했고, 둘째, 풍산 역사상 처음으로 전년보다 축소된 매우 사실적인 사업계획을 세웠습니다. 그리고 셋째, 작년 말을 기준으로 경영목표와 사업계획을 달성하기 위해 조직개편과 사무기술직 사원에 대해 구조조정을 시행하여 조직을 통폐합하고 경량화 하였습니다. 금년에는 생산직 사원의 명예퇴직을 실시할 예정이고, 이 뿐만 아니라 지속적으로 조직의 합리화를 통해 인력중심의 생산, 판매구조에서 기술과 전략 중심의 생산, 판매체제로 변화시켜 나갈 예정입니다.

금년도 사업계획은 이전의 수립과정과는 달리 우리 회사가 생존하기 위한 최소한의 수익을 상정하고 이를 기준으로 판매와 비용을 산출한 수치입니다. 민수 판매목표는 전년대비 약 40% 감소한 132,000톤, 이익목표는 50억 정도로 설정했고, 방산부문의 430억과 합해서 회사 전체적으로는 총 480억 원 정도의 이익을 실현하는 것으로 정했습니다. 이 규모의 경상이익이 금년도 우리가 위기를 극복하는 기준선이라고 보는 것입니다.

　위기에 대한 준비를 했다고는 하지만 과연 이것으로 충분한지도 모르는 상황이고, 또 비록 최소한의 목표지만 성공적으로 달성할 수 있을지에 대한 걱정입니다. 하지만 예측되는 범위 내에서 우리는 어느 정도 과감하고도 신속하게, 그리고 현실적으로 대응했다고 생각됩니다.

　더 큰 과제는 이 목표를 성공적으로 달성하기 위한 우리의 마음이 준비가 되어 있는지, 만일 그렇지 않다면 어떻게 해야 하는지를 연구하고 실천하는 것입니다. 아무리 계획이 훌륭하고 빈틈없이 짜였다 할지라도 실행에 임하는 마음이 전과 같다면 목표는 절대 달성 불가능한 숫자로 남을 것이고 우리의 미래 또한 장담하지 못할 것입니다.
　우리 모두가 다 알고 있고 또 그래야 한다고 생각하지만 실제로 실행하기는 어렵다고 생각되는 네 가지를 말씀드리고자 합니다.

　첫째는, 사업계획 목표 필달을 위한 노력을 기울여야 합니다. 대개 연초 사업계획을 기준으로 시간이 경과할수록 계획과 실적의 괴리가 커지기 시작하여 연말에는 참고사항 정도로 인식되는 경우, 또는 중간에 목표를 하향조정하는 경우 등 자칫 사업계획 수립이 단순 관례적인 일로 될 수가 있습니다. 이런 경우는 대개 연간 수요전망을 낙관적으로 보거나 희망적인 사항을 반영한 결과이기도 합니다만, 앞서 말씀드렸듯이 금년도 사업계획은 그러한 모든 사항을 제거하고 생존을 위한 최소한을 기준으로 산정한 것이기 때문에 목표를 달성하지 못하면 우리 회사의 존립에 심각한 문제가 발생하게 됩니다.

또한 목표달성은 그 어떤 어려움을 이겨낼 수 있다는 우리의 자신감을 다지게 할 수 있는 것입니다. 그러므로 사업계획 목표들, 매출액, 가득액, 비용목표 등은 단순한 숫자가 아니고 모든 노력과 끈기를 다해 기필코 달성해야 할 우리 인생의 목표라고 생각합시다. 그래서 우리 모두는 회사를 성공시키고 나아가 개개인의 인생을 성공시키는 풍산인이 되도록 합시다.

둘째, 우리는 그동안 수없이 의식개혁과 기업문화의 혁신에 대해 얘기를 해 왔고 또 세부적인 계획들을 추진해 왔습니다. 경영방침으로까지 채택되었지만 실제로는 측정할 수 없고, 확인할 수 없으며 나타나는 현상들을 보고 의식이 변하고 있다 아니다 라는 추정만이 가능한 것이 의식개혁이며 기업문화 혁신입니다. 즉 우리의 정신에 관한 문제입니다.

그럼 왜 의식을 개혁하고 기업문화를 혁신해야 한다고 하는가? 개혁, 혁신 등은 무엇인가 고치고 바꾸어야 할 것을 단시간 내에 하는 것을 말합니다. 고치고 바꾸어야 할 대상은 잘못된 것도 있을 수 있지만 또한 현재와 맞지 않는 부분일 수도 있습니다. 그래서 오늘의 합리적인 사고가 내일의 환경에서는 비합리적이 될 수 있어서 개혁과 혁신은 일회성 이벤트가 아니라 연속되는 과정 그 자체라고 볼 수 있습니다.

의식변화의 성공의 관건은 변화에 대한 두려움이라고 생각됩니다. 누구든지 변화에 대해서는 큰 스트레스를 느낍니다. 그러한 스트레스를 이기고 새로운 사고를 받아들이고 나를 변화시키는 것이 바로 의식개혁의 본질이라 생각됩니다.

그리고 과거의 사고와 관행에 집착하지 말아야 합니다. 과거는 미래를 위한 중요한 참고사항이 될 수는 있어도 앞으로의 진행을 막는 걸림돌이 되어서는 안 됩니다. 우리 풍산인은 그간의 급변하는 환경 속에서도 유연하고 의연하게 대처해왔습니다. 우리는 환경에의 적응에서 끝날 것이 아니라 앞서 생각하고 앞서 행동해야 우리가 계획했던 10년 후의 풍산을 만들 수 있습니다.

셋째로, 최근 위기상황에 대한 뉴스들, 구조조정, 수요 감소, 그리고 최근 실시된 구조조정과 명예퇴직에 대한 얘기들로 인해 우리가 심적으로 많이 위축되어 있는 것이 사실입니다. 더욱이 금년의 불투명한 경기전망으로 인해 여러분들이 걱정을 많이 하는 것으로 알고 있습니다.

하지만 이럴 때일수록 어려움을 헤쳐 나갈 수 있다는 믿음과 용기를 가지고 모든 문제에 의연하게 대처해 주시길 부탁드립니다. 마음이 위축되면 행동도 위축되고 자신감 또한 없어집니다. 앞으로 우리가 해야 할 일들은 뼈를 깎는 노력과 때로는 대범하고 용기 있는 행동을 필요로 할 것입니다. 그럴수록 서로 독려하고 얘기를 나누고 하면서 서로 믿음과 용기를 북돋우도록 해야 합니다. 금년도에는 조직 활성화를 위해 여러 가지 인사 정책들, 학습조직, 부서 간 친목행사 등이 계획되어 있는데 이를 잘 활용해서 함께 일한다는 생각을 공유하도록 합시다.

그리고 마지막으로, 우리는 항상 미래를 준비해야 한다는 것을 말씀드리고 싶습니다. 만일 어제가 오늘과 같고, 오늘이 내일과 같다면 당연히 발전이란 있을 수 없습니다. 비록 금년도 축소된 사업계획을 세우고 양적으로 위축된 활동을 한다 할지라도 우리 풍산의 2009년은 과거 그 어느 때와도 다른 한해가 될 것입니다. 왜냐하면 우리는 금년의 생존목표를 달성뿐만 아니라 과거와는 전혀 다른 미래를 위한 첫 발걸음을 내딛는 해가 되어야 하기 때문입니다. 모든 일을 단순히 유지하기 위한 것이 아니라 내일을 위한 기초가 될 것이라고 생각한다면 튼튼한 기초를 만들지 않을 수 없습니다. 우리 풍산에는 이상이 있고 이상을 이룰 의지를 가진 여러분들이 있습니다. 그래서 우리의 미래는 밝을 것이라 생각하고 우리 모두 미래를 위해 매진하길 부탁드립니다.

끝으로, 안팎으로 급변하는 환경이라든지, 맡은 바 직무수행을 하면서 자칫 건강을 손상시킬 수 있습니다. 여러 번 강조해도 모자라지 않는 말이 건강인 것처럼 스스로 몸과 마음을 건강하게 유지하고, 즐겁게 일하는 직장을 만들도록 다 같이 노력해주길 당부하면서 이 말씀을 마치겠습니다. 감사합니다.

2009. 1. 1. 류 목 기

〈기념사〉

노사협력선언 9주년 기념 및
무재해결의대회

친애하는 풍산가족 여러분!

오늘은 우리 풍산 노사가 상호 신뢰와 이해를 바탕으로 노사문화의 새로운 전기를 마련한 '노사협력선언' 9주년을 맞는 매우 뜻 깊은 날입니다.

먼저 이 자리가 있기까지 우리의 노사협력 정신을 계승하고, 회사와 노동조합의 발전을 위해 헌신적인 노력을 아끼지 않으신 김찬중 위원장과 각 사업장의 지부장을 비롯한 집행부와 대의원, 그리고 모든 조합원 여러분께 진심으로 감사의 말씀을 드립니다.

풍산가족 여러분!

돌이켜 보면 지난 9년 동안 우리 풍산 노사는 노사협력선언의 정신 아래 신뢰와 상생의 노사문화를 정착시키고자 부단히 노력해 왔습니다.

전 사업장이 노사문화 우수기업으로 선정되었으며, 보람의 일터 대상을 수상하는 등 모범적인 신노사문화 기업으로 인정받고 있습니다.

특히 지난해에는 우리 풍산의 노사협력정신을 드높여 널리 알리는 노사협력기를 노사의 뜻과 지혜를 모아 함께 게양하기도 했습니다.

여러분도 아시다시피, 지금 우리를 둘러 싼 대외 경영환경은 유례없는 글로벌 경제위기의 영향으로 회사의 존립마저도 위협하는 급박한 상황입니다.

이를 타개하기 위해 풍산의 노와 사는 어려운 경영 환경에 대한 위기의식을 공유하고 생존을 위한 상생의 노력을 함께 기울여 왔습니다.

회사는 조직의 축소 및 합리와 임원 및 간부사원의 감원과 연봉 반납 등을 통해 생존을 위한 체질 개선에 변화의 역량을 집중하고 있습니다.

조합에서도 민수사업장의 유휴인력을 전환배치하고 복지부문의 예산을 축소 집행하는 등 뼈를 깎는 어려움의 과정을 함께 해 주었습니다.

　특히 금년 단체교섭에서는 경영위기 극복을 위해 '임금동결 및 고용안정'에 흔쾌히 합의하였으며, 노사협력 선언문도 채택하여 우리 풍산이 쌓아온 선진적인 노사협력 문화를 다시 한 번 굳건히 하는 계기를 마련했습니다.
　하지만 아직 우리가 갈 길은 멀기만 합니다. 이러한 상호 신뢰와 협력의 바탕 위에서, 매년 노사관계를 한 차원 높여가는 역사적 소명감을 가지고 가치 창조적인 노사관계를 유지 발전시켜 구성원 모두가 만족하는 훌륭한 일터를 만들어 갑시다.

　풍산 가족 여러분!
　공고한 노사관계와 함께 우리 풍산이 글로벌 경쟁력을 갖추는데 간과할 수 없는 필수적인 요소가 바로 안전입니다.
　노사가 함께 하는 오늘 노사협력선언 기념행사에서 무재해 결의대회를 함께 개최하는 것은 매우 의미 있는 일이라고 생각합니다.
　회사는 인간존중의 정신으로 안전을 경영의 최우선 목표로 삼아 지속적으로 설비 개선과 작업환경 개선에 모든 노력을 기울여 왔으며, 앞으로도 최선을 다할 것입니다.

　이 자리에 계신 여러분도 안전수칙 준수와 안전의식 생활화에 앞장서 항구적인 무재해 사업장 실현에 중추적인 역할을 다해 주시기를 당부 드립니다.

친애하는 풍산가족 여러분!
이제 아홉 돌을 맞이한 노사협력선언이 보다 성숙한 모습으로 거듭나 지금의 경영위기를 슬기롭게 극복하고, 세계 최고를 향한 우리의 비전을 실현하는 원동력이 될 수 있도록 노사가 함께 지혜와 역량을 모아 나갑시다.

끝으로 그동안 회사와 노조의 발전을 위해 노력을 아끼지 않으신 풍산가족 여러분께 다시 한 번 깊은 감사와 격려를 드리며, 오늘 행사를 준비한 관계자 여러분의 노고에도 심심한 위로의 말씀을 전합니다.
감사합니다.

2009. 6. 5. 류 목 기

〈이임사〉

'안동향우회장' 임기를 마치며

여러모로 모자라는 제가 향우회장을 맡는 동안 제가 한 일은 아닙니다만, 우리 안동에는 참 좋은 일이 많았습니다.

무엇보다 도청이 안동으로 오게 돼 '안동웅부'라 불리던 옛 자존심을 되찾았고, 4대강 정비사업의 첫 삽도 안동에서 뜨는 등 안동은 이제 국민적 관심과 사람과 돈이 몰리는 경북의 중심도시로 발돋움하게 됐습니다.

안동이 몇 해 전 스스로 '한국 정신문화의 수도'임을 자임하고, 그 기세를 몰아 재향·출향인사들이 함께 애쓴 결과라고 생각합니다.

특히 우리 재경향우회원들의 성원에 대해서는 4년 간 향우회 심부름을 한 회장으로서 각별히 감사의 말씀을 드립니다.

향우회원 여러분, 육, 칠십 년대에 유행했던 '고향무정'이라는 노래를 기억하실 겁니다.

"구름도 울고 넘는, 울고 넘는 저 산 아래 그 옛날 내가 살던 고향이 있었건만"이라는 노래 말입니다.

특히 출향인사 여러분께서는 간혹 노래할 일이 있으면 지금도 이 노래를 부르는 분이 계실 겁니다.

그런데 왜 '고향유정'이 아니고 '고향무정'이라고 했을까, 이상하게 생각한 적이 있습니다. '고향'이라는 단어만 들어도 그리움과 정감이 밀려오는데 말이죠?

바로 노래가사 뒷부분에 해답이 나옵니다.

"지금은 어느 누가 살고 있는지 산골짝엔 물이 마르고 기름진 문전옥답 잡초에 묻혀있네"

그러니 고향을 생각하면 얼마나 가슴이 미어집니까?

고향은 허물어지고 쓸쓸하기만 할 뿐 정을 느낄 수가 없으니 '고향무정'을 노래할 수밖에요.

그러나 이제 우리 고향 안동에 도청이 들어오게 되면 사람이 따라 들어오고, 잡초에 묻힌 문전옥답도 다시 일구게 될 것입니다.

낙동강에 보를 쌓고 수변공원을 조성하면 물이 마를 일도 없을 겁니다.

'고향을 떠나면 친해진다'는 속담이 있습니다.

여러분이 서울에서 자수성가 하는 과정에서 몸소 겪은 일이기도 합니다. 외로울 때 서로 돕고 의지하는 것이 바로 향우회의 목적 아니겠습니까?

　미국의 철강왕 카네기는 소년시절 피츠버그에서 전보배달부를 했다고 합니다. 이 소년에게 호감을 갖고 있던 철도회사 중역 한 사람이 고향을 물었다지요.
　같은 스코틀랜드 이주민 출신이라는 걸 안 이 중역이 자기회사에 취직을 시켜주었고 그게 카네기가 성공하는 계기가 됐다고 합니다.

　고향은 떠나 있어도 버릴 수는 없는 곳입니다.
　모든 면에서 저보다 훌륭한 새 향우회장님이 선임된 것을 계기로 향우회가 훨씬 더 활성화되기를 기원하겠습니다.

류 목 기

〈축사〉

신동(伸銅) 발전 선도할 알찬 신문으로 발전하길
창립기념일에

　한국철강신문의 창간 15주년을 풍산 임직원을 대표하여 진심으로 축하드립니다. 그간 한국철강신문은 정보의 불모지였던 철강·비철금속산업 부문에서 투철한 사명의식과 전문성을 기반으로 그 역할을 훌륭히 수행해 왔습니다. 때로는 국제 경쟁력에 뒤쳐진 업계에 선의의 질타를 하고, 때로는 국내외 동종업계 정보에 목말라 하는 우리에게 한여름의 시원한 청량제와 같은 역할도 맡아 오는 등 지난 15년간 업계에 필요한 정보들을 제공하여 어느새 동종업계 관련자들에게 한국철강신문은 없어서는 안 될 중요한 업무의 동반자로 자리매김하게 되었습니다.

　지난 연말 미국 발發 금융위기로 촉발된 세계 실물경기의 위축으로 국내외 기업의 경영환경은 크게 악화되었습니다. 이에 따라 당사에서는 연초부터 인력 및 조직구조의 합리화를 통해 비효율적 부분을 제거하는 등 내부역량 강화를 통한 이익 극대화에 총력을 기울이고 있습니다. 지난해 7월 지주회사체제 출범 이후 글로벌 경쟁력을 갖춘 세계 일류 기업으로 거듭나기 위해 경영의 4대 요소인 4M(Man, Machine, Material, Management)의 철저한 변화로 당사의 핵심가치인 5C(Challenge, Create, Change, Confirm, Communicate)를 체질화하고 있습니다.

아울러 신기술, 신제품 개발과 제품의 고부가가치화를 위한 R&D에 집중하여 불황 극복에 최선을 다하고 있습니다.

하지만 침체된 신동산업 부문의 활성화를 위해서는 개별기업의 노력 못지않게 전체 업계의 노력이 무엇보다도 중요합니다. 이러한 문제의식에 대하여는 누구보다도 한국철강신문이 잘 알고 계시리라 믿습니다.

지난 15년간 책임감 있게 수행해 오신 다양한 정보 제공의 책무와 더불어 이제 신동업계를 한 방향으로 모을 수 있는 선도적 역할을 한국철강신문이 적극 맡아 주실 것을 부탁드립니다.

동 수요 개발 차원에서도 한국철강신문의 역할에 거는 기대는 큽니다. 실생활에서 건강을 지켜주는 대단히 유용한 구리 제품에 대해 우리 국민들이 좀 더 관심을 갖도록 한국철강신문의 적극적인 협력과 지원을 기대합니다.

지난 "15년간 함께 한 고마운 친구"의 창간일을 다시 한 번 축하드리며 앞으로도 신동산업의 발전을 선도할 알찬 신문으로 거듭나기를 축원 드립니다. 무궁한 발전과 건강을 기원합니다.

(2009. 6. 10. 철강신문)

〈축사〉

'온계종택'溫溪宗宅 복원 준공식

안녕하십니까? 반갑습니다.

오늘 온계溫溪 선생 종택宗宅 복원 준공식에 참석하여 축사祝辭를 드리게 된 것을 무한한 광영으로 생각합니다.

또한 경향각지에서 준공식에 참석하신 내빈 여러분께 출향인出鄕 人의 한사람으로서 감사의 말씀을 드립니다.

오늘이 있기까지 온계 종택 복원추진위원회 조순趙淳 위원장님을 비롯한 종손 이목李睦씨의 집념과 문중의 노력 그리고 중앙정부와 지방자치단체 모두가 뜻을 같이한 산물이기에 더욱 값진 행사인 것

온계 이해(1496~1550년)는 이식의 아들 중 넷째이며 퇴계는 여섯째다. 여섯 형제 중 온계와 퇴계가 가장 훌륭해 이 형제를 금곤옥제(金昆玉弟), 금곤옥우(金昆玉友)로 높이 평가했다. 온계는 7세(퇴계는 2세) 때 부친이 작고해, 모친 박씨 부인의 슬하에서 자랐다. 엄격한 숙부 송재 이우로부터 글을 배웠다. 두 형제는 다른 형제와 달라서 유달리 학문에 뜻을 두었고 또 도학과 성현지도를 닦는 데 뜻을 두었기 때문에 우애가 남달랐다. 온계는 33세에 문과에 합격했고, 퇴계도 6년 뒤 급제했다. 온계는 1550년 을사사화로 억울한 누명을 쓰고 대사헌에서 물러나 귀양길에서 죽는다. 퇴계는 1552년 성균관대사성으로 임명됐으며, 이후로도 여러 차례 벼슬을 제수 받았으나 대부분 사퇴했다. 1560년 도산서당을 짓고 아호를 도옹이라 정했다. 이로부터 7년간 독서・수양・저술에 전념하는 한편, 많은 제자를 길렀다. 1570년 70세의 나이로 죽었다.

같습니다.

　삼백당三栢堂 복원사업은 온계 선생과 이인화공李仁和公을 기리기 위한 것만은 아닙니다. 선비정신과 애국열정을 계승 발전시키자는 것일 겁니다.

　이인화 의병장은 국가의 정통성과 정체성이 크게 위협당한 위기 상황에서 국난을 극복하는데 주도적 역할을 한 업적을 재조명하여 위업을 추모하고 관련 문화유산을 복원 전승하여 우리 민족 고유의 정체성을 확립하고 정신문화를 육성 발전시키고자 하는데 있다고 봅니다.

　이것이 바로 선비정신의 바탕입니다.

　선비정신은 민족 정서로 뿌리내린 한민족韓民族을 상징하는 중심 사상입니다. 유럽의 기사도騎士道 정신이나 일본의 무사도武士道보다 인본주의人本主義에 바탕을 둔 사회사상입니다.

　인간 본성을 찾아 지키려는 마음을 갈고 닦아 이웃과 남을 위해 봉사하며 살아야 한다는 수기치인修己治人의 선비정신을 말합니다.

　뿐만 아니라 이인화 의병장은 1909년에 선명학교를 세워 계몽운동을 활발히 펼쳤습니다.

　이러하기에 삼백당三栢堂은 애국애족의 산실이요 교육의 요람으로 그 복원의 의미를 부여하고 싶습니다.

　후세까지 그 정신이 깊게 뿌리내리길 기원합니다.

　감사합니다.

2011. 5. 5. 류 목 기

〈격려사〉

기업이념 재정립 WORK SHOP 격려사
풍산기업 창사 37주년을 맞아

친애하는 풍산가족 여러분

지금으로부터 37년 전 변변한 제품도 내세울만한 공장도 없는 불모의 이 땅에 제동구세制銅救世의 기치 아래 세계 제일의 신동기업伸銅企業을 향한 집념으로 산업발전의 기초소재인 동제품 개발을 위해 시설을 현대화하고 첨단 기술 개발에 전념해 왔기에 IMF위기와 치열한 국제 경쟁 속에서도 흔들리지 않고 꾸준한 성장세를 유지해 왔습니다.

그러나 과연 오늘의 우리 모습이 세계 정상의 신동기업으로 경쟁력 있는 방산기업으로 어떠한 도전에도 성장세를 멈추지 않을 것이라고 자부할 수 있겠는가?

창업정신과 이념이 퇴색되고 치열한 경쟁 속에서 자신감마저 잃고 있지는 않은가?

변화의 물결을 함께 하지 못하고 고정관념과 관행에 익숙해 기회를 잃고 있지는 않은가?

오늘 이 자리는 이러한 문제를 진단하고 시대요구에 걸맞은 경영이념을 재정립하여 우리의 비전과 목표 그리고 실천방안을 도출해 내기 위해 함께 했습니다.

우리 회사가 작년에 창사 이래 최초로 매출 1조원, 이익 일천 억을 돌파해 제2 도약의 토대를 마련했습니다.

올해로 창사 37주년을 맞는 우리의 꿈은 세계 정상급이 아니라 최고의 신동기업으로 성장하기 위해 경영전략, 경영방식을 환경 변화에 맞게 수없이 바꾸고 고쳐나가야 할 것입니다.

우리 풍산 가족의 의식도 함께 변해야 합니다.

우리가 소망하는 기업이념은 장밋빛 미래를 막연히 그려보는 상상화가 아니라 미래의 성장 동력이 되어야 할 것입니다. 당장의 이익을 추구하는 근시안적인 것이 되어서는 더욱 안 될 것입니다.

풍산 가족 여러분

국내외 경영환경은 이합집산을 반복하며 치열한 경쟁, 그리고 생존을 위해 적과의 동침도 마다하지 않을 정도로 급변해 가고 있습니다.

아울러 투명경영과 사회공헌 그리고 환경보호의 의무 등 새로운 경제 사회적 요구들은 기업이 과거의 경영방식으로는 더 이상 살아남을 수 없음을 암시하고 있습니다.

우리 신동산업의 경우도 중단 없는 기술개발, 보급과 확대 그리고 공급과잉으로 가격, 품질, 서비스에 이르기까지 경쟁이 국경 없이 심화되고 있습니다. 뿐만 아니라 동제품을 대체할 수 있는 새로운 소재의 개발과 환경규제 등은 우리를 더욱 긴장시키고 있습니다.

이 같은 패러다임의 변화는 최고의 경쟁력을 갖춘 기업만이 생존할 수 있음을 웅변하고 있습니다.

세계 유수 기업들이 이러한 경영환경에 호흡을 같이 하기 위해 중단 없는 변화를 시도하고 새로운 비전을 제시하고 실천을 채찍하는 이유도 여기에 있는 것입니다.

반복해 말씀드립니다만 오늘 이 자리를 함께 한 것도 기업이념을 재정립하고 실천전략을 수립하여 어떠한 변화와 충격이 가해지더라도 극복할 풍산만의 기업정신 즉 핵심가치를 찾고자 하는 것입니다.

소니사의 '개척자가 됨', 월트 디즈니의 '창의성, 꿈 그리고 상상력', 삼성전자의 '인재와 기술 최우선' 등의 경영이념은 수많은 경영전략의 변화에도 흔들리지 않는 핵심가치로 지금도 초일류기업으로 성장하는 바탕이 되고 있습니다.

친애하는 풍산가족 여러분

작열하는 7월의 태양처럼 우리의 열정은 3차례에 걸쳐 이루어지는 이번 WORK SHOP을 통해 우리 회사가 나아갈 방향을 설정하고 우리의 창의성과 의지로 새로운 '풍산 WAY'를 창출해 낼 것입니다.

그러나 우리 풍산의 백년대계를 기획하는 과정에는 수많은 갈등과 선택에 고민하게 될 것입니다.

　우리는 할 수 있습니다.

　우리에게는 새로운 창업을 준비하는 창조적 사고와 불굴의 개척정신 그리고 냉철한 판단력, 뜨거운 가슴을 가졌기 때문입니다.

　끝으로 능률협회 컨설턴트 여러분의 노고를 진심으로 치하 드리며 자리를 함께 한 우리 가족 여러분, 이 자리가 영원히 기억될 보람된 자리가 되길 기원합니다.

　감사합니다.

2005. 7. 4. 류 목 기

⟨격려사⟩

사랑하는 내 고향 안동시민 여러분

늦으나마 우선 지면으로 새해 인사를 올립니다.

지난해 끝 무렵에 찾아온 청천벽력 같은 구제역 소식은 참으로 저의 가슴을 아프게 했습니다. 밤잠을 설친 적도 적지 않았습니다. 그렇지만 얼마 되지 않아 안동사람들이 모두 다시 일어서서 언 땅에 불을 지펴 봄을 부른다는 소식을 접하면서 적이 안심이 됩니다.

김광림 국회의원과 권영세 안동시장이 보내주신 '고향을 찾아주고, 안동 물품을 사달라'는 호소문을 받아들고 많은 출향인사들이 기꺼이 '안동'이 다시 일어서는데 보탬이 되고자 하는 뜨거운 애향심을 서로 나눴으며 미력이나마 저도 동참하고자 하는 마음 간절하다는 것을 미리 알려드립니다.

사랑하는 내 고향 안동시민 여러분!

힘내십시오. 김 의원도 미리 말했습니다만 '하늘이 무엇을 주고자 할 때는 반드시 먼저 고통을 준다' 했습니다. 잘 아시다시피 모진

풍상을 맞고 잎을 피운 소나무가 더욱 푸르고 고결하며, 역경을 딛고 일어선 인생이 여러 사람들에게 감동을 줍니다. 우리 안동은 고난과 역경을 슬기롭게 극복해 낸 유구한 역사를 가지고 있으며, 오늘 우리는 그 후손으로 떳떳하게 살아가고 있습니다.

우리 조상들이 그러하셨듯이 우리도 후세들에게 자부심을 느낄 수 있는 '안동'을 물려줄 수 있도록 힘과 지혜를 모아 나갑시다.

새해 복 많이 받으십시오.

(2011. 2. 8 매일신문 경제살리기 캠페인)

기타

- UN참전국 전사자 명비
- 민송과 나
- 아우님의 영전에
- 松山號記
- 跋文

UN 참전국 전사자 명비

6·25전쟁 반세기가 되는 2000년의 그날을 맞아 낯선 땅 이름 모를 곳에서 오로지 인류의 보편적 가치인 자유와 평화를 위해 대가 없는 희생을 기꺼이 받아들인 UN 참전용사들의 거룩한 영혼을 기리고 그 후예들에게 긍지와 보람을, 우리 후손들에게는 감사와 다짐을 되새기는 증표로 이 명비를 용사들의 영전에 바칩니다. (류목기 지음)

2000년 6월 25일
전쟁기념사업회

기증 (주)풍산

民松(權寧禹) 추모문집

민송民松과 나

민송과의 인연은 1970년대로 기억됩니다. 본인이 고려병원(현, 강북삼성병원)에서 근무할 때 민송께서 한 번 찾아오셔서 자문을 한 가지 구하고 싶다고 하셨습니다.

의료 취약지구인 고향에 병원을 개설하여 고통 받는 시민에게 혜택을 베풀고 싶다는 뜻이었습니다. 장장 3~4시간 동안 의료계의 현황, 의사 분들의 정서, 병원 환경 등을 비교적 소상하게 설명을 드렸습니다. 결론은 민송은 의료인도 아니고 또 한 가지 사업이나 직업을 가진 분이 아니기에 어렵다는 말씀을 드렸더니 긍정적으로 수용하였습니다. 그 과정에서 다양하고 심도 있는 질문에 때로는 당황스럽기도 했습니다.

이때 받은 인상은 기업인 소양을 충분히 가지신 분으로 대성할 것을 예감했습니다. 가끔 뵙고 조언은 본인이 받아야겠다는 생각을 하게 되었고, 이것을 계기로 가끔 뵙고 여러 가지 자문도 받고 의논도 하는 사이로 발전했습니다.

그 후 고향에 무엇인가 한 가지 보은 사업을 해야겠는데 육영사업은 어떠하겠느냐고 물으시면서 안동은 부존자원이라고는 별로 없고 있다는 것은 사람이다. 인재人材를 키워 고향 발전에 기여하도록 하고 싶다는 뜻이었습니다. 더욱 감동을 받은 것은 남성교육 보다는 여성교육을 우선해야 한다고 역설하셨습니다. 모든 교육의 바탕은 가정교육으로부터 출발해야 하기 때문이라고 하였습니다. 가정교육이 올바르게 되려면 여성이 중심에 서야 하고 여기서 출발하여 성숙한 시민 문화가 형성되고 나아가 나라 발전의 근간이 되기 때문이라고 의지意志를 보였습니다. 그때 설립한 여자고등학교가 성희여고입니다. 이는 이용태 박사가 주장하는 어머니 교육과 통합니다.

민송은 그야말로 기업인으로 갖추어야 할 덕목인 포용력과 결단력, 친화력과 장악력을 갖춘 우리의 우상이었습니다. 그는 자신에게는 지나치게 엄격하고 주도면밀한 성품에 기본에 충실하고 원칙을 지키는 것이 민송의 철학이었습니다.

한번은 이용태 박사(퇴계학연구원 이사장)께서 본인에게 전화를 걸어 국제퇴계학회 류혁인 이사장이 작고하셔서 후임 이사장을 한 분 천거해 달라는 요청이었습니다. 답하기를 이 박사 주변에는 많은 인사人事들이 있는데 하필 본인에게 청하는 이유가 무엇이오? 그때서야 권영우 총장님을 이사장으로 모시도록 협조해 달라는 뜻이었습니다.

민송이면 적임자라고 답한 다음 민송에게 전화하여 다음날 만나

국제퇴계학회 이사장은 어떤 분이어야 하고 역할은 무엇이라는 것을 설명 드렸습니다. 한국의 학문이 세계에 소개된 것은 퇴계학 뿐이기에 누구나 할 수 있는 자리가 아니라 자격 기준이 되는 몇 가지 말씀을 드렸습니다.

첫째, 유가의 후손이어야 한다.

둘째, 명예로운 보직을 가져야 한다.

셋째, 인품이 훌륭하여야 한다(도덕적, 윤리적 결함이 없어야 한다).

그래서 민송이 최적임자라 생각하고 수락을 요청했으나 그 자리에서 민송은 단호히 거절하였습니다. 퇴계학에 대해서 아는 바가 별로 없고 다음은 외국어도 초보적이라는 이유였습니다.

국제퇴계학회 조직과 운영에 대해 설명을 드렸습니다. 학문적인 것은 학자이신 국제퇴계학회 회장이 맡고 운영은 이사장 소관이고 국제학술회의는 통역이 담당하니 염려할 것 없다고 하였으나 그래도 고사하시기에 학교에 가서 보직 교수 분들과 참모에게 자문을 받아보시라고 종용하고 헤어졌습니다.

그 후 여러 차례 설왕설래 장고 끝에 이용태 회장과 자리를 함께 하도록 약속이 되었습니다. 약속한 자리에 10분 전에 도착했더니 민송이 와 계셨습니다. 그간 민송과 헤아릴 수 없을 정도로 만났지만 항상 약속 10분 정도 전에 도착하는 것이 그분의 생활습관이었습니다.

그분 말씀이 오늘은 당연히 이용태 회장이 저녁을 살 것이다. 그러니 내가 대접하는 것은 예의가 아닌 것 같으니 본인에게 저녁을

사는 것이 어떠냐고 말씀하시기에 고맙습니다. 그런 기회를 주시면 영광이겠습니다. 그간 민송과 만나면 한 번도 차 한 잔 대접하지 못한 터라 반기면서 이용태 회장께도 한 번 대접 못했으니 잘 되었다고 하였습니다.

이용태 회장은 자기가 대접할 생각으로 사무국 간사장과 함께 오셨습니다. 앉자마자 이 박사께 오늘 저녁은 본인이 대접하겠다고 사유를 설명하고 양해를 구했습니다.

그 자리에서 민송은 이사장 취임을 수락하면서 한 가지 조건을 제시한 것이 본인을 이사로 같이 일하게 하여 달라는 것이었습니다. 그때 마침 일본인 교수가 임기가 되어 본인도 같이 국제퇴계학회에 몸을 담게 되었습니다. 식사를 마치고 카운터에서 계산하려고 하니 민송께서 벌써 계산을 한 것이었습니다. 본인은 민송과 같이한 시간이 수십 년이요, 식사를 한 것도 헤아릴 수 없을 정도로 많았지만 본인이 대접한 것은 딱 한 번 점심 대접한 기억뿐입니다. 그것도 필자가 한솔상호저축은행 사장에 발령을 받았을 때 축하 화분을 보내주시고 저희 사무실에 찾아주셨을 때 단 한 번으로만 기억됩니다.

평소 민송께서는 부족한 저에게 지나친 관심과 애정을 베푸셨지요. 가끔은 전화로 보고 싶다느니, 사진이라도 보내주어야겠다느니, 당신은 영원한 나의 고문이요 하시던 다정다감한 말씀이 뼈에 사무칩니다.

당신이 베푸신 갖가지 후의에 어떻게 보답할지 생애 가장 큰 숙제입니다. 당신은 우리 인간의 최고의 가치인 명예를 갖으셨고 권력도 재력도 가질 만큼 가졌기에 세인이 모두 부러워하지 않았습니까?

왜 우리 인간이 가장 소중하게 관리해야 할 건강관리에 그렇게 소홀하셨습니까? 하늘나라에서는 편히 쉬실 것으로 믿고 위안해 봅니다.

약속컨대 평소에 당신께서는 저에게 경영원리는 어떤 업종에도 통한다는 이치를 가르쳐 주셨지요. 또한 인간의 최고가치인 행복은 하고자 하는 일이 이루어졌을 때의 성취감이라고 하셨지요? 명심하겠습니다.

민송, 당신의 당당하고 단정한 모습, 카랑카랑한 목소리, 인자한 표정 간절히 보고 싶고 그 목소리 듣고 싶군요. 꿈에서 만나고 상상으로 그리면서 당신의 철학을 심어가겠습니다.

(2007. 4. 15)

〈조사〉

아우님의 영전에

삼가 아우님의 영전에 그리움을 담아 올립니다.

아우님이 우리 곁을 홀연히 떠난 지 벌써 1주년이 되었구려.

평소 아우님이 사랑하고 아끼던 가족들이 자리를 함께 하여 생전의 모습이 보고 싶고 그 목소리를 그리워하건만 지척에 있으면서 보이지도 들리지도 않는구려!

1년 전 유명을 달리했다는 비보에 푸른 하늘 아래 이 무슨 날벼락인가? 갑자기 이런 변고가 웬 말인가? 몇 번씩이나 되뇌면서 출장 중 급한 걸음을 재촉하였건만 병원 영안실의 만남이 아니었던가? 어느 누구도 하지 못한 초인적인 투병생활을 오랜 기간 하지 않았던가? 어떻게 그렇게 이변을 낳았단 말인가? 이 가슴에 임종조차 못한 슬픔과 영원한 그리움을 깊이 심어두고 그렇게 떠나갔단 말이오.

꿈에서라도 평소의 모습이 보고 싶었건만 어찌 단 한 번의 기회도 주지 않는구려. 이 형에게 섭섭함이 깊어서인가? 깊이 용서를 빌 뿐이구려.

이제 이 형이 할 수 있는 것은 눈물밖에 바칠게 없구려. 아우님 엊그제는 형님 내외분의 금혼기념일이었다오. 현지애비, 영재애비 내외가 주선하여 온 가족이 함께 만찬을 즐겼다오.
형님 내외분께서는 아우님의 1주기를 이틀 앞두고 그럴 수가 없다고 극구 사양하였지요. 아우님도 지하에서 기뻐하고 축하하리라 믿어 예정대로 자리를 마련하게 되었다오.

형님께서는 인사말을 통해 아우님이 자리를 함께 하지 못함을 애통해 하시면서 생전에 아우님의 고매한 인품, 자상하고 인정 많은 품성, 남다른 가족애, 강직하고 깔끔한 성품, 명석한 두뇌, 조상에 대한 숭조사상에 이르기까지 아우님의 생전의 모습을 회고하시면서 하염없는 눈물을 흘리셨다오. 그러자 좌중이 숙연해지면서 모두 눈시울을 적셨다오.

아우님! 이 자리에 서고 보니 아우님 생애의 편편이 주마등같이 스쳐가는구려.
5살 어린나이에 어머님을 여읜 것이 고난과 역경의 시작이었지요. 그러나 다행스러웠던 것은 인자하시고 자애롭고 헌신적이신 조모님이 계셨기에 그 자리의 대부분을 메워주셨지요?

돌아가신 어머님의 슬픔이 가시기도 전에 아우님과 나는 마을 뒷산에서 잔대를 캐러다 실수로 아우님의 머리를 괭이로 찍어 고통을 준 기억에서부터 해방 후 병술년 흉년에 일곱 끼니를 굶고 "형아 물이 달구나" 하던 모습, 철도고등학교 재학시절 동상에 걸릴 정도의 기숙사의 혹한 생활을 극복한 굳은 의지, 결핵의 병고를 이겨낸 강인한 정신력, 철도공무원 채용 전형에서 전국 수석을 한 자랑스러웠던 모습, 한국 최초의 지하철 전동차 제작 감독 책임자로 일본에 주재했던 일, 이 형에게는 많은 선물도 주었지!

철도청에서는 한 사람 밖에 없었던 전기와 기관기술의 소유자였지!

왜 하느님께서는 우리 가정 우리 사회에 꼭 있어야 할 아우님께 정신적 육체적 형벌을 내리셨단 말입니까?

아우님의 생애는 그야말로 파란만장 그것이었으며 마음고생과 신체적 고통으로 점철된 인고의 한평생이었구려!

아우님은 나에게 살을 저미는 아픔과 한없는 슬픔 영원한 그리움을 남겨주었구려.

생전에는 언제나 내 생에 동반자요, 조언자였으며 집안 대소사의 조율사였지요. 이제 그 자리가 비었으니 앞으로 답답하고 어려운 일, 매듭이 잘 풀리지 않는 많은 일들을 어떻게 하리까? 왜 아우님은 숱한 숙제를 지워주고 야속하게도 순서를 바꾸었단 말이오.
왜 그렇게 앞을 재촉하며 총총히 사라졌단 말이오.

평소 나와는 숨김없이 많은 것을 털어놓고 의논하였지요.
그 중에는 우리 형제를 키워준 형님 내외분을 잘 모시자는 약속, 우리 가족에게 부족함이 있다면 너무 사무적이고 의무적이기에 지혜를 모아 인정이 넘치는 화기애애한 분위기로 다듬어 보자는 약속을 하지 않았던가? 이 약속을 시작도 하기 전에 유명을 달리했으니 안타깝고 원통할 따름이라오.

아우님은 병원 중환자실에서도 사경을 헤매면서 말도 못하던 정황에서도 나에게 읽기조차 어렵게 적어준 부탁이 바로 그 약속이 아니었던가? 아우님 곁으로 갈 때까지 이 형은 아우님의 뜻을 받드는 데 최선을 다할 것을 다시 약속드릴게요.
아우님은 가정에서는 괴팍하리만큼 엄격했지만 가슴 깊게 잔정이 넘치고 가족 사랑의 정은 남다르지 않았던가?

가슴깊이 사랑하던 주현이 내외는 이제 중견 사회인으로 인정받는 직장인으로 자리매김하고 있으며, 희정이 또한 이렇게 어려운 경제 사정에서도 부동의 위치를 지키는 우수사원이고, 정민이는 왕성한 의욕과 활동력으로 자신감을 갖고 모든 일에 앞장서고 있으니 장래가 크게 기대되는구려.

계수씨도 이제 안정을 되찾아 생활에 적응하고 있으니 아우님 이제는 지하에서 이승에서의 고통과 근심, 걱정을 깨끗이 씻고 편히 쉬소서.

온 가족의 이름으로 명복을 비나이다.

1998. 4. 23. 형 드림

松山(柳穆基) 號記

杏坡 李龍兒

洛水渺渺　낙수는 멀고 멀고
鵝山靑靑　아기산은 푸르르네
朴谷水谷　박실 무실은
淑氣洌淸　숙기가 맑고 맑아
慵翁肇基　용와 선생 터 잡으시고
靜爺承英　수정재 선생 빛내셨다
水柳文叢　수류 씨의 숲 이룬 글
曰瓊曰星　구슬이고 별이었고
里風士俗　마을과 선비풍속
正高方貞　옳고 높고 바르고 곧았다.
早承家範　일찍 집안 법도를 이어받아
其家君生　그 집에서 군이 났네
厥骨淸秀　그 골격 청수하고
厥容和明　그 모양 화명하고
言笑端詳　말과 웃음 단정하고
動止雅束　행동은 아담하고
持身有度　몸가짐 법에 맞고

持心無慾　마음가짐 욕심 없고
體健氣平　몸 건강, 기운 화평
意裕神足　뜻 넉넉, 마음 넉넉
對人慇懃　사람 대해 은근함은
不變昨今　어제 오늘 한결같아
永嘉一鄕　안동 땅 온 향중이
信君崇深　깊이깊이 군을 믿어
有事是議　일 있으면 상의하고
有憂是尋　걱정 때도 찾아온다
自幼做事　평생 하는 일이
廉且有積　청렴하고 공적 많아
人咸珍重　모두가 진중하여
望如玉璧　옥벽이라 바라본다
晩年退休　만년에는 물러 앉아
願伴雲石　자연의 벗 하려더니
遽蒙重託　갑자기 무거운 부탁
回駕負責　말을 돌려 맡았는데
恒徃正道　언제나 정도 지켜
不知老夕　늙은 나이 모르더라
瞻彼南山　저 멀리 남산 보니
蒼蒼松樹　소나무 푸르른데

君何愛松　군의 소나무 사랑
余思其故　그 연고 생각하니
伊松之性　저 소나무는
不誇不奢　뽐내잖고 소박하고
四時常靑　사시에 푸르르되
不耀不華　반짝이지도 빛내지도 않으니
惟君與松　군과 소나무가
相比相嘉　비슷해서 좋아한 듯
君之愛松　군의 솔 사랑함이
豈不好耶　맞다고 않겠는가
余幸與君　나는 다행히도
半白同行　반백년을 같이 가니
不顧拙文　서툰 글 불구하고
敢伸卑情　내 마음을 펼쳐내어
松山號記　송산의 호기를 지어
敢書奉呈　감히 써서 바치노라.

跋 文

    이 跋文은 전적으로 나와 출판사 서영애 대표의 음모로 싣게 되었음을 밝혀두는 바입니다. 왜냐하면 跋文을 이 책 끝에 첨가하겠다거나 꼭 붙여야 되겠다는 생각이 류목기 고문에게는 애초부터 없었기 때문입니다. 그는 자기선전이나 홍보, 가식, 과장, 돋보이기 따위에는 관심이 없는 사람이기도 하지만 그런 의도를 가지고 이 글 모음 『無序雜錄』을 내려고 한 것도 아니기 때문입니다.
    내가 이 跋文을 류 고문이 부탁해서가 아니라 자진해서 꼭 써야겠다고 마음먹은 까닭은, 그가 쓴 글도 읽을 가치가 충분하지만 그가 쓴 글만으로는 류목기를 정확하게 이해하기 어렵기 때문입니다. 그의 글에는 현장의 절실한 문제성을 지닌 토픽에 대해서 정곡을 찌르는 해법을 제시해 주고 있어서 학문을 평생의 업으로 한 나로서도 크게 감동을 받게 됩니다. 그리고 내가 굳이 跋文을 쓰겠다고 우긴

이유는 바로 그의 人品과 德行도 함께 읽을 수 있으면 더욱 좋겠다고 생각했기 때문입니다.

옛날에는 그 사람이 얼마나 훌륭한 사람인지를 평가하는 기준으로 삼은 것에 「三不朽說」이란 것이 있었습니다. 즉 첫째로는 太上立德(인격과 덕행을), 둘째로는 其次立功(한 일의 공적)을, 셋째로 其次立言(학문과 저술)을 기준으로 해서 평가했습니다. 류 고문의 인격과 덕행은 이미 세상이 다 아는 사항이고, 그의 공적도 이 책속에 자세히 드러났고, 마지막으로 그의 저서가 이렇게 세상에 얼굴을 내보이게 되었으니, 류 고문의 평가는 德功言 모두에서 완벽해졌습니다.

이런 배경 이야기를 장황하게 늘어놓기 보다는 그와의 일화 한 토막을 통해서 그를 진솔하게 소개하고 싶습니다.

내 수첩에는 이런 메모가 적혀 있습니다. '류목기 論'이란 제목입니다. 수첩을 들출 때마다 그 메모를 음미하곤 합니다. 즉 "류목기: 사심이 없는 사람, 진심이 배어있는 사람, 남을 깊이 배려하는 사람, 겸손하고 검소한 사람, 사람을 사랑하는 원칙주의자"라고.

만일, 이런 跋文을 사전에 본인에게 내 보이고 양해를 얻고 싶는다면, 그는 필경 펄쩍 뛸 것이 틀림없을 터이기에 이 부분은 나의 고집으로 밀고 나가기로 서 대표와 합의했으며, 책의 體裁상 꼭 필요한 부분이기도 합니다. 그래서 명분이 없는 것이 아니기에 용기를 냈습니다. 이 책은 글의 내용만이 가치가 있는 것이 아니라 그 글을 쓴 사람, 류목기가 더 가치가 있기 때문에 감행한 일입니다. 그런데 끝내 그는 跋文첨가를 사절했습니다. 2개월을 두고 힘겨루기를 하다가 결국 가제본 오케이 직전에야 동의를 얻게 되어서 무엇보다 다행스럽습니다.

2015년 연초에 고향 安東에서 공적 책임을 지고 있는 지방 유지들과 서울에 사는 出鄕人 몇 사람이 신년 하례 겸 고장 발전을 위한 간담회를 갖기 위해서 安東시청 회의실에 모여서 점심을 겸해 간담회를 가진 일이 있었습니다. 이 자리에는 풍산그룹 류목기 고문, 국제퇴계학 연구원의 이사장이고 정신문화재단 이사장인 이용태 박사, 안동병원 강보영 이사장, 재경 安東향우회 회장인 권원오 교수, 부회장인 류필휴 CEO, 김광림 의원, 안동시장, 안동시의회의장, 그리고 나, 여러 사람이 합석했습니다.

安東에 갈 때에는 이용태 이사장의 차에, 귀경 시에는 류목기 고문 차에 편승하고 이동했습니다. 나는 그 두 분과 차속에서 모처럼 상당히 긴 대화를 나누었습니다. 그리고 그날 집에 돌아와서 매일 쓰는 수첩에 이렇게 적었습니다. '류목기 論:그의 人品과 思想'이라고 적어 두고는, 그런 제목의 책을 언젠가는 한번 써야겠다고 다짐했습니다. 류목기 고문은 나의 安東사범학교 후배이고, 동시에 서울대학교 사범대학의 후배이기도 합니다. 그리고 나이로는 나 보다 두 살

아래이지만 막역하게 지내온 60년 친구입니다.

　류목기는 범상하지 않은 사람입니다. 그는 무서운 사람입니다. 누구든 正道를 따르지 않으면 그의 舌鋒을 맞습니다. 지위 고하를 막론하고 할 말을 하는 사람이기 때문입니다. 그래서 나는 류목기의 그런 정정당당함과 곧은 성정을 좋아합니다.

　류목기 고문, 이용태 박사, 나 셋이서 자주 점심을 같이 하는 편입니다. 하루는 류 고문이 "김선배, 내가 그동안 언론에 발표한 글, 방송에 내보낸 내용을 글로 쓴 것, 신문·잡지사 인터뷰한 기사 등을 별것은 아니지만, 내 흔적이니까 책으로 내고 싶은데 출판사 한군데 소개 좀 해 주소"하고 부탁을 해 왔습니다. 그는 남에게 사사로운 편의 때문에 부탁 같은 것을 잘 하지 않는 사람인데, 모처럼 그의 부탁이라, 한국의 대표적 아동문학가이고 전 유석초등학교 교장을 지낸 김종상 교장에게 연락을 해서 〈대양미디어〉라는 출판사를 운영하는 서영애 사장을 만나게 되었습니다. 만나서 의논 끝에 흔쾌히 이 책을 내 주겠다는 약속을 받았습니다. 김종상 교장은 이미 그 출판사에서 자전적 작품집을 냈는데 책이 너무 세련되게 나와서 내가 그 회사를 추천하게 된 것입니다. 김 교장은 나의 사범학교 후배이고 아주 친하게 지내는 사이인데, 류목기 고문에게는 1년 후배인 셈입니다.
　류목기를 왜 그토록 좋아하느냐고 묻는다면, 나는 이렇게 대답할 것입니다. "그는 옆에 앉아있기만 해도 좋은 사람입니다. 그는 돈과 권력과 명예보다도 正道를 사랑하는 투명 인간이기 때문입니다. 그는 사람을 사랑하고, 고향을 지극히 사랑하는 사람"이라고. 그를 대할 때마다 생각나게 하는 經句는 '君子務本, 本立道生'입니다. 그는 원칙을 지키고 정도를 가는 사람입니다. 바로 안동정신의 산 증인이고 典範입니다. 그렇다고 그는 결코 '…체하지 않는' 사람입니다. 오랜 동안 조직생활을 하면서 높은 자리에 있었지만 그 자리 탓으로 그가 어깨에 힘주는 것을 못 보았습니다. 그러나 그가 말하기 시작하면 그의 논리와 진심에 승복당하고, 그의 날카로운 비판에는 고개가 끄덕여지게 됩니다. 이 점이 바로 류목기 고문의 매력입니다.

어렵게 어렵게 빛을 보게 된 이 跋文이 도리어 그를 욕되게 하지 않을지 두렵습니다. 그럼에도 나는 이런 친구를 늘 가까이에서 만날 수 있다는 것이 한없이 자랑스럽고 행복합니다. 그의 이 글들이 널리 읽혀서 읽는 사람이 감동받고, 공감해서, 삶의 자양분으로 삼았으면 합니다. 류고문 내 망발을 용서 하이소.

고향의 선배이자 친구인
김재은 씀(이화여대 명예교수)

無序雜錄

초판인쇄 · 2015년 12월 21일
초판발행 · 2015년 12월 30일

지은이 | 류목기
펴낸이 | 서영애
펴낸곳 | 대양미디어

출판등록 2004년 11월 제 2-4058호
100-015 서울시 중구 충무로5가 8-5 삼인빌딩 303호
전화 | (02)2276-0078
팩스 | (02)2267-7888

ISBN 978-89-92290-91-3 03800
값 18,000원

＊지은이와 협의에 의해 인지는 생략합니다.
＊잘못된 책은 교환해 드립니다.

이 도서의 국립중앙도서관 출판예정도서목록(CIP)은 서지정보유통지원시스템 홈페이지 (http://seoji.nl.go.kr)와 국가자료공동목록시스템(http://www.nl.go.kr/kolisnet)에서 이용하실 수 있습니다.(CIP제어번호 : CIP2015033226)